Kopenhagen auf einen Blick

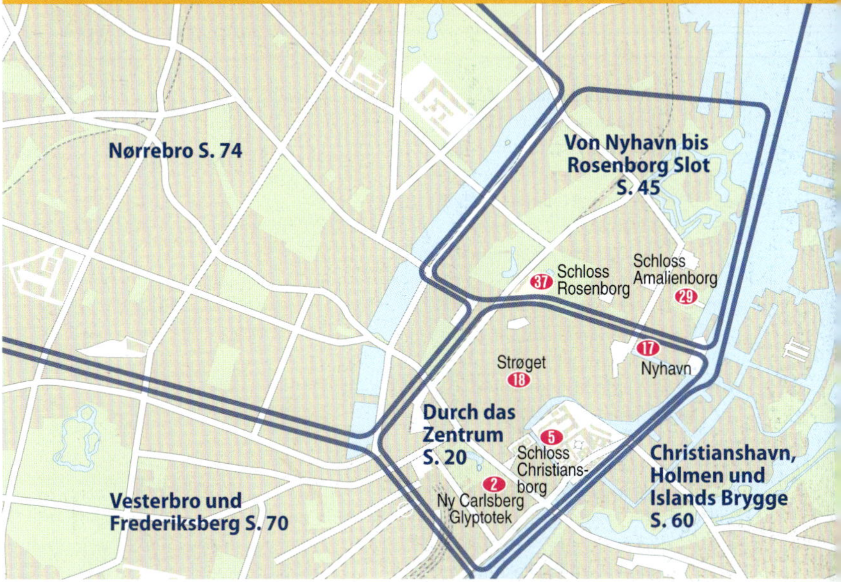

Eine Kanalfahrt ist die perfekte Art, Kopenhagen kennenzulernen (Foto: 142kh-cn)

Rasso Knoller

CITY|TRIP PLUS KOPENHAGEN MIT MALMÖ

Nicht verpassen!

Karte S. 3

2 Ny Carlsberg Glyptotek [B6]
Kunstliebhaber können hier die größte Sammlung antiker Kunst in Nordeuropa bewundern. Spektakulär ist aber auch die Impressionisten-Sammlung, u. a. mit Werken von Degas und Monet (s. S. 21).

5 Schloss Christiansborg [C5]
Das Schloss ist Sitz des Folketing, des dänischen Parlaments. Zu besichtigen sind u. a. die berühmten Pop-Gobelins von Bjørn Nørgaard (s. S. 25).

17 Nyhavn [D4]
Im Sommer liebste Flaniermeile für Kopenhagener und Touristen: der alte „Neue Hafen" mit seinen liebevoll renovierten Häusern. Hier legen auch die Boote für Stadtrundfahrten ab (s. S. 35).

18 Strøget [B5]
Europas längste Fußgängerzone bietet von preiswert bis luxuriös alles, was man kaufen kann (s. S. 37).

29 Schloss Amalienborg [E3]
Dem Wachwechsel um 12 Uhr mittags vor dem königlichen Wohnsitz beizuwohnen, ist für viele Touristen ein Muss (s. S. 49).

37 Schloss Rosenborg [C3]
In dem von einem weitläufigen Park umgebenen Renaissanceschloss sind die königlichen Kunstsammlungen untergebracht (s. S. 58).

65 Louisiana
Eines der besten Museen Europas, in dem das Who's who der modernen Kunst versammelt ist, befindet sich in Humlebæk bei Helsingør (s. S. 90).

66 Helsingør
Die Kleinstadt nördlich von Kopenhagen hat vor allem das „Hamlet-Schloss" Kronborg zu bieten (s. S. 90).

92 Turning Torso [I A1]
Spektakuläre Architektur auf der anderen Seite des Öresunds: Der gedrehte Bau von Santiago Calatrava in Malmö ist das höchste Gebäude Schwedens (s. S. 181).

101 Ales stenar
Die geheimnisvolle Steinsetzung der Wikinger ist über 1000 Jahre alt und hat gigantische Ausmaße (s. S. 198).

107 Dom von Lund [II A2]
In der Domkirche ist vor allem die Krypta sehenswert; die astrologische Uhr aus dem Jahr 1380 ist einzigartig (s. S. 202).

Leichte Orientierung mit dem cleveren Nummernsystem
Die Sehenswürdigkeiten sind im Text und im Kartenmaterial mit derselben **magentafarbenen ovalen Nummer** ❶ markiert. Alle anderen Lokalitäten wie Geschäfte, Restaurants usw. tragen ein **Symbol und eine fortlaufende rote Nummer** (1). Die Liste aller Orte befindet sich auf S. 248, die Zeichenerklärung auf S. 252.

60 MIN. MED GUIDE
SOUVENIRS

Spaziergangskarten

Zeichenerklärung

★★★ nicht verpassen
★★ besonders sehenswert
★ wichtig für speziell interessierte Besucher

[A1] Planquadrat im Kartenmaterial. Orte ohne diese Angabe liegen außerhalb unserer Karten. Ihre Lage kann aber wie die von allen Ortsmarken mithilfe der begleitenden Web-App angezeigt werden (s. S. 252).

Der Schmetterling ...

... zeigt an, wo man Angebote im Bereich des nachhaltigen Tourismus findet.

Vorwahlen

- Anrufe **nach Dänemark:** Landesvorwahl 0045 plus die achtstellige Teilnehmernummer
- Anrufe **nach Schweden:** Landesvorwahl 0046 plus die Ortsvorwahl ohne 0 und die Teilnehmernummer

Preise Restaurants

Hauptgericht ohne Getränke:

€ unter 130 dkr/150 Skr
€€ 130–230 dkr/150–250 Skr
€€€ über 230 dkr/250 Skr

Preise Hotels

Zwei Personen im DZ/Nacht:

Dänemark

€ bis 1200 dkr
€€ 1200–2000 dkr
€€€ ab 2000 dkr

Schweden

€ unter 750 Skr
€€ 750–1500 Skr
€€€ 1500–2250 Skr
€€€€ ab 2250 Skr

Kopenhagen ist eine Stadt, in der sich viel verändert. Vor allem entlang den Hafenanlagen entstehen immer neue, moderne Gebäudeensembles. Ihren Ruf als Fahrradstadt mit innovativen Verkehrskonzepten weiß sie zu verteidigen. Einst stiefmütterlich behandelte Stadtteile wie Vesterbro, Nørrebro oder Refshaløen sind heute angesagte Ausgehviertel.

Brückenschlag für Fahrradfahrer

In den letzten 20 Jahren hat man in Kopenhagen mehrere Brücken über das Hafenbecken gebaut, die für Autofahrer tabu sind. Die bekannteste ist die Cykelslangen, die „Fahrradschlange", die in Kødbyen (s. S. 71) in einem eleganten Schlenker übers Wasser führt. Der neuste Zuwachs ist die Lille Langebro, die vom Dänischen Architekturzentrum (s. S. 30) zur Langebrogade in Christianshavn hinüberführt.

Neuer Aussichtsturm

Mit dem 75 m hohen Maersk Tower hat die Kopenhagener Skyline Zuwachs bekommen. Die Aussichtsplattform, von der man einen fantastischen Weitblick bis hinüber nach Schweden hat, ist kostenlos zugänglich (s. S. 80).

Skipiste in der Hauptstadt

In Kopenhagen kann man jetzt auch Skifahren – und das auf dem Dach einer Recyclinganlage. Klingt verrückt? Ist aber so. Am Amager Bakke wird nicht nur aus Abfall Energie gewonnen, auf dem 85 m hohen Dach, dem CopenHill, kann man ganzjährig eine 500 m lange Mattenpiste hinunterfahren. Und wie bei anderen Bergen auch kann man den Gipfel des CopenHill auf einem Wanderweg erobern (s. S. 67).

101kh-jg

KOPENHAGEN ENTDECKEN

Willkommen in Kopenhagen

Kopenhagen ist ideal für Fußgänger und Flaneure. Das Stadtzentrum ist so groß bzw. klein, dass man alle wichtigen Sehenswürdigkeiten problemlos zu Fuß erreichen kann.

Außerdem sind Fußgänger hier gleichberechtigte Verkehrsteilnehmer, sodass man sich beim Überqueren der Straße auch nicht mit einem Hechtsprung vor herannahenden Autos retten muss. Allenfalls die Fahrradfahrer sind wegen ihrer Masse an manchen Sommertagen ein Problem. Dann ist es am besten, man mischt sich selbst unters zweiradfahrende Volk: An vielen Stellen der Innenstadt stehen Leihfahrräder bereit (s. S. 158).

006kh-WoCo/Christian Alsing

Paradiese für Fußgänger sind die beiden Fußgängerzonen **Strøget** 18 und **Strædet** in der Mitte der Stadt. **Strøget** ist jedoch keine einzelne Straße, sondern ein verwobenes Straßennetz. Der „Hauptweg" führt vom Rathausplatz 26 über den Amagertorv 19 bis nach Nyhavn 17 und damit quasi durch das Herz Kopenhagens.

In der vom Amagertorv abzweigenden **Købmagergade** liegen viele Kneipen und Cafés, vor allem aber Boutiquen und kleine schicke Läden. Auch in der Gegend um den **Blågårds Plads** [dk] im Stadtteil Nørrebro gibt es eine kleine Fußgängerzone, in der vor allem Einheimische unterwegs sind.

Citybummler müssen sich jedoch nicht auf eigene Faust auf den Weg machen. Bei **Thementouren** unterschiedlichster Art lernt man die Stadt aus faszinierenden neuen Blickwinkeln kennen. Auf einer Food Tour kann man die Stadt beispielsweise auch gleich kulinarisch erschmecken (s. S. 162).

« *Vorseite: Die „Sonnenseite" am Nyhavn 17 ist eine beliebte Flaniermeile*

‹ *Bummeln auf der Einkaufsmeile Strøget 18*

Kopenhagen an einem Tag

Ein Tag ist eigentlich zu kurz, um Kopenhagen wirklich kennenzulernen. Da das Zentrum der Stadt jedoch sehr kompakt ist, kann man selbst in Kürze einiges erleben. Auf S. 20, S. 45 und S. 60 finden sich zudem Vorschläge für ausgedehnte Stadtrundgänge.

Morgens

Nach dem Frühstück im Hotel geht es frisch gestärkt auf zum Stadtrundgang. Ausgangspunkt ist der Bahnhof. Nur wenige Schritte sind es von dort bis zur **Ny Carlsberg Glyptotek** ❷. Man könnte dort leicht einen ganzen Vormittag verbringen, aber auch wenn draußen die Sonne lockt und die Zeit drängt, sollte man sich etwas Zeit nehmen und einen Blick in die Säle im Anbau (Nr. 56–66) werfen. Dort hängen die Werke der französischen Impressionisten – es lohnt sich.

Der Weg geht weiter Richtung **Slotsholmen**, dem Ort in Kopenhagen, an dem sich die meisten Sehenswürdigkeiten ballen: **Schloss Christiansborg** ❺, eine ganze Reihe von Museen und die **Königliche Bibliothek** ❿. Jeder findet hier etwas nach seinem Geschmack und schnell ist der Vormittag vorbei. Weiter führt der Rundgang dann zum **Kongens Nytorv** ⓮ und dem benachbarten **Nyhavn** ⓱.

001kh-WoCo/Christian Alsing

Kopenhagen vom Wasser aus: bei knapper Zeit eine gute Lösung

Mittags

Nach dem vormittäglichen Besichtigungsprogramm ist Nyhavn der ideale Ort für ein Mittagessen. Entlang des Kanals liegt ein Restaurant am anderen. Die Speisenauswahl ist von Lokal zu Lokal unterschiedlich, die Aussicht auf den Kanal und die bunten Häuser an seinem Ufer aber überall gleichermaßen gut. Im Sommer sitzt man hier gemütlich draußen in der Sonne. Fischliebhaber kehren vorzugsweise in Nyhavns Færgekro (s. S. 113) ein, der für sein preisgünstiges Heringsbuffet bekannt ist.

Nach dem Essen geht es mit dem Boot weiter. Von Nyhavn legen die **Rundfahrtboote** und die städtischen Wasserbusse ab. Egal, ob man sich für die kommerziellen Touren mit Kommentar oder eine Fahrt auf den Linienbooten entscheidet, der Blick auf **Kopenhagen vom Wasser aus** lohnt auf jeden Fall. Außerdem bekommt man auf den Rundtouren auch Sehenswürdigkeiten zu Gesicht, die man wegen der Kürze der Zeit während eines nur eintägigen Aufenthalts nicht sehen würde. Nach ein- bis eineinhalb Stunden ist man wieder in Nyhavn zurück und es bleibt noch genügend Zeit, um einen kurzen Abstecher zur **Marmorkirche** 28 und zum **Schloss Amalienborg** 29 zu machen. Den etwas mühsamen Aufstieg zur Kuppel der Kirche sollte man auf sich nehmen, im milden Licht des Nachmittags hat man von hier oben einen herrlichen Blick über die Innenstadt.

Wer unbedingt die **Kleine Meerjungfrau** 31 sehen will, der erreicht sie am ehesten von hier aus – bis zu ihr ist es eine halbe Stunde strammer Fußmarsch oder man nimmt das Taxi. Man sollte jedoch nicht zu viel erwarten: Die Kleine Meerjungfrau ist zwar berühmt, aber ansonsten vor allem klein.

Den verbleibenden Nachmittag nutzt man zu einem Bummel durch die **Einkaufszone Strøget** 18, einer der größten Fußgängerzonen Europas. Hier kann man jedoch nicht nur gut einkaufen, sondern zugleich den Puls der dänischen Hauptstadt fühlen. Am Amagertorv liegen nicht nur Edelgeschäfte, hier trifft sich auch die Szene der Straßenmusiker, Clowns und Jongleure.

Wie von der Kuppel der Marmorkirche aus hat man auch vom **Runden Turm** 20, der nur wenige Meter abseits der Einkaufsmeile liegt, einen schönen Blick über die Innenstadt. Hier geht es nicht über Treppen, sondern über einen gepflasterten Schneckengang nach oben.

Abends

Hungrig nach dem Stadtrundgang? Dann ist der **Gråbrødretorv** 24 mit seinen Restaurants der richtige Ort, um zu Abend zu essen. Leicht kann es in den gemütlichen Kneipen spät werden. Wer aber noch mehr erleben will, macht sich nach dem Essen auf zum **Tivoli** 1. Nach einem etwa 15-minütigen Spaziergang, der auch am **Rathaus** 26 vorbeiführt, erreicht man den Vergnügungspark, der zu den bekanntesten Sehenswürdigkeiten der Stadt zählt. Besonders in den Nachtstunden, wenn alles hell erleuchtet ist, ist der Park einen Besuch wert. Wer will, kann hier gut zu Abend essen. Im Unterschied zu Deutschlands Rummelplätzen ist die Restaurantauswahl vielfältig: Von einfach bis luxuriös findet man hier alles.

Kurztrip nach Kopenhagen

Bei einem zweitägigen Kopenhagenaufenthalt kann man etliche Sehenswürdigkeiten erleben – und es bleibt auch Zeit genug, interessante Orte zu besuchen, die außerhalb der Innenstadt liegen.

1. Tag

Siehe „Kopenhagen an einem Tag" (S. 13).

2. Tag: Nach Christianshavn und Holmen

Vormittags

Der zweite Tag beginnt gemütlich in einem der Cafés in der Wildersgade oder der Overgaden neden Vandet im Stadtteil **Christianshavn.** Danach geht es zur **Vor Frelsers Kirche** (39), die wegen ihrer an der Außenseite zur Turmspitze hinaufführenden Wendeltreppe bekannt ist. Schwindelfrei? Dann auf zur Turmbesteigung. Der nächste Programmpunkt ist **Christiania** (41). Die „Stadt" der Hausbesetzer liegt nur ein paar Gehminuten von der Kirche entfernt und zählt zu den meistbesuchten Sehenswürdigkeiten Kopenhagens. In der Hippie-Republik kann man handgemachte Souvenirs kaufen und in einem der vielen Restaurants einkehren.

Mittags

Gestärkt geht es weiter zur Halbinsel Holmen und von dort zur **Neuen Oper** (43). Erbaut von dem Architekten Hennig Larsen, zählt sie mittlerweile zu den bekanntesten modernen Gebäuden Europas. Vor der Oper legt der Wasserbus ab, mit dem man zur Statue der **Kleinen Meerjungfrau** (31) hinausfahren oder sich nach **Nyhavn** (17) bringen lassen kann. Wer hier am Vortag schon zu Mittag gegessen hat, wird in einem der Restaurants vielleicht nochmals eine Pause einlegen wollen.

Abends

Kopenhagen ist eine Hochburg des Jazz. Was läge da näher, als in einem der Jazzclubs (s. S. 119) der Stadt einen Abend zu verbringen?

Im Sommer kann man sich außerdem jeden Donnerstag- und Sonntagabend auf eine **Jazzcruise** durch die Kanäle Kopenhagens begeben (Infos: www.stromma.com/en-dk/copenhagen/tours-excursions/theme-tours).

147kh-fm

Die Wendeltreppe am Turm der Vor Frelsers Kirche (39) ist nur etwas für Schwindelfreie!

Kopenhagen in fünf Tagen

Wer fünf Tage in Kopenhagen bleibt, hat genügend Zeit, auch die Umgebung der Stadt zu erkunden und über die Öresundbrücke hinüber nach Schweden zu fahren.

Nach dem Programm für die ersten beiden Tage steht am dritten Tag eine Rundfahrt um den Öresund auf dem Programm. Wer früh aufbricht, kann diese Tour sowohl mit dem eigenen Wagen als auch mit dem Zug (s. S. 148 und S. 217) an einem Tag schaffen. Besser wäre es allerdings, man könnte sich für die Tour zwei oder mehr Tage Zeit lassen.

171kh ©jcg_oida, stock.adobe.com

1. und 2. Tag

Siehe „Kurztrip nach Kopenhagen".

3. Tag: Rundfahrt um den Öresund

Morgens

Man verlässt Kopenhagen am besten schon am frühen Morgen mit gepacktem Picknickkorb. In **Hellerup**, nur wenige Kilometer hinter der Stadtgrenze, war früher der Stammsitz der Brauerei Tuborg. Gebraut wird das Bier längst woanders, doch die 26 Meter hohe „Tuborgflasken" im Strandvejen 40 – einst ein Aussichtsturm – erinnert als kultiges Fotomotiv immer noch an diese Zeit. Auch der Hirschpark **Jægerborg Dyrehave**, nur einige Kilometer weiter in Klampenborg, ist ein schöner Ort für ein Picknick oder einen morgendlichen Spaziergang (beide 63).

Frisch gestärkt geht es weiter zum **Karen Blixen Museum** 64 in Rungstedlund. Hier ist die berühmte Schriftstellerin aufgewachsen und kehrte auch nach ihrem Afrikaaufenthalt wieder hierher zurück. Alternativ lockt **Louisiana** 65, eines der beeindruckendsten Museen moderner Kunst in Nordeuropa. Es liegt ein paar Autominuten weiter nördlich.

Mittags

Rechtzeitig zum Mittagessen erreicht man **Helsingør** 66. Im Rådmand Davids Hus (s. S. 93) stärken sich auch Einheimische zur Mittagszeit mit kleinen Snacks und ausgezeichneten Sandwiches.

Architektonische Vielfalt in Malmö

Wer an einem Tag die ganze Öresundrundfahrt schaffen will, wird seinen Helsingørbesuch aufs Nötigste, also den Besuch des Hamletschlosses **Kronborg** und der kleinen **Altstadt**, beschränken müssen. Wer länger Zeit hat, besucht auch das **Maritime Museum** (s. S. 93). Die kurze Fährüberfahrt nach Helsingborg sollte man an Deck des Schiffes verbringen, denn vom Wasser aus hat man einen tollen Blick zurück auf Schloss Kronborg.

Man kann auch gleich **an Bord der Fähre zu Mittag essen.** Die Schiffsrestaurants bieten sehr gutes Essen und wer nach der kurzen Überfahrt noch Reste auf dem Teller hat, fährt einfach so lange hin und her über den Sund, bis er gemütlich aufgegessen hat. Egal, wie oft man auf diese Weise zwischen Helsingør und Helsingborg hin- und herfährt, bezahlt werden muss nur für eine Überfahrt (s. S. 210).

Die Hauptsehenswürdigkeit **Helsingborgs** 112 ist **Dunckers Kulturhus** 115. Weiter geht es die schwedische Küste entlang wieder Richtung Süden. Den **Dom von Lund** 106 sollte man auf alle Fälle in sein Programm aufnehmen. Die Universitätsstadt lohnt ohnehin einen längeren Aufenthalt. Wer inzwischen wieder Hunger bekommen hat, findet hier einige sehr schöne Cafés.

Am späten Nachmittag erreicht man **Malmö.** Dort, in der drittgrößten Stadt Schwedens, könnte man auch ein paar Tage verbringen. Im Zuge der eintägigen Öresundrundfahrt beschränkt man sich aber auf die Hauptsehenswürdigkeiten: Die **Festung Malmöhus** 89, das Stadtviertel Västra Hamnen (Westhafen) mit dem **Turning Torso** 92 und den **Rathausplatz** 77.

Abends

Zum Abendessen bleibt man in Malmö. Am netten **Lilla torg** 82 reiht sich ein Restaurant an das andere, im Sommer kann man hier gemütlich draußen sitzen. Gut, dass im Norden die Sommernächte lang sind, denn dann kann man auch auf der Rückfahrt Richtung Kopenhagen noch den grandiosen Blick von der **Öresundbrücke** genießen.

4. Tag: Kopenhagens Umland mit Roskilde

Dieser Ausflug ins Kopenhagener Umland führt unter anderem zu einem spektakulären Schloss, Dänemarks wichtigster Kirche und alten Wikingerschiffen.

Morgens

Wieder verlässt man Kopenhagen in Richtung Norden. Diesmal aber folgt man der Straße 6 nach Hillerød. Die Stadt selber lohnt allenfalls einen kurzen Aufenthalt, für das **Schloss Frederiksborg** 67 sollte man sich aber länger Zeit nehmen. Es wurde zu Beginn des 17. Jahrhunderts erbaut und gilt als das schönste Renaissancegebäude des Landes.

Wenige Kilometer vor den Toren der Stadt liegt ein zweites Schloss: **Fredensborg** 68 am Esrum See kann zwar nur im Juli besichtigt werden, der barocke Schlossgarten lohnt aber auch so einen Besuch. Über Nebenstraßen erreicht man am Nordufer des Sees das **Kloster Esrum** 69.

Mittags

Das Klosterrestaurant Broder Rus' Kælder ist die ideale Zwischenstation für die Mittagspause. Nach der Klosterbesichtigung geht es weiter in Richtung

Roskilde 70. Wer dorthin fährt, besucht vor allem den Dom aus dem 12. Jahrhundert mit den Königsgräbern und das Wikingerschiffmuseum.

Abends

Zum Abendessen ist der Raadhuskælderen in Roskilde eine gute Adresse. Die Karte bietet eine Mischung verschiedener europäischer Küchen, die Einrichtung ist sehr modern und bildet einen interessanten Gegensatz zum alten Gemäuer. Vor der Rückfahrt nach Kopenhagen bietet sich ein kleiner **Spaziergang entlang des Roskildefjords** an oder man bummelt alternativ Arm in Arm durch den Folkeparken.

5. Tag: Das unbekannte Kopenhagen

Den letzten Tag der „Kopenhagenwoche" verbringt man wieder in der Stadt. Nachdem man in den ersten Tagen die bekannten Hauptsehenswürdigkeiten kennengelernt hat, führt der Rundgang nun in die weniger bekannten Stadtteile der dänischen Hauptstadt: Vesterbro, Frederiksberg und Nørrebro.

Morgens

Ausgangspunkt für den Spaziergang nach Vesterbro, Frederiksberg und Nørrebro ist der Hauptbahnhof. Von dort aus wendet man sich aber nicht in Richtung Innenstadt, sondern folgt der Vesterbrogade stadtauswärts. Dort kann man gleich das **Tycho Brahe Planetarium** 47 besuchen. **Vesterbro** (s. S. 70) ist aber eines der Szeneviertel Kopenhagens und hierher kommt man weniger, um Sehenswürdigkeiten zu besichtigen, sondern vielmehr, um in die lebhafte Atmosphäre einzutauchen.

Früher war Vesterbro der Rotlichtbezirk der Stadt, einige Erotikshops und Stripshows finden sich dort heute immer noch. Besonders in der Istedgade zwischen Gasværksvej und Hauptbahnhof hat die Erotikindustrie noch ihren festen Platz. Trotzdem ist Vesterbro ein Viertel, das man auch als alleinreisende Frau oder als Familie mit Kindern problemlos besuchen kann – und zwar zu jeder Tageszeit.

Das alte Rathaus von Roskilde 70

Mittags

Mit dem Bus 6A (der entlang der Vesterbrogade verkehrt) geht es weiter nach **Frederiksberg.** Nach dem Shopping kann man sich in **Frederiksberg Have** [am], einem großen Park, erst einmal erholen. Wer sein Picknick dabei hat, kann hier auch seine Mittagspause verbringen. Eine gute Grundlage sollte man sich aber schon verschaffen, denn als Nächstes steht eine Brauereibesichtigung auf dem Programm.

Im Gamle Carlsberg Vej liegt die **Carlsberg Brauerei** 51. Dort wird zur Führung mit anschließender Bierverkostung eingeladen. Die Buslinie 18, die in der Valby Langgade nur wenige Schritte von der Brauerei losfährt, bringt die Passagiere zum nächsten Punkt der Besichtigungstour: den **Assistens Kirkegård** 53 im Stadtteil Nørrebro. Auf diesem parkähnlichen Friedhof, auf dem sich die Bewohner des Viertels auch schon mal zum Picknick verabreden, liegen viele berühmte Dänen begraben, darunter Niels Bohr und Hans Christian Andersen.

Abends

Nørrebro ist der ideale Stadtteil, um seinen Rundgang bei einem guten Glas Bier oder beim Essen ausklingen zu lassen. In diesem **Ausgehviertel** ist die Auswahl an Kneipen und Restaurants besonders groß. Beliebt ist die Gegend um die Elmegade. Die gemütliche Weinbar Vivant (s. S. 117) hat sich vor allem den in Kopenhagen immer populärer werdenden Naturweinen verschrieben. Wer lieber Bier mag, kehrt nebenan in der Ølbaren (s. S. 118) ein.

Bier spielt im Nørrebro Bryghus (s. S. 118) ebenfalls eine große Rolle. In dieser Mikrobrauerei kann man die unterschiedlichsten selbstgebrauten Biersorten probieren und auch der Koch setzt den Gerstensaft immer wieder zur Verfeinerung der delikaten Speisen ein – so könnte der perfekte Abschluss eines langen Tages aussehen. Oder man nimmt einen Absacker bei Bluesmusik (manchmal live) im Kind of Blue (s. S. 119) in der Ravensborggade.

154kh-jg

Im Viertel Vesterbro (s. S. 70) leben viele Studenten und Künstler

Durch das Zentrum Kopenhagens

Die Innenstadt der dänischen Hauptstadt kann man gut zu Fuß erkunden. Auf einem etwa vierstündigen Rundgang (ohne Museumsbesuche) lernt man die wichtigsten Sehenswürdigkeiten kennen und erhält einen ersten Eindruck von der Stadt.

Ausgangs- und Endpunkt der Stadtwanderung ist der Kopenhagener Hauptbahnhof [A6]. Verlässt man das Gebäude des Hauptbahnhofs, muss man nur die Bernstorffsgade überqueren und schon steht man am Eingangstor zum Vergnügungspark Tivoli 1.

013kh-WoCo/Cees van Roeden

1 Tivoli ★★ [A6]

Der Kopenhagener Tivoli ist die große alte Dame der Vergnügungsparks.

Todeslooping, Monstersprung und Teufelsscooter – Fahrgeschäfte, die einem den Atem stocken lassen und den Magen umkrempeln, suchte man im Tivoli lange vergebens. Die Geisterbahn kommt hier eher rührend als erschreckend daher und bei der Fahrt mit dem Riesenrad kann man noch den Ausblick oder die schönen Augen der Partnerin genießen. Da aber vor allem die Kids nach immer neuen Kicks verlangen, gibt es inzwischen auch im sonst so beschaulichen Vergnügungspark Fahrgeschäfte, die schon von Weitem an den schrillen Angst- und Vergnügungsschreien der Fahrgäste zu erkennen sind. Mit dem **Monsun** wird man sprichwörtlich in die Luft geblasen. Die in den China-Bereich integrierte Achterbahn **Dämonen** bietet mit 30 Sekunden ein zwar kurzes, aber magenumstülpendes Fahrerlebnis. Jahr für Jahr kommen neue Attraktionen dazu.

Der **Starflyer** ist mit einer Höhe von 80 Metern eines der höchsten Kettenkarussells Europas und somit eine Kombination aus Aussichtsturm mit Blick über Kopenhagens Dächer und klassischem Kettenkarussell. Zwölf Gondeln mit Platz für je zwei Personen vermitteln mutigen Himmelsstürmern in luftiger Höhe bei einer Drehgeschwindigkeit von bis zu 70 Stundenkilometern das Gefühl zu flie-

Der Eingang zum altehrwürdigen Tivoli

gen. Dabei drehen sich die Gondeln auch um ihre eigene Achse! Im Tivoli befindet sich auch ein **Salzwasseraquarium** mit über 1600 Fischen. Zu Ehren des dänischen Astronomen Brahe wurde der **Himmelsglobus im Tycho-Brahe-Universum** eingerichtet.

Den **eigentlichen Charme** des Tivoli macht aber seine geradezu altmodische Beschaulichkeit aus – auch bei den meisten Fahrgeschäften, die erwachsene Besucher oft in Kindheitserinnerungen versinken lassen. Die „Rutschebanen", die älteste hölzerne Achterbahn des Parks, ist inzwischen ehrwürdige rund 110 Jahre alt.

Eine **breite Palette von Restaurants** aller Preis- und Qualitätsklassen wartet ebenfalls auf die Gäste. Am Wochenende sollte man in den besseren Restaurants unbedingt Plätze reservieren, sonst findet man sich womöglich in einer langen Warteschlange wieder. Der Tivoli ist nicht nur Touristenattraktion, sondern ein wichtiger Teil des Kopenhagener Stadtlebens – entsprechend trifft man hier nicht nur Touristen, sondern auch viele Einheimische. Nahezu jeden Abend finden **Konzerte** statt, am Wochenende treten häufig nationale und internationale Stars auf. Besonders schön ist der Tivoli am Abend, wenn 120.000 bunte Lampen den Park in ein romantisches Licht tauchen. Regelmäßig finden große **Feuerwerksveranstaltungen** statt. Auch eines der exklusivsten Hotels der Stadt, das Nimb, ist hier zu finden (s. S. 165).

› Vesterbrogade 3, www.tivoli.dk, tgl. So.–Do. 11–22 Uhr, Fr., Sa. bis 24 Uhr (Heiligabend 10–17 Uhr, Silvester 11–0.30 Uhr), Eintritt 145 dkr, Kinder von 3 bis 7 Jahren 65 dkr, die Fahrgeschäfte kosten extra (Ride Pass Plus 295 dkr), S-Bahn: København H

2 Ny Carlsberg Glyptotek ★★★ [B6]

Die Glyptotek zählt unter den Kunstliebhabern zu den spannendsten Museen Europas und ist mit jährlich mehr als 400.000 Besuchern eines der meistbesuchten Museen in Dänemark.

Es beherbergt eine große Sammlung antiker Kunst, v. a. Skulpturen aus dem Mittelmeerraum. Spektakulär ist die Sammlung dänischer und französischer Kunst aus dem 19. und 20. Jh. Bonnard, Degas, Delacroix und Monet sind nur einige Impressionisten, deren Werke hier hängen. Außerdem ist eine große Sammlung von Werken Gauguins zu sehen. Insgesamt sind in der Ny Carlsberg Glyptotek mehr als 10.000 Werke ausgestellt.

Gegründet wurde das Museum im 19. Jh. von Carl Jacobsen (1842–1914), dem Besitzer der Carlsberg Brauerei 51. Er besaß damals die größte private Kunstsammlung der Welt.

1897 wurde nach Entwürfen von Vilhelm Dahlerup (1836–1907) der älteste Teil des Gebäudes errichtet, 1906 wurde erstmals angebaut und 1996 kam der von Henning Larsen (1925–2013) geplante „Impressionistenflügel" hinzu. Larsen war auch für die Planungen der Oper verantwortlich und gilt als der Star unter den dänischen Architekten.

Im Museumsshop kann man neben den üblichen Souvenirs, Büchern und Postern auch Abgüsse ausgestellter Skulpturen erstehen.

› Dantes Plads 7, www.glyptoteket.dk, Di., Mi., Fr.–So. 10–17 Uhr, Do. 10–21 Uhr, Eintritt (inkl. Sonderausstellungen): 125 dkr, 18–27 Jahre 95 dkr, unter 18 Jahren und generell Di. (außer Sonderausstellungen: 70 dkr) freier Eintritt, S-Bahn: København H

Durch das Zentrum Kopenhagens

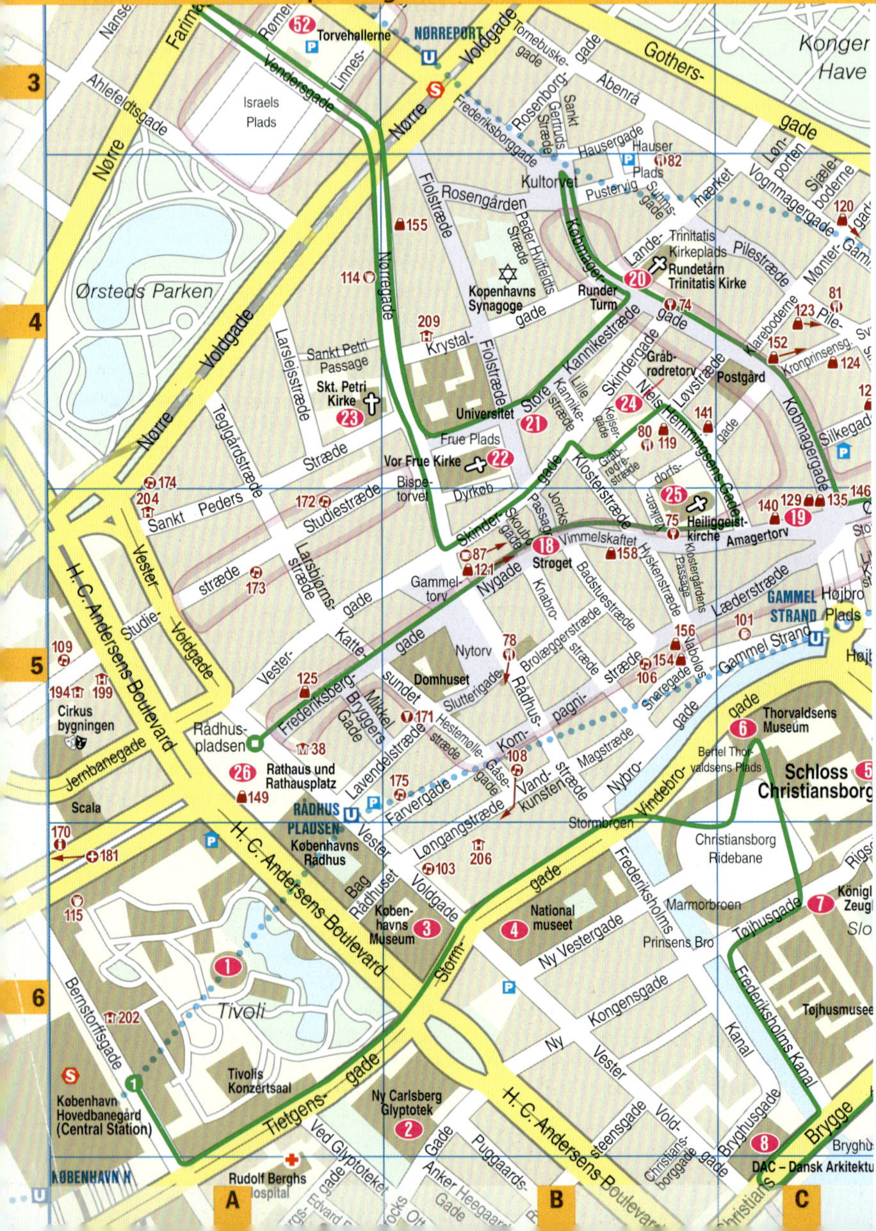

1 cm = 90 m
200 m
© Reise Know-How 2023
(Marmorkirken)
Schloss Amalienborg
Amalienborg Slotsplads
29
Amalie Haven
Kronprinsessegade
Tværgade
Kongensgade
O2
Landgreven
Adelgade
Borgergade
Store
Christian IX's Gade
Ny
CITY
Palægade
Bredgade
Garnisons Kirke
Sankt
Annæ
Plads
Amaliegade
Larsens
197
Store Regnegade
Øster-
Grønne-
gade
Ny Adelgade
Kristen Bernikows Gade
Antoni-gade
Pistol-stræde
Hovedvagts-gade
Kongens Nytorv
14
Store Strandstræde
Nyhavn
17
Lille Strandstræde
Toldbodgade
Kvæsthusgade
27
Schauspiel-haus
Charlottenborg
16
15
Königliches Theater
Lille Kongensgade
Pilestræde
Holmens
Kanal
Skt. Nicolaj Kirke
Vingård-
stræde
Bremer-
Asylgade
KONGENS NYTORV
Heibergs-
gade
Herluf
Trolles
Gade
Holbergsgade
Peder
Skrams
Gade
Tordenskjolds-
gade
Holbergs-
gade
Cort Adelers
Gade
Havne-
gade
Inderhavnsbroen
Fortun-stræde
Admiral-
gade
Dybens-
Niko-
laj-
Laksegade
holm
Boldhus-
gade
Ved Stranden
Holmens Kanal
12
Holmens Kirke
National Banken
13
Niels
Juels
Gade
Havnegade
Inderhavnen
Nordatla
Christiansborg Slotsplads
Børs-
gade
11
Börse
Slotsholmsgade
Knippelsbro
Torvegade
Proviantpassagen
Christiansborg
Christians
Brygge
9
Dansk-Jødisk Museet
10
Königliche Bibliothek
Søren Kierkegaards Plads
Strandgade
Wilders Plads
Christianshavns Kanal
Badsmandsstræde
Skt Annæ
Gade
Wilders-
Neden Vandet
Overgaden
Snorre-broen
Oven
Vandet
Broberg
CHRISTIA
Bådsmands-
stræde
39
Vor Frelsers Kirke
Sankt
Annæ
Dronningensgade
Prinsessegade
Gade
Mikkels Vibes Gade
Børnehus-broen
Christians-havns Torv
CHRISTIANSHAVN
Knippelsbrogade
Strandgade
Eigtveds Gade
Christians Kirke
38
Christiansbro
Cirkelbroen
Nicolai
Johan Semps
David Balfours Gade
Hammers
C
D
E
3
4
5
6
73
132
88
63
126
131
137
128
70
200
55
72
40
85
147
50
34
41
210
134
183
79
47
94
46
95
86
90
44
60
84

Legende zu Karte S. 22

Alle weiteren Karteneinträge s. S. 248.

3 Københavns Museum ★ [B6]

Das Stadtmuseum befasst sich mit der Stadtgeschichte, aber auch der neueren Entwicklung der dänischen Hauptstadt. Einen Überblick über die Stadt kann man sich am **Kopenhagen Panorama** verschaffen, einem großen interaktiven Stadtmodell.

› Stormgade 18, https://cphmuseum.kk.dk/en, tägl. 9–18, Do. 9–21 Uhr, Eintritt: 90 dkr, freier Eintritt bis 18 Jahre sowie Mi. für alle. Das Ticket gilt auch für das Thorvaldsen Museum 6 und die Nikolaij Kunsthal (s. S. 104), Metro 3, 4: Rathausplatz

4 Nationalmuseum ★★ [B6]

Nur wenige Schritte von der Fußgängerzone Strøget 18 entfernt befindet sich das dänische Nationalmuseum. Es lädt ein zu einem Spaziergang durch die Geschichte Dänemarks von der Steinzeit bis heute. Prunkstück der Sammlung ist der mehr als 3000 Jahre alte Sonnenwagen von Trundholm aus der Bronzezeit.

Zum Nationalmuseum gehören auch eine ethnographische Sammlung mit großer Grönlandausstellung, eine Münzsammlung, eine Antikensammlung und das Kindermuseum. In Letzterem darf man alles anfassen und sich sogar verkleiden. Favorit der Kleinen ist eine exakte Kopie des Gokstad-Schiffes aus dem 10. Jahrhundert – das Original ist in Oslo zu sehen –, mit dem sie „auf große Fahrt gehen" dürfen. Bei einem Rundgang wird man umfassend über Dänemark und seine reiche Vergangenheit informiert, die Ausstellungen sind allerdings mitunter ein wenig unübersichtlich.

Das Gebäude, in dem die Museumssammlungen untergebracht sind, ist

Der Sonnenwagen von Trundholm

*Der Sonnenwagen von Trundholm ist das **wichtigste Fundstück aus der nordischen Bronzezeit** und wurde etwa im 15. Jh. v. Chr. geschaffen. Wiederentdeckt wurde er 1902 von einem Bauern, der in der Gemeinde Trundholm nahe Nykøbing sein Feld pflügte. Die 60 cm lange Skulptur stellt ein Pferd dar, das eine Sonnenscheibe zieht. Sie ist auf der einen Seite vergoldet - die Sonne bei Tag - und auf der anderen dunkel - die Sonne bei Nacht. Wenn man weiß, welch große Bedeutung die **Verehrung der Sonne** für die Menschen der damaligen Zeit hatte, wird auch die besondere kultische Bedeutung des Himmelswagens klar. Im Bewusstsein der Menschen war die Abhängigkeit von der allmorgendlichen Wiederkehr der Sonne tief verankert. Noch bis weit ins Mittelalter hinein galt deswegen eine Sonnenfinsternis als Vorzeichen für den Weltuntergang und bei Tacitus kann man lesen, dass die Germanen vor nichts Angst hatten - außer vor dem Zusammenbruch des Firmaments, also dem Ausbleiben des Sonnenlichts. Umgekehrt war die Sonne die erste „Gottheit" der Menschheit, lange bevor andere Götter verehrt wurden. Noch in einer weiteren Beziehung ist der Sonnenwagen von Trundholm eine Besonderheit: Er zeigt die **früheste Pferdedarstellung** in Europa.*

selbst eine Sehenswürdigkeit, liegen doch große Teile der Sammlung in dem 1743/1744 von Nicolai Eigtved (1701–1754) im Stil des Rokoko erbauten Kronprinzenpalais.

› **Nationalmuseet,** Ny Vestergade 10, www.natmus.dk, Di.–So. 10–17 Uhr, Juli, Aug. tgl. 10–18 Uhr, Eintritt: 110 dkr, unter 18 Jahren kostenlos, S-Bahn: København H

Slotsholmen

Nur wenige Schritte vom Nationalmuseum 4 entfernt beginnt Slotsholmen. Hier befinden sich dicht gedrängt eine ganze Reihe bedeutender Sehenswürdigkeiten.

5 Schloss Christiansborg ★★★ [C5]

Das wichtigste Gebäude auf Slotsholmen ist Schloss Christiansborg. Die Aussicht vom 106 m hohen **Turm** des Schlosses ist famos und zudem kostenlos. Und man muss nicht einmal nach oben laufen: Ein Aufzug fährt zur 44 m hoch gelegenen Aussichtsplattform hinauf. Bei gutem Wetter hat man nicht nur den perfekten Blick über die dänische Hauptstadt, man kann sogar bis nach Schweden hinüberschauen. Da der Turm zum **Parlamentsgebäude** gehört, muss man sich aber am Eingang, ähnlich wie am Flughafen, kontrollieren lassen. Schloss Christiansborg ist nämlich Sitz des **dänischen Parlaments,** des **Folketing.** Darüber hinaus sind auch einige Ministerien und der Oberste Gerichtshof im Schloss untergebracht. In den prunkvollen „Königlichen Empfangsräumen" werden Staatsgäste empfangen und offizielle Feierlichkeiten begangen. Die Kopenhagener sagen zu Christiansborg bzw. dem dort tagenden Folketing *borgen* (dt. „die Burg"). Vielen Deutschen

087kh-mw

dürfte diese Bezeichnung wegen der beliebten dänischen TV-Serie „Borgen – Gefährliche Seilschaften" bekannt sein. Teile des Schlosses können besichtigt werden, bekannt und sehenswert sind die dort ausgestellten **20 Pop-Gobelins**, die der dänische Künstler Bjørn Nørgaard zum 50. Geburtstag der dänischen Königin Margrethe 1990 anfertigte.

Ursprünglich im 18. Jahrhundert erbaut, wurde Schloss Christiansborg 1794 und 1884 zweimal durch Brände schwer beschädigt. Da man die Reparatur- und Wiederaufbauarbeiten im Stil der jeweiligen Zeit veranlasste, ist das Schloss eine Mischung aus mehreren Stilrichtungen. Das Hauptgebäude wurde zwischen 1907 und 1928 im Stil des Neobarock erbaut, die Pläne für die königlichen Empfangsräume stammen von Thorvald Jørgensen (1867–1946).

In Schloss Christiansborg 5 kann man u. a. die berühmten Pop-Gobelins von Bjørn Nørgaard besichtigen

Die **Schlosskirche** im neoklassizistischen Stil wurde 1826 errichtet und hat als einziger Gebäudeteil den großen Brand von 1884 überstanden. Dafür wurde sie aber am Palmsonntag 1992 durch ein Feuer schwer beschädigt. An der Restaurierung des Kirchenraums, die fünf Jahre beanspruchte, waren auch Experten aus Deutschland beteiligt. Die Engelsfiguren in der Kuppel stammen von Bertel Thorvaldsen (1770–1844), dem bekanntesten Bildhauer seiner Zeit. In vier Wandnischen stehen die Skulpturen der Evangelisten, geschaffen von bedeutenden dänischen Bildhauern des 19. Jahrhunderts: Lukas mit dem Stier von Hermann Ernst Freund (1786–1840), Markus mit dem Löwen von Harald Conradsen (1817–1905), Johannes mit dem Adler von Christian Carl Peters (1822–1899) und Matthäus mit dem Engel von Johan Theobald Stein (1829–1901).

Die Stallanlagen und das Hoftheater (erbaut 1767), in dem heute das **Theatermuseum** untergebracht ist, sind die ältesten noch erhaltenen Teile des Schlosses und die einzigen Überreste aus der ersten Bauphase. Noch älter sind die im Keller von Schloss Christiansborg zu besichtigenden Mauerreste der **Burg des Bischofs Absalon**, dem Gründer Kopenhagens, aus dem 12. Jahrhundert (siehe „Von den Anfängen bis zur Gegenwart"). Übrigens: Der berühmte Märchendichter H. C. Andersen (1805–1875) feierte im Hoftheater sein Schauspieler-Debut als einer von acht Trollen in einem Ballett von Carl Dahlén (1770–1851). Dabei wurde er aber kaum zur Kenntnis genommen. Dies verwundert jedoch nicht: Der grandiose Schriftsteller war als Schauspieler völlig unbegabt.

Wenn man wissen will, wie und wo bei königlichen Partys gekocht wird, dann kann man in die **Küche** im Keller des Schlosses hinabsteigen. Wer tief durchatmet, kann vielleicht auch noch den Duft des letzten Bratens erahnen, der auf der königlichen Tafel gelandet ist.

- **Christiansborg Slot,** Prins Jørgens Gård 1, https://kongeligeslotte.dk, Metro: Kongens Nytorv, Bus: 1A, 2A, 15, 26, 29, 65E
- **Christiansborg Slot Tårn (Schlossturm),** Di.–Sa. 11–21, So. 11–17.30 Uhr, www.ft.dk/taarnet
- **Königliche Empfangsräume:** Führungen Mai–Sept. tgl. 9–17, Okt.–April Di.–So. 10–17 Uhr, Eintritt: 95 dkr, Studierende 85 dkr, unter 18 Jahren frei
- **Unterirdische Ruinen der Absalonburg:** tgl. 10–17 Uhr, Okt.–April Mo. geschl., Eintritt: 60 dkr, Studierende 50 dkr, unter 18 Jahren frei
- **Theatermuseum:** Das Theatermuseum ist zurzeit **wegen Renovierungsarbeiten ge-**

⊻ *Der Folketing, Sitzungssaal des dänischen Parlaments*

175kh ©Alexander, stock.adobe.com

schlossen, die Wiedereröffnung ist noch für 2023 geplant, www.teatermuseet.dk

- **Königliche Stallungen:** Mai–Sept. tgl. 13.30–16 Uhr, Okt.–April Mo. geschl., Eintritt: 60 dkr, Studierende 50 dkr, unter 18 Jahren frei
- **Königliche Küche:** Mai–Sept. tgl. 10–17 Uhr, Okt.–April Mo. geschl., Eintritt: 60 dkr, Studierende 50 dkr, unter 18 Jahren frei
- **Kombiticket:** 160 dkr, Studierende 140 dkr, unter 18 Jahren frei

Folketing

Im Folketing, dem dänischen Parlament, sitzen 179 Abgeordnete – darunter je zwei aus Grönland und den Färöer Inseln. Die Legislaturperiode beträgt vier Jahre und den Einzug ins Parlament schafft jede Partei, die mindestens zwei Prozent der Stimmen erhält. Seit der letzten Wahl im Jahr 2022 sind im Folketing neun Parteien vertreten: Die sozialdemokratische Arbeiterpartei stellt mit 50 Parlamentariern die meisten Abgeordneten, gefolgt von der liberal-konservativen Venstre mit 23 Sitzen.

Sehenswertes im Plenarsaal

Der Plenarsaal wurde am 28.5.1918 eröffnet. Das Rednerpult ist aus einem 1000 Jahre alten Stück Eichenholz gearbeitet. Die Figuren darüber wurden in den Jahren 1923 und 1925 von Just Nielsen Sondrup (1873–1947) geschaffen. Sie symbolisieren von links nach rechts: Weisheit, Wachsamkeit, Gerechtigkeit und Wahrheit. Vom gleichen Künstler stammen auch die Figuren an den Säulen auf der Eingangsseite. Sie stehen – wiederum von links nach rechts – für die wichtigsten Stützen der dänischen Wirtschaft: Fischerei, Handel, Landwirtschaft und Handwerk. An drei Berufszweige erinnern auch die „Götterfiguren" in den Rahmen der Deckenmitte. Neptun, der Gott des Meeres, steht dabei für die Fischerei, Ceres, die Göttin des Ackerbaus, für die Landwirtschaft und Merkur für den Handel.

Zu beiden Seiten des Eingangs hängt je ein Gemälde von Olaf Rude (1886–1957). Auf beiden Bildern ist eine altgermanische Thingstätte (ein Ort, an dem damals Recht gesprochen wurde) dargestellt. Der Bildteppich mitten im Saal stammt von Berit Hjelholt (1920–2016) und trägt den Titel „Som en rejselysten flåde" – zu deutsch: „Wie eine auslaufbereite Flotte". Dieser Titel hat für die Dänen eine besondere Bedeutung, ist er doch auch der Titel eines sehr bekannten nationalromantischen Gedichtes von Helge Rode (1870–1937).

Über reiche Dekorationen und Stuckdecken verfügt das Parlamentsrestaurant „Snapstinget". Woher der Name stammt, ist unbekannt. Eine populäre Erklärung lautet, dass er sich von der äußerst schnapshaltigen ersten Sitzung herleitet, die im 15. und 16. Jh. jeweils gleich nach Weihnachten abgehalten wurde. Besucher dürfen hier leider nicht essen.

Besuchsregelung

Alle Sitzungen des Folketings sind öffentlich. Sie beginnen in der Regel dienstags und mittwochs um 13 Uhr und donnerstags und freitags um 10 Uhr. Solange es Platz auf der Besuchertribüne gibt, kann jeder Interessierte der Debatte lauschen.

Führungen durch das Folketing finden nur an sitzungsfreien Tagen statt: Samstags führen ganzjährig Guides in englischer Sprache durchs Parlamentsgebäude, von Juni bis Ende Sept. auch Mo.–Fr. Die englischsprachigen Touren starten jeweils um 13 Uhr (auf Dänisch 11, 12, 14 Uhr), weitere Termine werden im Internet bekanntgegeben. Die Führungen sind kostenlos, Tickets erhält man am selben Tag ab 8.30 Uhr an der Rezeption am Haupteingang (Infos: www.ft.dk).

6 Thorvaldsens Museum ★★ [C5]

Das Museum widmet sich den Werken des **großen dänischen Bildhauers** Bertel Thorvaldsen (1770–1844), einem der wichtigsten Vertreter des Klassizismus in Europa. Er war selbst an der Planung des von Michael Gottlieb Bindesbøll (1800–1856) erbauten Museums beteiligt. Die Einweihung seines Museums im Jahre 1848 erlebte der 1844 verstorbene Bildhauer aber nicht mehr. Thorvaldsen war zu jener Zeit einer der bekanntesten Männer Dänemarks und galt als Volksheld. Als er 1838 nach 40-jährigem Aufenthalt in Rom nach Kopenhagen zurückkehrte, wurde ihm ein triumphaler Empfang bereitet. Thorvaldsens Rückkehr ist auch in einem farbgewaltigen Bildfries an der Außenseite (zur Kanalseite) des Museums dargestellt. Die Friese auf den anderen Seiten stellen den Transport von Thorvaldsens Skulpturen ins Museum dar.

Neben der umfassenden Sammlung von Thorvaldsens Werken beheimatet das Museum auch Kunstwerke aus der Sammlung des Bildhauers. Thorvaldsens Leichnam, der ursprünglich in der Vor Frue Kirke 22 bestattet worden war, wurde noch im Eröffnungsjahr des Museums dorthin überführt. Seitdem hat der Bildhauer in einem Grab im Innenhof des Museumsgebäudes seine **letzte Ruhestätte** gefunden.

› Bertel Thorvaldsens Plads 2, www.thorvaldsensmuseum.dk, Di.–So. 10–17 Uhr, Eintritt: 90 dkr, Mi. und unter 18 Jahren freier Eintritt, Metro: M3, M4, Bus: 2A

024kh-WoCo/Christian Alsing

› *Im Thorvaldsens Museum*

174kh ©OliverFoerstner, stock.adobe.com

7 Königliches Zeughaus ★ [C6]

In der 156 Meter langen Zeughaushalle aus der Zeit der Renaissance befindet sich eine **Militärausstellung**, in der Handfeuerwaffen, Schwerter, Rüstungen, Uniformen, Kanonen etc. zu sehen sind. Seit der Schließung des Museums der Dänischen Marine sind auch dessen Sammlungen hier untergebracht.

› **Tøjhusmuseet,** Tøjhusgade 3, https://natmus.dk/museer-og-slotte/krigsmuseet, Juni–Aug. tägl. 10–17, Sept.–Mai Di.–So. 10–17 Uhr, Eintritt: 80 dkr, unter 18 Jahren freier Eintritt, Metro: M3, M4

8 Dansk Arkitektur Center (DAC) ★ [C6]

Für Fans von Architektur und Design ist das DAC im multifunktionalen **Gebäudekomplex BLOX** an der Hafenfront *der* Treffpunkt zu den Themen Architektur, Design und Stadtkultur. In wechselnden Ausstellungen und auf Führungen wird informiert und im Designshop kann man Schmuck, Uhren, Bücher sowie eigens für Kinder designte Gegenstände kaufen. Mehrere Terrassen und das Café ermöglichen schöne Ausblicke. Die gläsernen Kuben des von dem niederländischen Architekturbüro OMA von Rem Kohlhaas entworfenen BLOX bieten neben dem Arkitektur Center auch Büros, Coworking-Spaces, Läden und einigen sehr exklusiven Wohnungen Platz. Der verschachtelte Komplex steht direkt am Wasser und überspannt eine Schnellstraße. Nahe dem „Schwarzen Diamanten" der Königlichen Bibliothek 10 ergänzt er das spektakuläre moderne Architekturensemble mit Oper 43 und Schauspielhaus 27 an der Wasserlinie Kopenhagens.

› Bryghusgade 10, Tel. 32571930, https://dac.dk, Eintritt: Erwachsene 115 dkr, Studierende und bis 26 Jahre 60 dkr, bis 18 Jahre frei, Metro: Gammelstrand, Rådhuspladsen, Bus: 5C, 26, 68

⌃ *Im Multifunktionsgebäude BLOX ist auch das DAC untergebracht*

9 Jüdisches Museum ★★ [C6]

Daniel Libeskind, nach dessen Plänen auch das Jüdische Museum in Berlin errichtet wurde, baute 2004 eine alte Schiffshalle zu einem **neokubistischen Meisterwerk** mit schiefen Wänden und im Zickzack verlaufenden Gängen um. Hier ist seitdem das Jüdische Museum Kopenhagens untergebracht.

Die meisten dänischen Juden überlebten die Zeit der nationalsozialistischen Diktatur dank des Einsatzes und der Unterstützung ihrer nicht-jüdischen Landsleute. 481 dänische Juden wurden nach Theresienstadt deportiert, aber innerhalb weniger Wochen konnten damals mehr als 7000 Menschen ins neutrale Schweden fliehen. Dieses Zeichen der Hoffnung in einer schweren Zeit versucht Libeskind auch im Aufbau des Museums umzusetzen. So verlaufen die Wege, auf denen man als Besucher durch das Museum geht, in Form der hebräischen Schriftzeichen für das Wort Mitzwah – was auf Deutsch „gute Tat“ bedeutet.

Auch die **Einrichtung** ist symbolträchtig: Der Holzboden aus schwedischer Birke erinnert an die rettende Überfahrt, der Gang über den unregelmäßig verlegten Boden kann ein Schwindelgefühl wie eine leichte Seekrankheit erzeugen und erinnert so an die Schiffe, mit denen die Juden in die Freiheit gebracht wurden.

Das Museumsgebäude ist eine **alte Schiffshalle** aus dem 17. Jh., die im Auftrag von König Christian IV. (1588–1648) erbaut wurde. Hinter dem Gemäuer wurden damals die Schiffe der königlichen Flotte beladen, damit feindliche Spione nicht sehen konnten, wie viel Proviant und Munition an Bord genommen wurde. Das Gebäude hat aber auch einen Bezug zum Museumsprojekt, denn Christian IV. war es, der 1622 die ersten Juden einlud, nach Dänemark überzusiedeln.

Die Ausstellung befasst sich nur z. T. mit dem Holocaust, etwa mit Zeugnissen aus Theresienstadt, vielmehr zeichnet sie das **Leben der dänisch-jüdischen Gemeinde** vom 17. Jh. bis heute nach. Jüdischer Alltag, das Zusammenleben mit Nicht-Juden und die jüdische Religion sind nur einige der Schwerpunkte.

› **Dansk Jødisk Museum**, Proviantpassagen 6, www.jewmus.dk, Juni–Aug. Di., Mi., Fr.–So. 10–17, Do. 10–19, Sept.–Mai Mi., Fr.–So. 11–17, Do. 11–19 Uhr, Eintritt: 100 dkr, freier Eintritt für Kinder und Jugendliche unter 18 Jahren, Bus: 1A, 2A, 15, 26, 40, 66

033kh-bb

⊡ *Daniel Libeskinds Handschrift ist unverwechselbar: Jüdisches Museum*

149kh-fm

⑩ Königliche Bibliothek ★★ [C6]

Immer noch auf Slotsholmen erreicht man am Ufer zum Inneren Hafen hin die Königliche Bibliothek, die in der Mitte des 17. Jahrhunderts gegründet wurde. An der heutigen Stelle ist sie aber erst seit 1906 beheimatet, als Hans J. Holm (1835–1916) auf Slotsholmen ein Gebäude errichtete, das von norditalienischer Architektur des Mittelalters und der frühen Renaissance inspiriert wurde. 1999 wurde die Bibliothek durch einen spektakulären Neubau, den **Schwarzen Diamanten**, ergänzt. Dieser beherbergt neben der Bibliothek einen Konzert- und Sitzungssaal, ein exquisites Restaurant, eine Buchhandlung und ein Fotomuseum.

Seit den 1990er-Jahren gehört die beeindruckende **Handschriftensammlung** der Königlichen Bibliothek übrigens zum **Weltdokumentenerbe der UNESCO.** Zur Sammlung gehören unter anderem die

KLEINE PAUSE

Die Bibliothek ⑩ liegt sehr schön am Wasser und deswegen lohnt sich ein Abstecher zur **Freiterrasse des Bibliothekscafés** auf einen Cappuccino in der Sonne – der ideale Platz für einen gemütlichen Nachmittag.

› **Madkartoteket,** Tel. 31386071, https://madkartoteket.dk/cafe, Mo.–Fr. 8–18, Sa. 9–18 Uhr

Spektakulärer Anbau der Königlichen Bibliothek: Schwarzer Diamant

176kh-rk

persönliche Korrespondenz des Dichters Hans Christian Andersen, der Nachlass von Søren Kierkegaard und das Dalby-Buch, vier auf Pergament geschriebene Evangelien in lateinischer Sprache.

› **Det Kongelige Bibliotek,** Søren Kierkegaards Plads 1, www.kb.dk, Mo.-Fr. 8-21, Sa. 9-19 Uhr, Ausstellungen sind üblicherweise Mo.-Fr. 10-19, Sa. bis 18 Uhr geöffnet, Bus: 26

11 Börse ★★ [C6]

Der Turm der ehemaligen Kopenhagener Börse ist eines der markanten Wahrzeichen Slotsholmens und Kopenhagens insgesamt.

Auf Slotsholmen, gegenüber von Schloss Christiansborg, steht **eines der schönsten Gebäude Kopenhagens:** die ehemalige Börse. Sie wurde 1619-1640 im Stil der holländischen Renaissance erbaut. Bis 1974 wurden dort tatsächlich Wertpapiere gehandelt, heute hat die städtische Handelskammer hier ihren Sitz.

Die über 100 m lange Fassade ist mit zahlreichen Sandsteinverzierungen geschmückt. Weithin sichtbar ist der **56 m hohe Turm,** der aus spitz zulaufenden, ineinander verdrehten Drachenschwänzen besteht.

› **Børsen,** Børsgade, keine Besichtigung möglich

Die Börse wurde 1857 als erstes Gebäude Dänemarks unter Denkmalschutz gestellt

⓬ Holmens Kirke ★ [C5]

Die Holmens Kirke schräg gegenüber der Börse wurde 1619 unter Christian IV. (1588–1648) erbaut und ist die **Kirche der dänischen Königsfamilie.** Sehenswert sind vor allem der Barockaltar, die Kanzel (beide von 1660) und das Eingangsportal aus dem 17. Jh., das einst den Dom von Roskilde zierte. Hier heirateten Königin Margrethe und Prinz Henrik (1934–2018) am 10. Juni 1967 und hier liegen auch die beiden dänischen Seehelden Niels Juel (1629–1697) und Peter Tordenskiold (1690–1720) begraben. Übrigens: Nach Tordenskiold, der unter dem Namen Peter Wessel in Trondheim geboren wurde, ist ein großes Fährschiff der Reederei Color Line benannt. Praktisch ist übrigens die frei zugängliche Toilette im Vorraum der Kirche.

› Holmens kanal 21, www.holmenskirke.dk, Mo.–Sa. 10–16, So. 12–16 Uhr, Bus: 2A, 23, 26, 31, 37

⓭ Nationalbank ★ [D5]

Die Nationalbank in der Nähe der Holmens Kirke ist ein modernes Granitgebäude im Stil des Funktionalismus, erbaut nach Plänen des weltberühmten dänischen Architekten Arne Jacobsen (1902–1971). Obwohl umstritten und von manchen als Monumentalstil gebrandmarkt, krönte der Bau der Nationalbank zwischen den Jahren 1961 und 1971 das Lebenswerk Jacobsens. Notwendige **Restaurierungsarbeiten** an dem Gebäude werden Jahre in Anspruch nehmen. Derweil arbeitet die Bank an mehreren Ausweichstandorten.

› **Nationalbanken,** Havnegade 5

⓮ Kongens Nytorv ★★ [D4]

Über den Holmens Kanal erreicht man den Kongens Nytorv. Kopenhagens größter Platz wurde Ende des 17. Jahrhunderts unter der Regentschaft Christians V. angelegt.

Und so wird auch dieser Regent mit einem Reiterstandbild in der Mitte des Platzes geehrt. Im Juni ist der Platz Zentrum der Studentenfeier, wenn die Absolventen des Abschlussjahrganges Freudentänze um die Statue vollführen. Im Sommer lockt der Platz Genießer an, dann nämlich ist er von Open-Air-Cafés gesäumt. Und im Winter drehen die Sportlichen auf der Eislaufbahn ihre Runden. Rund um den Platz gruppieren sich viele Prachtbauten wie das Luxushotel d'Angleterre (s. S. 164), das älteste Kaufhaus des Nordens, das Magasin du Nord (s. S. 123), das Königliche Theater ⓯ und auch das Schloss Charlottenborg ⓰.

› Metro: Kongens Nytorv, Bus: 23

⓯ Königliches Theater ★ [D4]

Seit 1748 strömen Theaterbesucher ins Königliche Theater am Kongens Nytorv. Das Gebäude, das man heute dort sehen kann, wurde aber erst 1874 errichtet. Aus dieser Zeit stammen auch die Statuen des romantischen Dichters und Dramatikers Adam Oehlenschläger (1779–1850), links vom Eingang zu finden, und von Ludwig Holberg (1684–1754), rechts vom Eingang, der für seine Komödien im Stile Molières bekannt ist.

Der **Kartenvorverkauf** für Vorstellungen des Königlichen Theaters findet nicht im Theater statt, sondern wenige Schritte entfernt im „Billetcenter" in der August Bournonvilles Passage 1 (Tel. 33696969, Mo.-Sa. 14-18 Uhr für den persönlichen Kauf, telefonisch 9.30 bis 16 Uhr). Der Ticketkauf ist auch im Internet möglich: https://kglteater.dk oder www.ticketmaster.dk.

› **Det Kongelige Teater,** Kongens Nytorv, Metro: Kongens Nytorv

16 Kunsthal Charlottenborg ★ [D4]

Um das Jahr 1670 im Stil des holländischen Barock erbaut, ist Schloss Charlottenborg heute Heimat der **Kunstakademie.** Hier finden regelmäßig Ausstellungen statt.

Das Café Charlottenborg ist ein schöner Platz, um mitten im Trubel der Stadt bei Kaffee und Sandwiches oder einem Bier eine erholsame Pause einzulegen, im Sommer stehen auch Tische im Innenhof.

› Nyhavn 2, Tel. 33744632, www.kunsthalcharlottenborg.dk, Di.-Fr. 12-20, Sa., So. 11-17 Uhr, Eintritt: 90 dkr, ermäßigt 50 dkr, Mi. ab 17 Uhr und bis 16 Jahre freier Eintritt

› Metro: Kongens Nytorv

17 Nyhavn ★★★ [D4]

Nyhavn, den man vom Kongens Nytorv erreicht, ist mit seinen berühmten bunten Häusern am Kanal einer der am meisten fotografierten Orte der dänischen Hauptstadt. Rund um das Hafenbecken reiht sich ein Restaurant an das andere und im Sommer, wenn die Tische vor der Türe stehen, treffen sich hier die Kopenhagener auf ein Bier nach der Arbeit oder zum Abendessen im Sonnenschein und mischen sich mit den Strömen von Touristen.

177kh-rk

Nyhavn ist Treffpunkt für Touristen und Einheimische gleichermaßen

Großer Rundgang

Wer will, kann von Nyhavn aus unmittelbar den zweiten Innenstadtrundgang anschließen (siehe „Von Nyhavn bis Rosenborg Slot“, S. 45) und erst später Richtung Rathausplatz zurückkehren.

EXTRATIPP

Mit dem Rad rund um den Hafen

Von Nyhavn aus startet der 13 Kilometer lange **Harbour Circle**, ein Fahrradweg, der immer am Wasser entlang führt und auf dem man bekanntes, aber auch viel unbekanntes Kopenhagen erleben kann. Ab Nyhavn führt die Route über die Inderhavnsbroen und verläuft bis nach Sluseholmen. Der Weg, der offiziell „Route 101" heißt, ist mit einem grünen Bäumchen markiert und gut ausgeschildert.

› https://cyclingincopenhagen.com/the-harbor-round

In einem der **über 20 Restaurants** findet sicherlich jeder etwas nach seinem Geschmack. Die meisten Gasthäuser liegen auf der „Sonnenseite" des Kanals, während auf der „Schattenseite", jener mit den geraden Hausnummern, vor allem Wohnhäuser stehen.

Nyhavn, wörtlich übersetzt „Neuer Hafen", ist inzwischen gar nicht mehr so neu, denn er wurde bereits 1673 auf Initiative von König Christian V. (1670–1699) errichtet. Zweck des Hafens, der am Ende eines Kanals lag, war es, Händler ins Zentrum der Stadt zu locken. Bald entwickelte sich Nyhavn aber zu einer **üblen Spelunkengegend**, wo Prostitution und Trunksucht ihre Heimat fanden. Noch in den 1970er-Jahren war dies eine Gegend, die man lieber mied, erst dann begann der rasante Aufstieg. Die alten Häuser wurden liebevoll restauriert und wo einst Huren auf ihre Freier warteten, empfangen heute Wirte ihre Gäste.

Hinweis: An Nyhavn fahren die Boote für die Kanalrundfahrten ab sowie am Ende des Kais (auf der „Schattenseite") die Wasserbusse.

› Metro: Kongens Nytorv, Bus: 23, 26, 27

› *Viel Platz zum Bummeln: Strøget*

Hans Christian Andersen in Nyhavn

Der Märchendichter Hans Christian Andersen hat in seinem Leben ***mehrmals in Nyhavn gelebt.*** *In Hausnummer 20 wohnte er als junger Mann im Jahre 1834, als er an seinen ersten Märchen schrieb. 1845–1864 lebte er in einer Wohnung im Haus Nr. 67 auf der sonnigen Seite Nyhavns.*

Wieder zurück auf die Schattenseite ging es 1873. Damals zog er ins Haus Nummer 18 ein, wo er die letzten beiden Jahre seines Lebens verbrachte. Eine weitere Wohnung Andersens liegt nur einen Steinwurf von Nyhavn entfernt, nämlich in der Vingårdsstræde auf der anderen Seite von Kongens Nytorv. Die kleine Dachkammer kann man immer noch im 3. Stock des Kaufhauses Magasin du Nord besichtigen.

Auch in der Zeit, in der Andersen nicht fest in Kopenhagen residierte, hielt er sich bei seinen Besuchen in der dänischen Metropole gerne in der Gegend um Nyhavn auf. Im bekannten Hotel d'Angleterre (s. S. 164) war er oft zu Gast – und schlief dort meist in Zimmer 208.

Noch 2012 sorgte Andersen für eine Sensation: In einer alten Kiste auf der In-

⑱ Strøget ★★★ [B5]

Strøget ist die älteste Fußgängerzone Europa und gleichzeitig eine der längsten. Sie durchzieht die dänische Hauptstadt vom Kongens Nytorv⑭ bis zum Rathausplatz㉖.

Eigentlich ist Strøget nicht der Name einer einzelnen Straße, sondern der **Sammelname** für eine ganze Reihe von Straßen und Plätzen: Frederiksberggade, Nytorv, Nygade, Vimmelskaftet, Amagertorv und Østergade. In der Nähe des Rathausplatzes, in der Frederiksberggade, findet man viele Schnäppchengeschäfte, Billigketten und Souvenirshops. Je weiter man aber Strøget hinuntergeht, desto edler werden die Geschäfte und desto weniger touristisch die Angebotspalette.

Am Amagertorv⑲ und auf der Østergade befinden sich zahlreiche exklusive Läden mit dänischen und internationalen Markenwaren. So zum Beispiel das Design- und Möbelhaus Illums, der Edel-

sel Fünen wurde das Manuskript eines unbekannten Märchens aus seiner Feder entdeckt. „Das Märchen vom Talglicht" ist wohl seine früheste Dichtung.

*Übrigens: Auch einer der wohl berühmtesten dänischen Maler wohnte einst in Nyhavn. **H. G. F. Holm** (1804–1861), der in Berlin geboren wurde, zusammen mit seinen Eltern aber schon als Jugendlicher nach Dänemark zog, lebte in Haus Nr. 55. In der Gegend um Nyhavn jedoch war der mittellose Künstler zu seiner Zeit nur unter dem Spitznamen „Fattigholm" (Dänisch für „armer Holm") bekannt.*

029kh-rk

silberschmied Georg Jensen oder die Porzellanmanufaktur Royal Copenhagen (s. S. 123). Auch die großen Kopenhagener Kaufhäuser sind an diesem Ende der Fußgängerzone ansässig.

Südlich und parallel zu Strøget verläuft die kleine, gemütliche Fußgängerzone **Strædet**, ein Verbund der beiden Straßen Læderstræde und Kompagnistræde. Hier liegen Cafés Seite an Seite mit ungewöhnlichen Läden, Antiquitätengeschäften und kleinen Galerien.

Nördlich von Strøget liegt die Købmagergade mit dem Runden Turm 20. Und wer sich in den kleinen Seitenstraßen wie Kronprinsensgade, Pilestræde, Grønnegade oder Ny Østergade auf die Suche macht, findet einige der angesagtesten **Modeboutiquen und In-Cafés** der Stadt.

Der Rundgang durch die Innenstadt führt nun vom Kongens Nytorv wieder zurück Richtung Ausgangspunkt: Mit allen Abstechern sind es noch gut drei Kilometer, bis man am Endpunkt des Spaziergangs angelangt ist.

Wer nicht dem weiteren Rundgang zum Runden Turm folgen will, sondern auf der Strøget bleibt, erreicht einige Meter vom Amagertorv entfernt die **Nikolajkirche.** Messen werden hier aber keine mehr gelesen, dafür ist in Teilen der Kirche das **Kunstzentrum Nikolaij Kunsthal** (s. S. 104) untergebracht, in dem wechselnde **Ausstellungen** zu sehen sind. Außerdem finden hier Konzerte, Lesungen und andere Kulturveranstaltungen statt. Den Kirchturm kann man an einigen Tagen im Rahmen einer Führung besteigen. Im Restaurant Maven neben der Kirche kann man sehr schön drinnen oder bei gutem Wetter auch draußen auf dem Platz sitzen und kann sich bei allerdings nicht gerade günstigem Essen oder einem Bier erholen.

Kurz bevor man den Rathausplatz erreicht, stehen noch zwei Sehenswürdigkeiten ganz anderer Art auf dem Programm. Im **Ripley's Believe It or Not Museum** (s. S. 107) werden auf 1000 m² Merkwürdigkeiten und Kuriositäten ausgestellt. Im selben Haus befindet sich die dem berühmten Märchenautor gewidmete **H. C. Andersen Experience.** Zu Ripley's Imperium gehören auch noch das **Guinness World Records Museum** und das **Mystic Exploratorie.**

19 Amagertorv ★★★ [C5]

Hier schlägt das Herz der dänischen Hauptstadt.

An der Stelle, an der Østergade und Købmagergade zusammentreffen, weitet sich die Fußgängerzone Strøget zu einem weiten Platz, dem Amagertorv. Den Namen hat der Platz daher, weil früher die Bauern hier von der Insel Amager der Stadtbevölkerung ihre Waren zum Kauf anboten. In seiner Mitte erhebt sich der sog. **Storchenbrunnen** aus dem späten 19. Jahrhundert, ein **beliebter Treffpunkt** insbesondere der jungen Kopenhagener. Sieht man genauer hin, stellt man aber fest, dass es sich bei den dargestellten Vögeln um Reiher handelt. An einem sonnigen Sommertag ist der Amagertorv eine riesige Showbühne für Jongleure, Einradfahrer, Zauberer, Musiker und, und, und. Um den Platz gruppieren sich selbstverständlich einige Cafés.

Bei allen Ablenkungen, die hier geboten werden, sollte man trotzdem einen Blick auf das Haus am Amagertorv 6 werfen. Das Gebäude aus dem Jahre 1616, in dem heute die **Königliche Porzellan-**

Manufaktur untergebracht ist, zählt zu den ältesten der Stadt. Weiterhin sehenswert am Amagertorv: Das **Museum des Silberschmieds/Designers Georg Jensen** (s. S. 107) in Haus Nummer 4.

Wenn man nun nach rechts in die Købmagergade abbiegt, erreicht man den Runden Turm 20.

20 Der Runde Turm ★★ [B4]

Einen Turm ohne Stufen – so etwas gibt es nur in Kopenhagen. Christian IV. ließ 1637–1642 den 35 m hohen Turm als astronomisches Observatorium erbauen.

Einzigartig ist der 209 m lange **Schneckengang** im Inneren, dessen Rampe in 7 ½ Runden bis zum alten Observatorium hinaufführt. Der Architekt entschied sich gegen Stufen, weil die schweren Bücher und Instrumente in einem Wagen zum Observatorium transportiert werden sollten. Auch viele Berühmtheiten sollen den Weg per Pferd oder Kutsche hinauf zur Turmspitze gewählt haben.

Überliefert ist die Geschichte des russischen Zaren Peter des Großen, der 1716 mit strammem Galopp zur Spitze hinaufritt, während seine Gemahlin in der Kutsche hinterherkam. Obwohl in zeitgenössischen Dokumenten verbrieft, ziehen heute einige Wissenschaftler diese Aussagen in Zweifel. Angeblich sei der Kurvenradius so eng, dass die Kutsche gar nicht genügend Manövrierraum gehabt hätte. Fest steht aber, dass bereits 1902 das erste Auto zur Turmspitze hinauffuhr und auch schon **Einradrennen** im Runden Turm stattfanden.

Der Runde Turm war auch schon im 19. Jahrhundert ein **beliebtes Touristenziel.** Auf alten Stichen und Gemälden erkennt man, dass es vor dem Eingang Verkaufsstände gab, in denen Souvenirs und Branntwein angeboten wurden.

Seit 1642 kann man von der Spitze des Runden Turmes Sterne beobachten. Das jetzige auf die Turmplattform aufgesetzte **Observatorium** steht dort allerdings erst seit 1929. Es ist 6,75 m hoch und hat einen Durchmesser von 6 m. Das Fernrohr, das im Winterhalbjahr für Hobbyastronomen zu Sternbeobachtungen zur Verfügung steht, wurde von Jens Ol-

031kh-rk

⌃ *Auf dem Amagertorv pulsiert das Kopenhagener Leben*

146kh-fm

⊡ *Der Runde Turm* **20** *beherbergt auch ein Observatorium*

sen (1872–1945) gefertigt, der auch die Weltuhr im Rathaus konstruiert hat.

Auf halber Höhe des Turms wurde die ehemalige Universitätsbibliothek zu einem schönen offenen Raum umgestaltet, in dem heute **wechselnde Ausstellungen und Konzerte** stattfinden. Ein Shop und ein kleines Café laden zur Pause ein. Ein Stockwerk darüber kann man den gewaltigen **Dachstuhl** besichtigen, in dem früher die Glocken der Trinitatis-Kirche hingen. Die größte ist noch dort. Heute ist hier ein kleines Museum eingerichtet. Vor dem Eingang zum Ausstellungsraum ist ein in die Mauer eingelassener original rekonstruierter alter Abtritt zu besichtigen, der natürlich nicht mehr in Funktion ist – im Gegensatz zu der sich daneben befindenden Toilette.

Von der **Aussichtsplattform** lohnt sich nicht nur ein Blick über das Zentrum Kopenhagens – da man sich dort nur knapp über den Dächern der anderen Häuser befindet, ist dieser Rundblick auf gewisse Weise noch interessanter als von anderen Aussichtsplattformen der Stadt –, sondern auch auf das Begrenzungsgitter. Dort sind neben dem Monogramm von Christian IV. die Buchstaben RFP zu sehen. Was das heißt? „Regna Firmat Pietas" – „Frömmigkeit festigt die Reiche", der Wahlspruch des Königs.

› **Rundetårn,** Købmagergade 52a, www.rundetaarn.dk, April–Sept. tgl. 10–20 Uhr, Okt.–März Do.–Mo. 10–18, Di., Mi. 10–21 Uhr, Eintritt: 40 dkr, Kinder bis 15 Jahre 10 dkr, Metro: Nørreport

21 Universität ★ [B4]

Bevor man in Richtung Universität weitergeht, lohnt sich ein kurzer Abstecher durch die Købmagergade nach Norden zum wenige Meter entfernten **Kultorvet** [B4]. Der belebte Platz mit dem schmiedeeisernen Pavillon ist ein beliebter Ort, um in einem der Restaurants oder Cafés auszuspannen oder sich einfach auf die große Rundbank zu setzen und den Leuten beim Flanieren zuzuschauen. Für eine längere Pause auf dem Rasen von Rosenborg Slot geht man durch die Åbenrå und die Vognmagergade am efeubewachsenen Filminstitut vorbei.

In der anderen Richtung gelangt man durch die Store Kannikestræde zum Hauptgebäude der Kopenhagener **Uni-**

versität – 1836 erbaut von Peter Malling (1761–1865). Der Adler über dem Eingang symbolisiert die „hochfliegenden Gedanken in der Wissenschaft“. Ein kurzer Blick lohnt – falls gerade keine Vorlesung stattfindet – in den **beeindruckenden Haupthörsaal**, der nur zehn Meter hinter dem Eingang liegt. Die Fakultäten und Institute der Universität sind über das ganze Stadtgebiet verteilt.

Auf dem **Frue Plads** erinnern Büsten an berühmte Absolventen der Universität: an den Linguisten Vilhelm Thomsen (1842–1927), den Philologen und Politiker Johan Nicolai Madvig (1804–1886), der einige Jahre auch Kulturminister war, den Theologen und Politiker Henrik Nicolai Clausen (1793–1877), den Botaniker und Politiker Joachim Fredrik Schouw (1789–1852), den Zoologen Japetus Steenstrup (1813–1897) und den Physiker und Nobelpreisträger Niels Bohr (1885–1962). Meistens wirft aber kaum jemand einen Blick auf die in Stein gemeißelten Herren, denn oft treten hier Künstler auf und der Platz ist ein beliebter Treffpunkt, nicht nur von Studenten.

› **Københavns Universitet,** www.ku.dk, Metro: Nørreport

22 Vor Frue Kirke ★ [B4]

Die Vor Frue Kirke befindet sich gegenüber der Universität. Schon seit dem Mittelalter standen an dieser Stelle immer wieder Gotteshäuser. Sie alle fielen aber Stadtbränden zum Opfer. Die heutige Domkirche stammt von 1829 und wurde im neoklassizistischen Stil erbaut. Ihre **Glocken** bieten gleich einen doppelten Superlativ: Im 60 m hohen Turm hängt die „Stormklokken“, die mit vier Tonnen schwerste Glocke Dänemarks. Die kleinste Glocke der Domkirche wiederum ist die älteste des Landes und stammt von 1490.

Im Innern der Kirche sind die überlebensgroßen **Statuen der zwölf Apostel** von Bertel Thorvaldsen (1770–1844) beachtenswert. Vom gleichen Künstler stammen auch die Christusstatue hinter dem Altar und das Taufbecken mit dem knienden Engel.

› Nørregade 8, www.koebenhavnsdomkirke.dk, Mo.–Sa. 8.30–17 (Fr. 10.30–12 geschlossen), So. 12–16.30 Uhr, Metro: Nørreport

179kh-rk

In der Vor Frue Kirke finden die königlichen Hochzeiten statt

23 Sankt Petri Kirke ★ [A4]

Nur wenige Schritte entfernt steht die Sankt-Petri-Kirche aus dem 15. Jh. Sie dient seit mehreren Hundert Jahren der **deutschsprachigen Gemeinde** als Kirche. Beim Stadtbrand wurde die Inneneinrichtung von 1728 weitgehend zerstört und ist daher neueren Datums. Der 78 m hohe Kirchturm wurde erst später, 1757, errichtet. Eine kleine Oase der Ruhe ist der **Kirchgarten.** Interessant sind die in den Mauern eingelassenen Grabsteine mit deutscher Beschriftung.

› Ecke Nørregade/Sankt Peders Stræde, www.sankt-petri.dk, April–Sept. Do.–Sa. 11–15 Uhr, Metro: Nørreport, Geführte Touren können über Tel. 33133833 gebucht werden.

Von der Sankt-Petri-Kirche ist es nur ein kurzes Stück nach Norden über die Nørre Voldgade, eine der Hauptverkehrsadern Kopenhagens, in die Vendersgade. Hier steht am Israels Plads die **Torvehallerne** 52. Ein Besuch der Markthalle lässt sich gut mit einem Rundgang durch den Stadtteil Nørrebro (s. S. 74) verbinden.

24 Gråbrødretorv ★★ [B4]

Der ideale Punkt zum Ausruhen für müde Stadtspaziergänger ist der Gråbrødretorv, der sich in der Nähe der Vor Frue Kirke befindet. Der von alten Bürgerhäusern aus dem 18. und 19. Jh. gesäumte Platz zählt mit seinen zahlreichen Kneipen und Restaurants zu den **schönsten Punkten Kopenhagens.** Benannt wurde der Platz übrigens nach den Franziskanermönchen, den sogenannten „grauen Brüdern", die hier im Mittelalter ihr Kloster hatten.

› Metro: Nørreport

25 Helligåndskirke ★ [B5]

Nur wenige Schritte vom Gråbrødretorv entfernt liegt die Helligåndskirke, die Kirche des Heiligen Geistes. Sie wurde als Klosterkirche zu Beginn des 15. Jahrhunderts erbaut, 1728 beim Stadtbrand zerstört und 1880 im Stil der Neurenaissance wiedererrichtet. Sehenswert ist im Inneren der Altar von 1732, der damals von König Christian VI. (1730–1746) gestiftet wurde.

› Niels Hemmingsens Gade 5, www.helligaandskirken.dk, Mo.–Fr. 12–16, Sa. 11–13 Uhr, So. nur während des Gottesdienstes (Sommer 10, Winter 11 Uhr), Metro: Nørreport, Kongens Nytorv

26 Rathausplatz ★★ [A5]

Den **Rådhuspladsen** erreicht man nun am besten wieder über die Strøget. Hier stehen zwei Klinkergebäude, die mit ihren nahezu identischen Türmen fast wie Geschwister aussehen. Einmal das **Palace Hotel**, erbaut 1908, und dann das 1905 fertiggestellte **Rathaus**, jeweils mit einer Turmhöhe von 105 m.

Zur Höhe des Turms wird die folgende Anekdote erzählt: Eigentlich hatte der Bauherr des Palace Hotels geplant, den Turm seines Hauses einige Meter weiter in den Himmel wachsen zu lassen als den des Rathauses. Die Stadtoberen aber duldeten kein Bauwerk, das höher als „ihr" Rathaus war und lehnten das Baugesuch ab. Erst als der Hotelbesitzer versprach, seinen Turm zu „kürzen", durfte er schließlich bauen.

Martin Nyrop (1849–1921), der Architekt des Rathauses, ließ sich bei seinen Planungen von italienischen Einflüssen inspirieren. Insbesondere das berühmte

178kh-rk

Rathaus von Siena soll als Vorbild für jenes in Kopenhagen gedient haben.

Über dem Hauptportal ist die vergoldete Statue von Bischof Absalon, dem Stadtgründer, zu sehen. Die Figuren auf dem Dach stellen Nachtwächter dar. Im Inneren sind die große Festhalle mit Büsten berühmter Dänen sowie die **Weltuhr** von Jens Olsen sehenswert. Sie zeigt nicht nur die Uhrzeit an, sondern auch zusätzlich den Lauf der Sterne, Sonnenauf- und Sonnenuntergangszeiten sowie die Daten des Gregorianischen und Julianischen Kalenders.

Der **Rathausturm** bietet einen weiten Blick über die Stadt und das Umland. Achtung: Den Turm darf man aber nur um 11 und um 14 Uhr erklimmen.

Neben dem Rathaus stehen auf der einen Seite auf einer hohen Säule zwei Lurenbläser (siehe Exkurs S. 44), auf der anderen ein Denkmal des Märchendichters Hans Christian Andersen.

Den 105 Meter hohen Rathausturm kann man besteigen

Architektonische Details am Rathaus, erbaut 1905 im Stil der Nationalromantik

108kh-jg

170kh ©Elke Hötzel, stock.adobe.com

Übrigens: Der **12-Uhr-Glockenschlag** des Kopenhagener Rathauses wird seit Jahrzehnten im dänischen Rundfunk übertragen: Er bildet den Auftakt zu den Seewasserstandsmeldungen. Früher wurde der Glockenton mittels eines Mikrofons im Turm live gesendet, inzwischen kommt er aber aus Kostengründen vom Band.

- Rådhuspladsen 1, Rathaus: tägl. 9–16 Uhr, Führungen: Mo.–Fr. 10 und 15 Uhr auf Dänisch, 13 Uhr in englischer Sprache, Sa. 10 Uhr englisch, 11 Uhr dänisch
- **Weltuhr:** Mo.–Fr. 9–17, Sa. 9.30–13 Uhr
- **Turmbesteigungen:** Mo.–Fr. 11 und 14, Sa. 12 Uhr
- **Eintritt:** Rathaus kostenlos, Führungen 50 dkr, Weltuhr 10 dkr, Turmbesteigung 30 dkr
- S-Bahn: København H

Die nordischen Luren sind auch als Kriegstrompeten bekannt

Luren

Luren sind Instrumente aus der fernen Bronzezeit (13. Jh.–6. Jh. v. Chr.), die ausschließlich im Norden Europas gefertigt und gespielt wurden. Sie sind zwischen 1,5 und 3 m lang, s-förmig gebogen und mit einer kunstvoll verzierten Scheibe an der Schallöffnung versehen. Lurenbauer waren ***erstaunliche Handwerker*** *– bis heute ist es noch niemandem wieder gelungen, die Instrumente aus Bronze mit solch dünnen Wänden, wie sie die alten Vorbilder haben, zu fertigen.*

Interessant ist auch, dass fast alle Luren in Paaren gefunden wurden. Die Wissenschaft nimmt deswegen an, dass immer zwei Luren zusammen gespielt wurden und ihr Klang aufeinander abgestimmt war. Welche Art von Musik auf ihnen gespielt wurde, werden wir jedoch nie erfahren, und auch über die Anlässe, zu denen sie geblasen wurden, kann man nur spekulieren. Man nimmt an, dass sie nicht allein zum Musikgenuss gespielt wurden, sondern schreibt ihnen eine wichtige ***kultische Bedeutung*** *zu. Mancher Wissenschaftler glaubt sogar, dass Luren als Signal vor einem Angriff geblasen wurden.*

Viele der Luren, die gefunden wurden, waren in einem so ***guten Zustand,*** *dass sie noch heute gespielt werden könnten – und zweimal im Jahr werden sie das auch: einmal am Tag der Sommersonnenwende abends auf dem Dach des Nationalmuseums und das andere Mal in der Neujahrsnacht auf dem Rathausturm.*

Von Nyhavn bis Rosenborg Slot

Dieser zweite Innenstadtspaziergang beginnt in Nyhavn. Wer möchte, kann ihn mit dem ersten Spaziergang verbinden und aus beiden zusammen eine große Rundtour machen. Spaziergang Nummer 2 führt zu den Schlössern Amalienborg und Rosenborg, zu den wichtigsten Kunstmuseen der Stadt und zur meistfotografierten Sehenswürdigkeit: der Kleinen Meerjungfrau.

27 Schauspielhaus ★ [E4]

An der Sonnenseite des Nyhavn entlang spazierend, erreicht man direkt am Wasser ein architektonisches Highlight der Hauptstadt: das Königliche Dänische Schauspielhaus (**Skuespilhuset**). Vom Architektenbüro Lundgaard & Tranberg entworfen und 2008 eröffnet, ist das Schauspielhaus ein Baustein in Kopenhagens „Meile der modernen Architektur“ am Hafen.

Die enge Verbindung zum Wasser illustriert die weite, teilweise auf Pfählen ins Wasser gebaute **Eichenholz-Promenade**, die um das Gebäude herumführt. Hier kann man direkt mit dem Boot anlegen. Durch die **Glasfront** der Eingangsebene hat man einen tollen Blick auf den Hafen und das gegenüberliegende Opernhaus. Über dem auskragenden Obergeschoss nimmt ein wuchtiger kupferverkleideter **Kubus** die Bühnentechnik auf.

Das Schauspielhaus steht direkt am Wasser

Von Nyhavn bis Rosenborg Slot

Alle weiteren Karteneinträge s. S. 248.

In dem kreisrunden **großen Saal** können 650 Besucher ausgezeichnete Aufführungen – eigene Produktionen und Gastspiele – besuchen und ebenso ausgezeichnet kann man im zugehörigen **Restaurant Aamanns Replik** speisen.

› **Skuespilhuset,** St. Annae Plads 36, www.skuespilhuset.dk, Führungen (auch auf Englisch) dauern etwa 75 Minuten, Ticketbestellung Tel. 33696978, Metro: Kongens Nytorv, Hafenbus: 991, 992

An der Nordseite des Schauspielhauses ist mit dem **Ofelia Beach** ein öffentlicher Raum für jede Menge kultureller und Freizeitaktivitäten geschaffen worden. Im Sommer gibt es Beachvolleyball, Skater kommen auf ihre Kosten und Bars versorgen den Besucher mit Getränken, damit er den Freiluftkonzerten und anderen Aufführungen entspannt lauschen und zusehen kann. Zurück geht es über den Skt. Annae Plads zur Bredgade, die besonders als Einkaufsstraße für Antiquitäten bekannt ist. Ihr folgt man nach rechts abbiegend und erreicht nach etwa 300 Metern die Marmorkirche (Frederikskirke).

Seite an Seite: die Marmorkirche und Schloss Amalienborg

28 Frederiks Kirke (Marmorkirken) ★★ [D3]

Mit ihrer mächtigen, sich hoch über die Dächer der Stadt erhebenden Kuppel ist die Frederiks Kirke eines der auffälligsten Bauwerke in der Skyline der Stadt.

Ursprünglich war die Kirche ein richtiges **Angeberprojekt:** Der 1740 begonnene Bau sollte aus Marmor erbaut werden (daher „Marmorkirche") und in seinen Ausmaßen den Petersdom in Rom übertreffen. Doch auf so viel Unbescheidenheit blickte Gott offenbar nicht wohlgefällig, denn schon bald zeigte sich, dass der Bau nicht zu finanzieren war. Schließlich wurden die Arbeiten 1770 eingestellt und die Kirche blieb als unvollendete Bauruine stehen.

Erst als ein dänischer Industrieller seine Geldbörse öffnete, konnte weitergebaut werden. Allerdings in etwas bescheidenerem Maße und auch ohne Marmor – Kalkstein musste jetzt genügen. Immerhin konnte die Kirche 1894 endlich eingeweiht werden und die **Kuppel** war – obwohl man von den einst geplanten 45 m Durchmesser gewaltige Abstriche machen musste – mit 31 m immer noch eine der größten in Europa.

Sehr empfehlenswert ist der, allerdings etwas mühsame, Aufstieg zur **Aussichtsplattform** an der Kuppelspitze. Von dort oben hat man einen weiten Blick über die Stadt und den Öresund.

› Frederiksgade 4, www.marmorkirken.dk, Kirche: Mo.–Do., Sa. 10–17, Fr. 12–17, So. 12.30–17 Uhr, Eintritt frei, Aussichtsplattform: Mitte Juni–Ende Aug. tgl. um 13 Uhr, sonst nur Sa., So. und Feiertage 13 Uhr, Eintritt: 35 kr, Kinder unter 18 Jahren 20 dkr, Metro: Marmorkirken, Bus: 23

29 Schloss Amalienborg ★★★ [E3]

Die königlichen Wachen vor dem Schloss sind beliebte Fotomotive – insbesondere dann, wenn um 12 Uhr mittags der Wachwechsel stattfindet.

Schloss Amalienborg besteht aus vier gleich aussehenden Rokokopalästen, die sich um den **achteckigen Amalienborg Plads** gruppieren. Vom Hofarchitekten Nicolai Eigtved (1701–1754) 1749 entworfen, waren die Paläste ursprünglich Wohnungen für adlige Familien. Doch als 1794 Schloss Christiansborg 5 niederbrannte, stellten diese der obdachlos gewordenen Königsfamilie ihre Paläste zur Verfügung. Dort wohnt die Königsfamilie bis heute, vor allem während der Wintermonate. Offiziell ist Amalienborg die **Winterresidenz** von Königin Margrethe II. Ist sie zu Hause, weht am Schloss die dänische Flagge, der Dannebrog. Das Schloss selbst kann nicht besichtigt werden, das **Schlossmuseum** jedoch erzählt die Geschichte des Hauses Glücksburg ab 1863. Zu sehen sind u. a. die originalgetreu eingerichteten Arbeitszimmer Christians IX. und X. und Frederiks VIII. und IX. sowie Königin Louises Salon.

Wer direkt zum **Statens Museum for Kunst** 32 weitergehen will, biegt am Ende der Bredgade links ab, geht ein kurzes Stück entlang den Esplanaden und folgt dann der Gernersgade bis zu ihrem Ende. Dort biegt man erneut links ab und erreicht über die Rigensgade die Sølvgade. Dort hält man sich rechts und erreicht nach der nächsten großen Kreuzung das Museum.

Das 12 m hohe **Reiterstandbild** in der Mitte des Platzes stellt König Fredrik V. dar. Gefertigt wurde es 1771 von Jacques François Saly (1717–1776). Billig war die Statue nicht, die Rechnung des französischen Bildhauers war höher als die Summe, die für die vier Paläste Amalienborgs zusammen ausgegeben werden musste!

Vom Ufer hinter dem Schloss hat man einen Logenplatz für einen Blick auf das Opernhaus 43.

› **Amalienborg Slot,** Amaliegade/Amalienborg Plads, www.kongernessamling.dk/amalienborg, Mitte Jan.–Mitte Okt. tgl. 10–17, Nov.–Mitte Jan. Di.–So. 11–16 Uhr, Weihnachten und Silvester geschl., Eintritt: 125 dkr, Studierende 80 dkr, bis 18 Jahre frei, Metro: Kongens Nytorv, Marmorkirke, Bus: 23

Geht man auf der Bredgade weiter stadtauswärts, erreicht man nach circa 200 Metern linker Hand die zwischen 1880 und 1883 erbaute russisch-orthodoxe **Alexander-Newsky-Kirche.** Sie ist leicht an ihren drei Goldkuppeln zu erkennen und wurde auf Veranlassung Dagmars, der Tochter Christians IX., erbaut, die Zar Alexander III. heiratete und ihren Namen zu Maria Feodorovna (1847–1928) änderte. Eines ihrer Kinder war Nikolaus II., der letzte Zar Russlands.

Die Baukosten für die Kirche wurden damals von der russischen Regierung getragen.

ii1 [E3] **Alexander-Newsky-Kirche,** Bredgade 53, Mo. 9.30–12.30, Mi., Fr. 15–17, Sa. 16.30–19.30, So. 9–13 u. 16.30–19.30 Uhr

Auf der rechten Straßenseite passiert man die katholische **St.-Ansgars-Kirche,** zwischen 1785 und 1787 im klassizistischen Stil erbaut, und erreicht schließlich das **Designmuseum** (s. S. 105). Dessen Sammlungen zählen sicherlich zu den umfassendsten in Skandinavien. Dänisches und internationales Kunstgewerbe, Kunsthandwerk und Industriedesign aus den Bereichen Möbel, Silber, Glas und Textilien sind hier ausgestellt.

Wendet man sich am Ende der Bredgade nach rechts, erreicht man am Rande des Kastellparks das **Frihedsmuseet (Widerstandsmuseum),** ein eindrucksvolles Museum zum dänischen Widerstand während der Zeit der nationalsozialistischen deutschen Besatzung zwischen 1940 und 1945.

Wenige Schritte weiter befindet sich die **St. Albans Church.** Erbaut zwischen 1885 und 1887, ist sie die Kirche der anglikanischen Gemeinde und deswegen ist das „Church“ im Namen durchaus richtig. Obwohl sie in Kopenhagen steht, trägt sie daher ganz offiziell eine englische Bezeichnung.

ii2 [F2] **St. Albans Church,** Churchill Parken, www.st-albans.dk, nur zu Gottesdiensten am Sonntag geöffnet.

Den **Gefionbrunnen** direkt neben der St. Albans Church halten viele Besucher fälschlich für eine Darstellung von Europa mit dem Stier. Die 1908/09 von Anders Bundgaard (1864–1937) geschaffene Statue stellt aber die Göttin Gefion und ihre vier Söhne in Gestalt von Ochsen dar (siehe Exkurs „Die Sage von Gefion“ auf S. 51).

30 Kastell ★ [E1]

Zwischen dem Gefionbrunnen und der Statue der Kleinen Meerjungfrau 31 steht das wuchtige **Kastell,** eine über 300 Jahre alte **Festungsanlage,** die – natürlich – Christian IV. zur Verteidigung Kopenhagens erbauen ließ. Das Kastell ist von viel Grün umgeben. Obwohl es noch heute vom Militär genutzt wird, ist der Kastellpark für alle zugänglich. Zur Festung gehört auch eine kleine Windmühle von 1847.

› **Kastellet,** Langelinie, Park: April–Okt. tgl. 6–22 Uhr, Eintritt frei

Die Statue der Kleinen Meerjungfrau liegt etwas abseits, für den Fußweg zu ihr hin und zurück muss man etwa 20 Minuten einrechnen.

Der dramatisch in Szene gesetzte Gefionbrunnen erzählt eine alte Sage

Die Sage von Gefion

Einst lebte an der schwedischen Küste ein König mit Namen Gylfi. Zu ihm kam eines Tages eine Frau, mit der er eine Liebesnacht verbrachte. In einer anderen Version heißt es, der König sei von dem Gesang der Frau betört gewesen. Wie auch immer, der König war offenbar von dem Erlebten so beeindruckt, dass er der Besucherin ein Geschenk machen wollte. Deswegen versprach er ihr so viel Land, wie sie im Laufe einer Nacht mit Hilfe von vier Ochsen umpflügen konnte. Was der König aber nicht wusste: Sein Gast, Gefion, stammte aus dem Göttergeschlecht der Asen und verfügte demzufolge über übernatürliche Kräfte.

Gefion rief ihre vier Söhne herbei, die sie dereinst mit einem Riesen gezeugt hatte, und verwandelte sie in kräftige Ochsen, die sie vor den Pflug spannte. Aufgrund der enormen Stärke der Ochsen grub sich der Pflug so tief in die Erde, dass sich ein riesiges Stück Land vom Festland abteilte. Dieses Stück Land schleppten Gefions Söhne nun auf das offene Meer hinaus, bis das Tageslicht anbrach. An der Stelle, an der die ersten Strahlen der Morgensonne auf das Land trafen, verankerte es Gefion wieder. So entstand die dänische Insel Seeland.

Als der König am Morgen erwachte, stellte er zu seinem Erschrecken fest, dass ein riesiges Stück seines Landes fehlte. Dort aber, wo das Land herausgerissen war, entstand ein See, der heute den Namen „Mälarsee" trägt. Mitunter heißt es auch, dass das Loch, das durch das Herauspflügen des Landes entstand, der Vänersee sei. (Das wäre logischer, denn er liegt näher an Dänemark.) König Gylfi wird es egal gewesen sein: Er dürfte sich so oder so über die Konsequenzen seines Handelns geärgert haben.

Die Sage ist also letztendlich eine Geschichte darüber, wie teuer es sein kann, sich mit der falschen Frau einzulassen.

036kh-WoCo/Christian Alsing

31 Kleine Meerjungfrau ★ [F1]

„Den lille Havfrue" – die Kleine Meerjungfrau – ist die bekannteste Touristenattraktion Dänemarks und eine der meistfotografierten Statuen der Welt. Dabei ist die Schöne auf ihrem Felsen ein eher zierliches Persönchen und fast jeder, der sie zum erstenmal sieht, wundert sich, wie klein sie doch ist.

Gerade 125 Zentimeter misst die allerdings 175 Kilogramm schwere Dame. Seit 1913 sitzt die Bronzefigur aus dem gleichnamigen Märchen Hans Christian Andersens auf einem Findling am Langelinie Kai. Könnte sie aufstehen, wäre sie jedoch 1,70 m groß und hätte damit 1913 zu den größten Frauen des Landes gezählt. Geschaffen hat die Statue der Kopenhagener Bildhauer Edvard Eriksen (1876–1958).

› **Den lille Havfrue,** Langelinie, S-Bahn: Østerport, Bus: 27

Dänemarks weltberühmte „Kleine Meerjungfrau" hat seit 2006 eine große Schwester: die **Genmanipulierte Meerjungfrau.** Nur rund einen Kilometer nördlich am Langelinie Kai sitzt die ebenfalls

KLEINE PAUSE

Zwischenstopp auf dem Weg zur Kleinen Meerjungfrau

Man sitzt drinnen an langen Holztischen oder draußen unter der dänischen Sonne direkt am Wasser. Da es sich hier um eine Art Food Court mit sieben Restaurants unter einem Dach handelt, muss sich niemand kulinarisch festlegen.

3 [F2] **Seaside Toldboden,** Nordre Toldbod 18–24, Tel. 33930760, https://seasidecph.dk

Geschichten rund um die Meerjungfrau

Die Leiden der Meerjungfrau

Als sei sie gerade den Fluten entstiegen, sitzt die bronzene Meerjungfrau mit traurig-melancholischem Blick auf einem Felsen, der einige Meter vom Ufer entfernt von den Ostseewellen umspült wird. Ihr Gemütszustand ist schnell erklärt, hat sie doch ihre große Liebe verloren. Der große dänische Märchendichter ***Hans Christian Andersen*** *hatte die Figur 1837 erschaffen und ihr ein unglückliches Schicksal zugeschrieben: Die kleine Meerjungfrau lebte mit ihren Geschwistern im Meer, sehnte sich aber nach einem Leben an Land. Sie war besonders schön und hatte eine Stimme, die jeden verzauberte. Eines Tages spülte ihr das Schicksal einen schiffbrüchigen Prinzen in die Arme, den sie aus größter Seenot rettete. Die beiden verliebten sich sofort ineinander, doch als Meerjungfrau konnte sie ihm nicht an Land folgen. Da machte ihr die böse Meereshexe das Angebot, ihren Fischschwanz in Beine zu verwandeln, wenn sie im Gegenzug dafür auf ihre betörende Stimme verzichten würde. Sie ging darauf ein, doch der Prinz verlor bald das Interesse an der stummen Meerjungfrau und heiratete schließlich eine andere.*

Ellen oder Elline?

Wäre ***Carl Jacobsen*** *im Winter 1909 nicht ins Königliche Theater von Kopenhagen gegangen, gäbe es die Statue der kleinen Meerjungfrau vermutlich nicht.*

Jacobsen war der Sohn des Gründers der Carlsberg Brauerei und ein großer Kunstliebhaber und Mäzen. Auf ihn geht u. a. die Gründung der **Ny Carlsberg Glyptotek** 2 zurück. Jacobsen liebte aber auch das Theater und sah sich deswegen die Aufführung des Balletts „Die Kleine Meerjungfrau" an. Er war begeistert vom Stück, aber noch mehr von der Ballerina **Ellen Price de Plane.** Umgehend beauftragte er den bekannten Bildhauer Edvard Eriksen, die Statue einer Meerjungfrau zu fertigen. Dabei sollte ihm die Ballerina Modell sitzen. Die aber wollte angeblich nicht nackt dargestellt werden und deshalb ähnelt auch nur der Kopf der Meerjungfrau dem der Tänzerin. Für den Körper diente **Elline Eriksen,** die Ehefrau des Künstlers, als Vorbild. Andere Quellen behaupten, die Eifersucht der Ehefrau hätte verhindert, dass die Ballerina Modell sitzen durfte.

Wonderful Copenhagen

Lange Zeit konnte die kleine Meerjungfrau ein relativ ruhiges Leben führen. Abseits des Stadtzentrums saß sie im Meer und außer den Sonntagsspaziergängern und dem einen oder anderen Touristen kam kaum jemand bei ihr vorbei. Das änderte sich erst 1952, nachdem Hollywood einen Spielfilm über Hans Christian Andersen produziert hatte und der Titelsong „Wonderful Copenhagen" zum **Welthit** avancierte. Seitdem gehörte die Meerjungfrau zur Standardreiseroute für durch Europa tourende Amerikaner.

Je bekannter sie wurde, desto interessanter wurde die Statue auch als Ziel für kleinere und größere **Anschläge.** Ganz harmlos fing es 1961 an, als ihr Scherzbolde einen Bikini anmalten und sie mit roten Haaren schmückten. Zwei Jahre später übergossen dann „Künstler" die Meerjungfrau mit roter Farbe – das Ganze sollte ein Happening sein. Dann aber wurde es ernst. 1964 sägten ihr Unbekannte den Kopf ab und brachten es damit auf die Titelseite der New York Times. 1984 amputierte man ihr einen Arm, bevor man sie 1998 erneut enthauptete. 2003 stürzte man die Meerjungfrau von ihrem Felsen. Danach ging es mit politisch motivierten Farbattentaten weiter. Je nachdem, ob man für mehr Frauenrechte oder gegen Walfang war, wurde die geduldige Meerjungfrau rosa oder rot angemalt. Zuletzt musste sie sich als „racist fish" bezeichnen lassen.

035kh-rk

in Bronze gegossene Märchenfigur auf einem Stein. Die Skulptur des dänischen Künstlers Bjørn Nørgaard ist, ihrem Namen entsprechend, verwachsen und dekonstruiert. Sie ist eines von neun Kunstwerken aus Nørgaards Skulpturengruppe „Das genmanipulierte Paradies“. Damit fand das ursprünglich zur EXPO 2000 entstandene Werk einen festen Platz in seiner Heimat. „Nun kann sich Dänemark zwei Bilder davon machen, wie unterschiedliche Zeitalter ihr Kulturerbe deuten“, so Nørgaard, der u. a. auch die berühmten Pop-Gobelins für Königin Margrethe angefertigt hat (vgl. dazu 5).

★4 [hi] **Genmanipulierte Meerjungfrau**

Wenn man nach dem Ausflug zur Kleinen Meerjungfrau wieder die Esplanaden heruntergeht, zunächst die Bredgade und dann die belebte Store Kongensgade quert, gelangt man ziemlich unvermittelt in ein Viertel, das aus der Zeit gefallen zu sein scheint. **Nyboder** – was nichts anderes heißt als Neue Häuschen – ist eine Gründung von Christian IV., der ab den 1630er-Jahren für die Angehörigen der Marine, vor allem für die einfachen Seeleute und ihre Familien, neuen Wohnraum schaffen ließ.

Die Architekten Hans van Steenwinckel d. J. und Leonhard Blasius planten in dem Areal, das damals noch außerhalb der Stadtgrenze lag, entlang schachbrettartig angelegter Straßen Reihen niedriger Steinbaracken von einheitlichem Aussehen, die rot-weiß gestrichen waren. Keine 20 Jahre später war die Stadt bereits um dieses Gebiet herumgewachsen. 1658 wurden viele der Häuser durch die Explosion eines nahen Munitionslagers zerstört, aber Auf- und Ausbaupläne wurden über viele Jahrzehnte hinweg verfolgt und bis Ende des 18. Jh. entstanden neue und größere Gebäude, die dann ihren bis heute bestehenden gelben bis orange- und ockerfarbenen Anstrich erhielten.

Bis 2006 waren die Häuser, die im Innern natürlich nichts mehr mit Baracken gemein haben, überwiegend für Militärangehörige reserviert. Inzwischen wohnt in den kleinen Häuschen und den größeren Mietshäusern eine bunte Mischung aus „Gutbürgerlichen“, Militärs und jungen Leuten und die Gegend ist auch längst nicht mehr so preiswert wie einst.

Ein Bummel durch die Sträßchen rund um den roten Ziegelbau der 1877 eingeweihten Kirche St. Pauls zeigt ein **gemächliches Leben:** Schule und Kindergarten, kleine Restaurants, Geschäfte und der Friseur – alles ist freundlich-nachbarschaftlich. Man kennt sich und grüßt sich. Dass Nyboder immer attraktiver wird, zeigt sich auch daran, dass sich mit dem Kokkeriet (s. S. 113) einer der Kopenhagener **Gourmettempel** hier angesiedelt hat.

In dem kleinen Museum **Nyboders Mindestuer** (s. S. 105) kann man sich anschauen, wie die Seeleute und ihre Familien damals gehaust haben. Das Haus ist das einzige, das aus der Gründungszeit von Nyboder überdauert hat.

Spazieren gehen

Wer nicht so viel Lust auf den Besuch von Museen und Galerien hat, sondern einfach noch etwas zu Fuß unterwegs sein möchte, der kann nach dem Besuch bei der Kleinen Meerjungfrau 31 auch sehr schön durch die **Parkanlagen** am Kastell 30 und südwestlich der S-Bahn-Station Østerport bis zum Botanischen Garten 35 gehen.

037kh-WoCo/Jens Bangsbo

32 Dänische Nationalgalerie ★★★ [C2]

In der Nationalgalerie wird eine wahrlich einzigartige Sammlung in- und ausländischer Kunst gezeigt: Skulpturen und Gemälde von 1300 bis zur Gegenwart.

Den Anfang nahm die Sammlung unter König Frederik V. Mitte des 18. Jahrhunderts. Da er mit seiner Kunstsammlung nicht hinter der anderer Königshäuser zurückstehen wollte, beauftragte der Monarch den Verwalter seiner Kunstsammlung, **Meisterwerke aus ganz Europa aufzukaufen.** Besonders holländische und flämische Maler aus dieser Zeit sind in der Sammlung reich vertreten. Später dann wurden vor allem Werke dänischer Maler hinzugekauft, sodass das Statens Museum for Kunst heute die weltweit umfassendste Ausstellung von Werken dänischer Künstler aufweist.

Im 20. Jahrhundert kamen schließlich Schenkungen und langfristige Leihgaben hinzu. Deswegen findet man u. a. auch viele Bilder **französischer Maler des 19. und 20. Jahrhunderts.** Aus deutscher Sicht ist vor allem die umfangreiche Sammlung von Werken des Expressionisten Emil Nolde bemerkenswert.

Auch architektonisch hat das Museum Besonderes zu bieten. Seit 1998 ist der moderne Anbau durch einen **gläsernen Skulpturengang** mit dem alten Museumsbau von 1896 verbunden. In dieser hellen Passage kommen die eindrucksvollen Skulpturen besonders gut zur Geltung und man nutzt die angebotenen Ruheplätze für eine kleine Pause. Zusätzlich zu den Dauerausstellungen werden jedes Jahr noch mehrere hochkarätige Sonderausstellungen gezeigt.

△ *Der moderne Anbau der Dänischen Nationalgalerie*

KLEINE PAUSE

Picknick im Park

Die Hirschsprungschen Sammlungen 33 liegen in derselben **Parkanlage** wie das Statens Museum for Kunst 32. Bei gutem Wetter drängt sich eine Picknickpause in der weitläufigen **Østre Anlæg** [C1] förmlich auf.

Empfehlenswert zur Vorbereitung des Besuchs ist die **sehr gut gemachte Homepage** des Museums (www.smk.dk), auf der unter anderem die zehn Prunkstücke der Ausstellung, dazu gehören neben anderen Werke von Matisse und Rubens, detailliert und kenntnisreich vorgestellt werden.

› **Statens Museum for Kunst,** Sølvgade 48–50, www.smk.dk, Di.–So. 10–18 Uhr, Mi. bis 20 Uhr, Eintritt 120 dkr, 18–27 Jahre 95 dkr, bis 18 Jahre frei, Ermäßigungen möglich, Bus: 6A, 14, 150S, Metro: Nørreport Station

33 Hirschsprungsche Sammlungen ★★ [C1]

Wer nach dem Besuch des Statens Museum for Kunst noch nicht genügend Bilder gesehen hat, geht gleich in den Hirschsprungschen Sammlungen weiter auf Besichtigungstour. Das Museum wurde von dem Tabakfabrikanten Heinrich Hirschsprung (1836–1908) dem Staat geschenkt und 1911 eröffnet. Hirschsprung wollte seine Sammlung schon im Jahre 1902 dem Staat überlassen. Dass es dann noch fast 10 Jahre dauerte, bis das Museum eröffnet werden konnte, liegt daran, dass der Beschenkte nicht nur dankbar war, sondern auch Forderungen stellte.

Zunächst sollte Hirschsprung seine Sammlung einfach an die Nationalgalerie abtreten. Als er das nicht wollte und einen eigenen Museumsbau finanzierte, war dieser dem Staat nicht pompös genug. Schließlich setzte sich Hirschsprung mit seinen Ideen aber doch durch und wer heute durch die Ausstellung geht, kann ihm zu seiner Standfestigkeit nur gratulieren. Gerade die **Intimität der Ausstellungsräume** ist es, die den Charme ausmacht. Hirschsprung erlebte den Erfolg seiner Bemühungen jedoch nicht mehr. Er starb 1908, drei Jahre vor der Eröffnung des von ihm gestifteten Museums.

Die Sammlung gibt einen hervorragenden Überblick über die dänische Kunst des 19. Jh. von der Klassik bis zur Moderne. Da Hirschsprung großer Bewunderer der **Skagenmaler** war – so genannt, weil sie ihre Motive unter den Fischern und Bauern in Nordjütland fanden –, besitzt das Museum eine ansehnliche Sammlung von Bildern P. S. Krøyers (1851–1909).

› **Den Hirschsprungske Samling,** Stockholmsgade 20, www.hirschsprung.dk, Mi.–So. 11–16 Uhr, Eintritt: 95 dkr, 18–26 Jahre 75 dkr, unter 18 Jahren freier Eintritt, Bus: 6A, 14, 150S, Metro: Nørreport Station

34 Naturhistorisches Museum ★ [C2]

Gegenüber der Dänischen Nationalgalerie befindet sich das Naturhistorische Museum. Zu sehen sind hier neben Dinosaurierskeletten auch umfangreiche Pflanzen-, Fossilien- und Mineraliensammlungen, darunter eine der größten Sammlungen von Meteoritengestein in Europa. Ein neues Gebäude im Botanischen Garten ist in Planung, das in eini-

gen Jahren die Sammlungen des Geologischen und des Zoologischen Museums als neues Naturhistorisches Museum Dänemarks unter einem Dach vereinen soll.

› **Statens Naturhistoriske Museum,** Øster Voldgade 5–7, https://snm.ku.dk, Sept.–Juni Di., Do.–So. 10–17, Mi. 10–21, Juli und August Do.–Di. 10–17, Mi. 10–21 Uhr, Eintritt: 105 dkr, Studierende, Kinder und Jugendliche bis 16 Jahre 50 dkr, Bus: 6A, 184, 185, Metro: Nørreport

35 Botanischer Garten ★★ [B2]

Das Naturhistorische Museum grenzt zwar unmittelbar an den Botanischen Garten, doch um eines der beiden Eingangstore der Gartenanlage, die auf 10 ha Fläche mehr als 20.000 Pflanzen zeigt, zu erreichen, muss man noch gut 200 m um das Gelände herum gehen. Das Prachtstück ist das runde **Palmenhaus** von 1874, in dem dicht gedrängt tropische und subtropische Pflanzen wachsen. In diesem gelangt man auf einer eisernen Wendeltreppe bis unters Dach und kann dort auf einer Galerie die Runde machen.

› **Botanisk Have,** Zugang durch Gothersgade 128 oder Øster Farimagsgade 2c, https://snm.ku.dk, April–Sept. tgl. 8.30–18 Uhr, sonst tgl. 8.30–16 Uhr, Palmenhaus: April–Sept. tgl. 10–15 Uhr, Eintritt Botanischer Garten frei, Palmenhaus 60 dkr, Kombiticket Naturhistorisches Museum und Palmenhaus 105 dkr, Metro: Nørreport, Bus: 5A, 14, 40, 42, 43

Die gläserne Kuppel des Palmenhauses im Botanischen Garten

36 Arbeitermuseum ★ [A3]

Nur wenige Schritte vom Botanischen Garten entfernt, erreicht man in der Rømersgade das Arbeitermuseum. Hier sind **Arbeiterwohnungen aus unterschiedlichen Zeiten** zu sehen. Zunächst wird eine Familie mit ihren Lebensbedingungen um 1915 porträtiert, dann eine in den Depressionsjahren um 1930 und schließlich eine aus den 1950er-Jahren, als der „American way of life" in Dänemark Einzug hielt.

Ein anderer Teil der Ausstellung befasst sich mit dem **Kampf der Arbeiterbewegung** um bessere Lebensverhältnisse im Lauf des 20. Jahrhunderts. Auch die besondere Lage der Kinder aus Arbeiterfamilien wird beleuchtet. Das Museum befindet sich in einem ehemaligen Arbeiterversammlungshaus, das 1879 erbaut wurde und damit das älteste seiner Art in Nordeuropa ist. Im großen Sitzungssaal hat einst auch Rosa Luxemburg (1871–1919) gesprochen. Nach dem Museumsbesuch kann man sich in der ehemaligen Arbeiterbierstube „Café & Ølhalle" bei traditionell dänischen Speisen oder einem Glas Bier stärken.

› **Arbejdermuseet,** Rømersgade 22, www.arbejdermuseet.dk, tgl. 10–17, Do. bis 20 Uhr, Eintritt: 100 dkr, 18–25 Jahre 80 dkr, Jugendliche bis 18 Jahre frei

KLEINE PAUSE

Kongens Have [C3], jener schöne Park, der das Schloss Rosenborg 37 umgibt, ist ein beliebtes Ausflugsziel der Kopenhagener. Hier im Stadtzentrum kann man auf den weiten Rasenflächen beschaulich im Blumengarten entspannen.

37 Schloss Rosenborg ★★★ [C3]

Dem Botanischen Garten gegenüber befindet sich Schloss Rosenborg. Im Inneren die Kronjuwelen, vor den Schlosstoren ein großer Park – Rosenborg hat für jeden etwas zu bieten.

Das Schloss wurde 1606–1634 als Sommerpalast von Christian IV. (1588–1648) im Stil der holländischen Renaissance errichtet, bald aber schon zu einem „richtigen" Schloss ausgebaut. Es waren niederländische Architekten mit dem Bau betraut, als sicher gilt aber, dass auch der bauwütige Christian eigene Ideen in die Pläne hat einfließen lassen. Rosenborg war Residenz bis 1710, dann wurde das

Mit der Leibgarde durch die Stadt

Ein beliebtes Touristenspektakel ist der ***Wachwechsel,*** *der täglich um 11.30 Uhr im Schloss Rosenborg beginnt. Dann machen sich ein Dutzend Männer der königlichen Leibgarde, die auch im Hochsommer ihre Bärenfellmützen auf dem Kopf tragen (müssen), auf den Weg zum Schloss Amalienborg. Dort kommen sie eine halbe Stunde später an, nachdem sie durch die Gothersgade, die Bredgade und die Amaliegade marschiert sind. Wenn Königin Margrethe II. oder ein anderes hochrangiges Mitglied in Amalienborg weilt, macht sich die Leibgarde sogar* ***in großer Besetzung*** *auf den Weg. Dann marschieren dreimal so viele Gardisten mit zwei Offizieren und zwei Sergeanten los – und werden zudem noch von einer großen Kapelle begleitet.*

182kh-rk

Schloss den Hoheiten zu unmodern und unbequem. Seitdem wird es zur Unterbringung der königlichen Kunstsammlungen verwendet.

Heute ist im Schloss u. a. eine Ausstellung zur Geschichte des dänischen Königshauses untergebracht. In der **Schatzkammer** werden die Kronjuwelen, der Schmuck der Königin und wertvolle Orden aufbewahrt. Das damals nicht gekleckert, sondern geklotzt wurde, beweist die Goldkrone der absolutistischen Herrscher, mit der zwischen 1670 und 1839 alle Könige gekrönt wurden. Sie hat ein Gesamtgewicht von 2080 Gramm und ist mit zwei geschliffenen Granatedelsteinen sowie zwei Saphiren besetzt.

Sehenswert sind auch der Thronsaal, die Schreibstube Christians IV. im Turm, der Spiegelsaal nach Versailler Vorbild und der Rittersaal mit den wertvollen Rosenborgtapeten.

› **Rosenborg Slot,** Øster Voldgade 4A, www.kongernessamling.dk/rosenborg, Kernöffnungszeiten Ende Juni–Okt. tägl. 10–17, April–Ende Juni 10–16, Nov.–März Di–So. 10–15 Uhr, Eintritt: 125 dkr, Studierende 80 dkr, Kinder bis 17 Jahre frei, Metro: Nørreport, Bus: 6A, 184, 185

Um zum Ausgangspunkt des Rundgangs zurückzukommen, folgt man der Gothersgade etwa 1,5 km Richtung Osten.

Im Inneren des prachtvollen Schlosses Rosenborg befinden sich die Kronjuwelen

Christianshavn, Holmen und Islands Brygge

Auf der anderen Seite des Inneren Hafens liegt Christianshavn, Kopenhagens Antwort auf Amsterdam. Der von Kanälen durchzogene Stadtteil wurde im 17. Jahrhundert auf Befehl von König Christian IV. (1588–1648) gegründet. Einst war er Arbeiterviertel, heute leben hier Künstler und Hippies in friedlicher Nachbarschaft mit Geschäftsleuten und Yuppies – Christianshavn ist angesagt.

Viele der alten Häuser wurden im holländischen Stil errichtet, den man unter anderem daran erkennt, dass die Giebelfront zum Kanal weist. Grund für diese Bauweise war, dass die Händler mit den am Giebel angebrachten Kränen ihre Waren leichter ins Haus befördern konnten. Viele **Holländerhäuser** sind noch erhalten. die stimmungsvollsten Straßen in Christianshavn sind auch diejenigen, die am Kanal entlangführen.

Alternativer Ausgangspunkt
Statt an der Christians Kirke 38 kann man diesen Spaziergang auch im Islands Brygges Havnepark 45 beginnen.

Die **Cirkelbroen** [C6], eine **aus fünf Kreisen bestehende Fußgängerbrücke** des berühmten isländischen Künstlers Olafur Eliasson, die Christiansbro mit dem Applebys Plads verbindet, ist eine der Attraktionen Kopenhagens. Die Kreise können bewegt werden, um den Schiffsverkehr durchzulassen.

Die meisten Kneipen und Restaurants im Stadtteil Christianshavn liegen

Christianshavn, Holmen und Islands Brygge

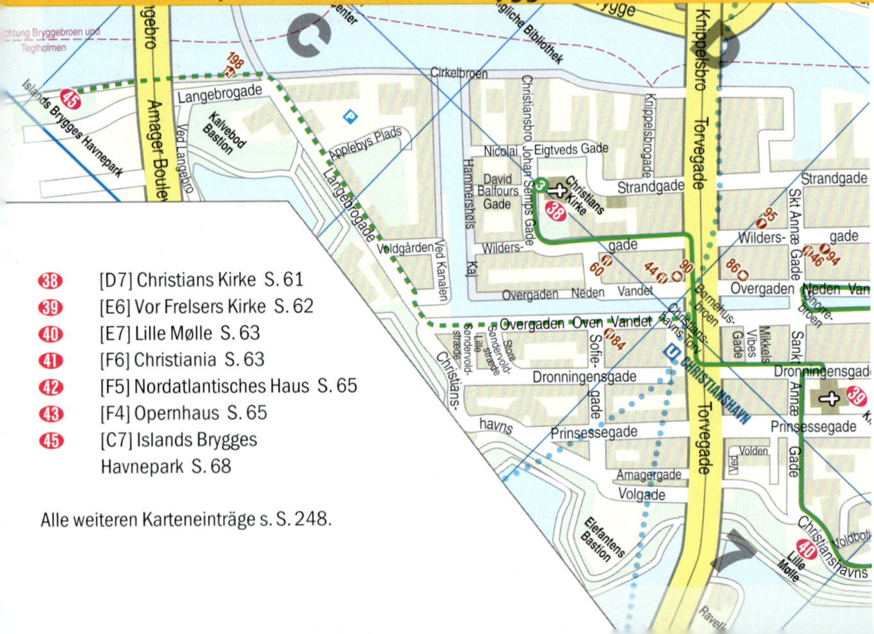

38 [D7] Christians Kirke S. 61
39 [E6] Vor Frelsers Kirke S. 62
40 [E7] Lille Mølle S. 63
41 [F6] Christiania S. 63
42 [F5] Nordatlantisches Haus S. 65
43 [F4] Opernhaus S. 65
45 [C7] Islands Brygges Havnepark S. 68

Alle weiteren Karteneinträge s. S. 248.

in der Wildersgade [D7–E6] und in der Overgaden Neden Vandet [D7–E6]. Die Letztgenannte liegt, wie der dänische Name schon sagt, direkt am Wasser am Christianshavns Kanal.

38 Christians Kirke ★ [D7]

Gleich hinter der Knippelsbro, über die man Christianshavn vom Stadtzentrum kommend erreicht, steht rechter Hand die Christianskirche. Sie wurde zwischen 1754 und 1759 nach Plänen des königlichen Hofarchitekten Nicolai Eigtved (1701–1754) im Stil des Rokoko errichtet. Lange Zeit diente sie als Kirche

040kh-rk

› *Beschaulicher Kanal in Christianshavn*

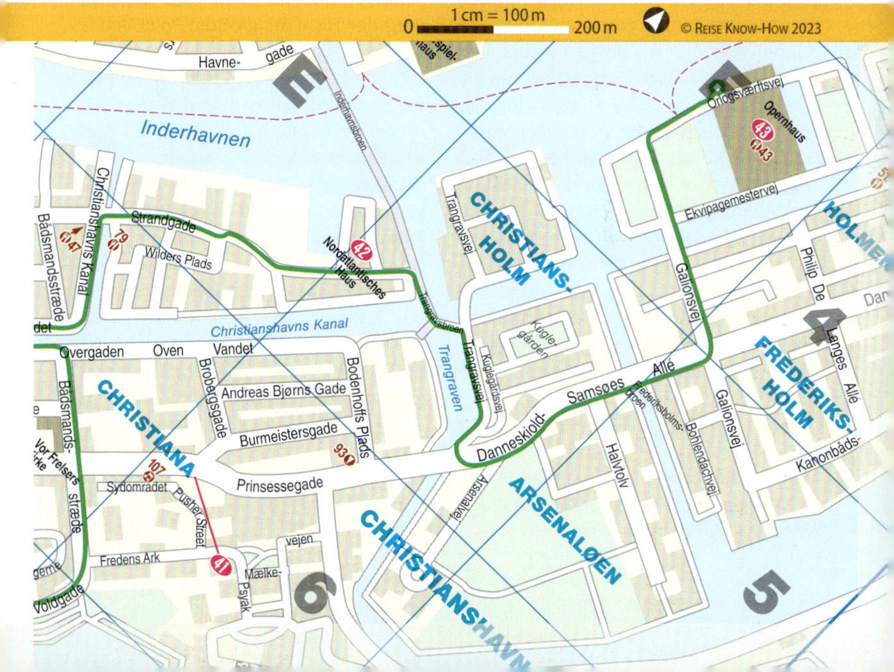

181kh-rk

Auf der Außenseite der Vor Frelsers Kirke führt eine Wendeltreppe zur Spitze hinauf

der **deutschen Gemeinde** in Kopenhagen. Bis 1901 trug sie deswegen auch den Namen „König Frederiks Deutsche Kirche". Eigtved, als dessen Hauptwerk das Schloss Amalienborg gilt, erlebte die Fertigstellung der Kirche nicht mehr, er starb kurz nach der Grundsteinlegung.

Von 1832 bis 1839 wirkte der Kirchenreformator, Schriftsteller, Philosoph und Pädagoge Nikolai Frederik Severin Grundtvig (1783–1872) hier als Prediger. Über die Landesgrenzen hinaus ist Grundtvig, der zu den bedeutendsten Persönlichkeiten in der Geschichte seines Landes zählt, als Gründer der dänischen Volkshochschulen bekannt.

› Strandgade 1, www.christianskirke.dk, für Besucher: Di.–Fr. 10–16 Uhr

Man geht nun über die Wildergade, die Torvegade und die Dronningensgade weiter zur Vor Frelsers Kirke.

39 Vor Frelsers Kirke ★★ [E6]

Die Vor Frelsers Kirke bietet eine wunderbare Aussicht über die Stadt – aber nur für Schwindelfreie, denn der Aufstieg zur Kirchturmspitze erfolgt über eine Wendeltreppe an der Außenseite.

Die Vor Frelsers Kirke (dt. Erlöserkirche), 1682–1696 von dem niederländisch-norwegischen Architekten Lambert van Haven erbaut, ist wegen ihrer an der Außenseite des Turms bis zur Spitze hinaufführenden **Wendeltreppe** bekannt. Diese wurde jedoch erst im Jahr 1752 von Lauritz de Thurah angefügt.

Von der Turmspitze blickt eine drei Meter hohe, eine Flagge haltende, goldene Christusfigur über die Stadt. Vom Boden bis zur Flaggenspitze sind es 90 m. Da die Treppe nur mit einem hüfthohen Geländer abgesichert ist, ist für den Aufstieg **Schwindelfreiheit erforderlich.** Die Geschichtsbücher wissen zu berichten, dass der Turm mit großem Pomp am 29. August 1752 eingeweiht wurde. Damals schritt König Frederik V. stolzen Schrittes die Stufen zur Spitze hinauf, während unter seiner Majestät im Kirchhof 27 Kanonen Salutschüsse abfeuerten.

Dramatisch klingt die oft erzählte Geschichte, nach der Baumeister Lauritz de Thurah vom Turm gesprungen sein soll. Grund für den Selbstmord sei seine Enttäuschung darüber gewesen, dass sich der Turm etwas nach rechts geneigt habe. Doch die Geschichte stimmt nicht, de Thurah starb 1759 verarmt und vergessen in seinem Bett.

› Sankt Annægade 29, www.vorfrelserskirke.dk, Kirche: tgl. 11–15.30 Uhr, freier Eintritt. Turm: im Sommer tägl. 9–19.30 Uhr geöffnet, für weitere Öffnungszeiten bitte die Website beachten. Bei heftigem Regen und Wind wird der Turm gesperrt. Es wird dringend empfohlen, Tickets vorab online zu buchen. Eintritt: Erwachsene 65 dkr, Studierende 50 dkr, Kinder 5–14 Jahre 20 dkr. **Achtung:** Die Kirche wird in regelmäßigen Abständen renoviert, bitte erkundigen Sie sich im Vorhinein, ob eine Besichtigung des Innenraumes zum gewünschten Zeitpunkt möglich ist.

Über die Skt. Annæ Gade erreicht man nun die Lille Mølle.

40 Lille Mølle ★ [E7]

Die „Kleine Mühle" ist **die letzte der Windmühlen** von Christianshavn. 1783 erbaut, versah sie ihren Dienst bis ins Jahr 1909. Danach kümmerte sich einige Jahre lang niemand um das Bauwerk, bis es 1916 ein Ingenieur kaufte und in ein Wohnhaus umwandelte. Wer die Mühle heute besichtigt, bekommt keine arbeitende Mühle zu sehen, sondern ein Heim vom Anfang des 20. Jh.

› Christianshavns Voldgade 54. Die Mühle ist nach Voranmeldung unter Tel. 27262567 für kleine Gruppen zu besichtigen. Metro: Christianshavns Torv

Um nach Christiania zu gelangen, geht man z. B. den Wall entlang zur Bådsmanstræde und folgt dieser zur Prinsessegade oder man geht von der Lille Mølle die Skt. Annæ Gade zurück, die ebenfalls auf die Prinsessegade trifft. Letzterer folgt man nach rechts und erreicht nach einer Weile das „Eingangstor" des „Freistaats".

41 Christiania ★★ [F6]

Einst war Christiania das größte Hausbesetzungsviertel im Land, heute ist es (auch) eine Touristenattraktion. Mehr als eine Million Besucher pro Jahr bummeln heute durch die Straßen des Viertels.

Angefangen hat alles zu Beginn der 1970er-Jahre, als die Marine ein 34 ha großes **Kasernengelände** räumte und die Gebäude **dem Verfall preisgab.** 1971 besetzten dann zunächst ein paar engagierte Bürger aus dem Stadtteil das Gelände und forderten, dass ein Park und ein Spielplatz auf dem Gelände eingerichtet werden sollten. Nichts geschah ... bis eine lokale Zeitung groß über die Aktion berichtete – und dabei darauf hinwies, dass auf dem Kasernengelände viel Wohnraum leer stand.

Der Artikel **lockte Wohnungslose, Hippies und Alternative an**, die das Gelände besetzten. Von Anfang an kam es immer wieder zu heftigen Auseinandersetzungen mit der Polizei. Der staatlichen Obrigkeit war insbesondere die sich immer heftiger entwickelnde Drogenszene in Christiania ein Dorn im Auge. Die Lage beruhigte sich erst, als in den 1980er-Jahren ein Selbstreinigungsprozess einsetzte und die Christianiter den Händlern von harten Drogen und Drogensüchtigen die Tür wiesen. Nach wie vor wird aber in der Pusherstreet weitgehend offen mit Marihuana und Haschisch gehandelt. Das ist zwar illegal, wird aber von der Polizei meist geduldet. Trotzdem: Touristen, die hier ihre **Kameras** auspacken, werden immer noch argwöhnisch beäugt oder sogar recht aggressiv angegangen. Auch nicht jedermanns Sache sind die vielen **Hunde,** die oft ohne Halsband und ohne erkennbaren Besitzer in Rudeln frei herumlaufen.

Seit 1991 zahlen die Bewohner von Christiania Miete und Nebenkosten für ihre Wohnungen – allerdings sind diese wesentlich niedriger als andernorts in Kopenhagen. Heute ist Christiania nicht länger ein Ort für rebellische Aufrührer, sondern **ein fast normales Viertel.** Einige der knapp 1000 Einwohner gehen außerhalb Christianias einem ganz gewöhnlichen Nine-to-Five-Job nach. Die übrigen verdienen ihr Geld mit Restaurants, Kneipen, Handwerk und Kunst ... oder dem Verkauf von weichen Drogen wie Haschisch, für den ganz offen auf Websites geworben wird.

Je nach Färbung der jeweiligen Regierung kommt immer wieder einmal die Diskussion über die Räumung des Gebietes auf. Neben politischen spielen auch handfeste wirtschaftliche Gründe eine Rolle, wenn es um die **Zukunft Christianias** geht. Die Grundstücke, auf denen die besetzten Häuser stehen, gehören zu den Filetstücken der Hauptstadt.

› Prinsessegade südlich des Refshalevej, www.christiania.org, Metro: Christianshavns Torv

Nun folgt man der Overgaden oven Vandet am Kanal entlang zurück bis zur Skt. Annæ Gade und wechselt auf die Kanalseite. Dort geht man wieder in die entgegengesetzte Richtung (nach rechts). Nach einem kurzen Stück biegt man nach links in die Badmansstræde ein und überquert einen Kanalarm über die Wildersbro. Die Strandgade führt einen geradewegs zum Nordatlantischen Haus.

Straße im alternativen Stadtteil und ehemaligen Hausbesetzerviertel Christiania

180kh-rk

42 Nordatlantisches Haus ★ [F5]

Seit im Jahr 2016 die ausschließlich für Fußgänger und Fahrradfahrer freigegebene Inderhavnsbroen [E5] eröffnet wurde, ist **Nordatlantens Brygge** nur noch wenige Schritte von Nyhavn 17 entfernt und vom Zentrum aus sehr einfach zu erreichen. Das Kultur- und Ausstellungszentrum für Grönland, Island und die Färöer Inseln ist in einem alten, 1766/1767 erbauten Lagerhaus untergebracht, in dem früher die Waren aus Grönland aufbewahrt wurden. Heute geht es dort um die **Beziehungen Dänemarks zu den Ländern im Nordatlantik.** Kunst, Musik und Literatur stehen auf dem Programm.

Vor dem Nordatlantischen Haus gibt es eine Badestelle

› **Nordatlantens Brygge,** Strandgade 91, www.nordatlantens.dk, Mo.–Fr. 10–17 Uhr, Sa., So. 12–17 Uhr, Eintritt: 40 dkr, Studierende 20 dkr, bis 12 Jahre frei, Metro: Christianshavns Torv, Bus: 2A, 26

Über die schmale, dreischenklige Trangravsbroen gelangt man über die Danneskiold-Samsøes Allé nach Frederiksholm und zur Oper 43.

43 Opernhaus ★★★ [F4]

Erst umstritten, jetzt der Stolz der Kopenhagener: Das moderne Opernhaus setzt Maßstäbe.

Der dänische Reeder Arnold Mærsk Mc-Kinney Møller (1913–2012) schenkte die Oper im Jahr 2005 dem dänischen Volk. Von Anfang an war das Geschenk **nicht ganz unumstritten,** denn so mancher hatte Probleme damit, dass der Multimillionär den Bau auch zur Selbstinsze-

150kh-fm

nierung benutzte. Insbesondere die exponierte Lage direkt gegenüber Schloss Amalienborg 29 störte manche Kritiker.

Aber längst ist der vom dänischen Stararchitekten Henning Larsen (1925–2013) entworfene Bau aus Jura-Stein und Glas in den Herzen der Kopenhagener angekommen und wird von ihnen als Kunsttempel geliebt. Er ist unbestreitbar das Highlight der Parademeile neuer nordischer Architektur im Inneren Hafen. Vom Restaurant **Almanak** (s. S. 111) aus hat man einen fantastischen Blick übers Wasser auf die Stadt und kann den stummen architektonischen Dialog von Oper und Schauspielhaus 27 genießen.

Das Haus besticht durch **Rekordzahlen:** 14 Etagen, davon allein fünf unter der Erde, 1000 Räume, modernste Bühnentechnik, ein Auditorium für 1400 Zuschauer, eine Experimentierbühne für 200 Zuschauer – und Gold an der Decke: Etwa 105.000 kleine Goldblättchen, die einer Gesamtmenge von 1,5 Kilo Gold entsprechen.

› **Opera,** Ekvipagemestervej 10, Tel. für Tickets 33696969, www.kglteater.dk, Gruppenführungen (auch auf Englisch) nur nach Voranmeldung über die Website, Bus: 2A oder Havnebus von Nyhavn

Erst umstritten, heute der Stolz aller Kopenhagener: die Königliche Oper 43

44 Refshaleøen ★★ [H1]

Etwa zwei Kilomter nördlich der Oper liegt Refshaleøen, die **Fuchsschwanzinsel.** Eigentlich nur eine Halbinsel, wurde sie Mitte des 19. Jh. aufgeschüttet, um Platz für die aufstrebende Werftindustrie zu schaffen. Das letzte Schiff lief hier 1996 vom Stapel. Seitdem siedelten sich vor allem Unternehmen aus der Kreativbranche an. Es etablierte sich ein reichhaltiges Kulturleben und für Foodies ist Refshaleøen der „place to go".

Auf dem **Streetfood-Markt Reffen** (s. S. 115) bieten über 50 Händler ihre Leckereien an und laden zu einer kulinarischen Weltreise ein. Im **Mikkeller Baghaven** (s. S. 118) löschen hippe Craftbeer-Fans ihren Durst.

Eine große Bronzetür führt in eine andere Fabrikhalle. Das **Alchemist** (s. S. 111) zählt zu den spannendsten und skurrilsten Restaurants weltweit. Wer sich auf das Abenteuer eines 50-Gänge-Menüs einlässt, wird nicht nur neue Geschmacks-, sondern auch weitere Sinneserfahrungen machen, denn das 4 bis 6 Stunden dauernde Restauranterlebnis ist „holistisch", was bedeutet, dass es nicht nur ums Essen geht, sondern auch um Musik, Theater, Lichtinstallationen u. v. m. Küchenchef Rasmus Munk präsentiert sein Essen wie große Kunst und will auch provozieren. Bei einem der Gänge wird beispielsweise ein Hühnerschenkel in einem Edelstahlkäfig – der die Massentierhaltung symbolisieren soll – serviert.

Im **Oens Have** (s. S. 114) wird ebenfalls ein ganz besonderes Geschmackserlebnis geboten. Wer Essen mit einem Saunagang verbinden will, geht ins **La Banchina** (s. S. 112). Der Schwer-

192kh ©Visit Denmark, R_Hjortshoj

EXTRATIPP

Skipiste mitten in der Stadt

Der CopenHill ist eine Skipiste auf dem Dach einer Recyclinganlage. Klingt verrückt? Ist es auch. In dem Gebäude wird aus Abfall Energie für die Heizungen von 160.000 Haushalten und Strom für 60.000 Häuser produziert. Das Kraftwerksgebäude, also der CopenHill, ist 85 Meter hoch, die ganzjährig befahrbare Piste 500 Meter lang. Wer es nicht so mit Skifahren hat – den „Berg" kann man auch besteigen. Ein „Wanderpfad" führt hinauf zur Aussichtsplattform oder man probiert, am Seil gesichert, sein Können an der Ehrfurcht gebietenden Kletterwand. Und unten im „Tal" wartet eine Après-Ski-Bar.

S5 CopenHill, Vindmøllevej 6, Tel. 71967197, www.copenhill.dk, Mo.–Fr. 12–20, Sa. 10–20, So. 10–18 Uhr, Skifahren und Rodeln werktags erst ab 14 Uhr, eine Stunde Skifahren 150 dkr, 20 dkr Versicherung, Skileihe 150 dkr, Bus: 2A, 37, jeweils noch 10 Min. Fußweg

184kh-rk

Ob Gourmetrestaurant oder Imbissbude – auf Refshaleøen ist die Auswahl an Essensmöglichkeiten groß

punkt der Küche liegt hier auf allem, was das das Meer hergibt. Außerdem ist das Restaurant für seine Naturweine bekannt.

Aus den zahlreichen ArtShops und Galerien auf Refshaleøen sticht vor allem **Copenhagen Contemporary** (s. S. 104) hervor. Spaß am Besuch haben all diejenigen, die offen für neue und experimentelle Formen von Kunst sind.

› **Anfahrt nach Refshaleøen:** Havnebus 991, Havnebus 992 und Bus 2 A

45 Islands Brygges Havnepark ★ [C7]

Islands Brygge, das ehemalige Arbeiterviertel, die „düstere Seite Kopenhagens“, hat sich nach dem Sterben vieler hier angesiedelter Industriebetriebe stark entwickelt und ist als Wohnviertel sehr begehrt. Seit gut 20 Jahren ist die Mischung aus Wohnen, Kultur und Erholung angesagt, besonders natürlich am Wasser, denn hier befindet sich der eigentliche „Strand“ von Kopenhagen.

Direkt hinter der über den Hafen führenden Brücke Langebro liegt Islands Brygges Havnepark. Besonders im Sommer ist **in diesem Naherholungsgebiet immer viel los.** Angestellte aus den umliegenden Büros nutzen ihre Mittagspause zu einem Bad in der Sonne, Anwohner treffen sich zum Plausch, auf den Rasenflächen schieben junge Mütter Kinderwagenburgen zusammen und viele Kopenhagener genießen das relaxte Ambiente und den schönen Blick auf die Skyline.

Wer will, kann sich im **Hafenbad** sogar ins Wasser wagen. Obwohl es mitten in der Stadt liegt, hat es beste Badewasserqualität. In drei Becken kann man hier seine Bahnen ziehen, und Mutige klettern auf den Sprungturm. Anschließend bleibt vielleicht Zeit für eine Pause in einem der nahen Cafés oder für einen Streifzug durch einige der vielen kleinen Läden, die hier eröffnet haben.

Südlich des 300 Meter langen Parks ist mit **Havnestaden**, der Hafenstadt, ein komplettes Stadtviertel entstanden. Auf einem ehemaligen Industriegelände bauten bekannte Architekten nach ökologischen Kriterien Wohn- und Bürohäuser oder gestalteten ehemalige Industriebauten wie einen Getreidesilo zu modernem Wohnraum um.

Südöstlich des Stadtteils erstrecken sich weite Grünflächen, das **Amagerfælled,** auf denen in Sichtweite der Stadt friedlich Kühe grasen. Südlich dahinter erhebt sich einer der spektakulärsten Bauten der Stadt, das AC Hotel Bella Sky von Marriott, mit zwei schiefen Türmen, die zur Stadtseite hin einen großartigen Blick auf Kopenhagens Skyline bieten.

Wenn man den Rundgang in Islands Brygge beginnt, geht man nun am Havnebad vorbei unter der Brücke durch Richtung Christianshavn. An der Ecke Langebrogade steht das alte Gebäude der **Dansk Sukkerfabrikker.** Heute gehört die historische Zuckerfabrik zum Konzern Nordzucker. Statt der Straße weiter zu folgen, kann man auf der rechten Straßenseite auch die Treppe zu den alten **Wallanlagen** erklimmen, eine kurze Pause unter den mächtigen Kastanien genießen und dann oben weitergehen.

042kh-WoCo/Christian Alsing

Schließlich erreicht man die Overgaden oven Vandet [D7] und kann die **bunten Häuser** entlang des Kanals bewundern, in denen sich kleine Geschäfte, Tattooshops und Cafés angesiedelt haben, bevor die geschäftige Torvegade an der Metrostation Christianshavn wieder Großstadt-Feeling verbreitet.

Der Islands Brygges Havnepark mit dem Hafenbad ist auch ein lohnenswertes Ziel für Familien mit Kindern

115kh-jg

Vesterbro und Frederiksberg

Vesterbro ist so etwas wie das Kreuzberg Kopenhagens. Wo einst die Fleischer wohnten, haben heute Einwanderer, Studierende und Künstler eine preisgünstige Bleibe gefunden. In den letzten Jahren hat sich eine lebhafte Kneipen- und Kunstszene entwickelt und deswegen entdecken auch „Besserverdiener" das zentral gelegene Viertel für sich. Ein Bummel durch die Straßen lohnt allemal, wenn auch Sehenswürdigkeiten im eigentlichen Sinne rar sind. Unmittelbar an Vesterbro schließt Frederiksberg an. Obwohl nur rund zwei Kilometer vom Stadtzentrum Kopenhagens entfernt, ist Frederiksberg eine eigenständige Stadt. Die größte Sehenswürdigkeit ist der große Park Frederiksberg Have [am], der das ideale Ziel für ein sonntägliches Picknick ist. Das barocke Lustschloss Frederiksberg in seiner Mitte kann nur am letzten Samstag jeden Monats besichtigt werden (https://klartilkamp.dk).

Schloss Frederiksberg ist nur selten für die Öffentlichkeit zugänglich, der Park des Schlosses lädt aber jederzeit zum Entspannen ein

46 Kødbyen/ Meatpacking District ★★ [dn]

Die Bahnlinie, die zum Hauptbahnhof führt, begrenzt Kødbyen im Süden und Osten, der Sønder Boulevard im Norden und der Enghavevej im Westen.

Kødbyen, im Herzen Vesterbros gelegen, heißt wörtlich übersetzt „Fleischstadt“. Das passt, denn in dem Viertel stand einst der Schlachthof. In den letzten Jahren haben aber mehr und mehr die **Kreativen** den Stadtteil übernommen, Kødbyen ist zu einem der **wichtigsten Ausgeh-Areale Kopenhagens** geworden. Vermutlich deswegen verwendet man auch in Dänemark vermehrt das englische Wort und spricht vom Meatpacking District. Das nimmt Bezug auf das namensgleiche Viertel in Manhattan und klingt in vielen Ohren vermutlich cooler.

Das Zentrum von Kødbyen sind die **Øksnehallen.** Die 1905 erbauten ehemaligen Viehmarkthallen sind heute Messe-, Ausstellungs- und Veranstaltungszentrum, in dem von Fotoausstellungen bis zu Messen über Babyausstattung ein weites Spektrum an Events stattfindet. Ringsherum hat sich das **DGI Byen** (www.dgibyen.dk/da), eine „Stadt“ für Gesundheit und Kultur, entwickelt, u. a. mit Sport- und Kletterhallen, Bowlingbahnen, aber auch Ausstellungsräumen, Cafés und einem Hotel. In der Nähe, am Flæsketorvet, liegt die **V1 Gallery** (s. S. 123), eine der renommiertesten Galerien Europas, der auch jene einen Besuch abstatten sollten, denen das nötige Kleingeld für einen Einkauf dort fehlt.

•6 [dn] **Øksnehallen,** Halmtorvet 11, www.dgibyen.dk/oeksnehallen, Ausstellungs- und Messezentrum

47 Tycho Brahe Planetarium ★ [dm]

Insbesondere für Familien mit Kindern, allerdings nicht für ganz kleine, stellt das Planetarium mit Astronomie-Ausstellung und IMAX-Kino ein ideales **Ausflugsziel an Regentagen** dar. Es gibt die Dauerausstellung „Aktives Universum“, aber die eigentliche Attraktion ist die IMAX-Filmpräsentation auf der 1000 m² großen kuppelförmigen Leinwand. Sie beginnt stets mit einem Ausflug ins Weltall und zeigt atemberaubende Bilder von der Natur. Kopfhörer für die englischsprachige Version können geliehen werden.

› Gammel Kongevej 10, Tel. 33121224, www.planetariet.dk, Mo. 12–18, Di.–So. ab 9.30 Uhr bis abends zu unterschiedlichen Schließzeiten (siehe Website), Eintritt: 175 dkr, bis 11 Jahre 105 dkr, jeweils inkl. einem Film, Bus: 9A, 31

EXTRATIPP

Essen mit Gesang

Der **Teaterkælderen** liegt direkt unter Det Ny Teater in einem alten Keller, der mit Fotos von Theateraufführungen dekoriert ist. Nischen schaffen trotz der Größe des Raums eine intime Atmosphäre. Es wird nordische Küche mit französischem Einschlag kredenzt, dabei kommen vor allem Produkte aus biologischem Anbau auf den Tisch. Serviert wird das Ganze mit Gesang, d. h., der Ober oder die Kellnerin bringen die Speisen mit einem Lied auf den Lippen. Damit jeder Ton sitzt, gehören dem Servicepersonal nur ausgebildete Sängerinnen und Sänger an.

› **Teaterkælderen** ✿, in Det Ny Teater (s. S. 120), Tel. 33257500, www.teaterkaelderen.dk, geöffnet: Mi.–Fr. ab 17, Sa., So. ab 13 Uhr, Vorbestellung erforderlich

EXTRATIPP

Ausstellungen untertage

Auf Bodenniveau ist in den *søndermarken* im Schlosspark Fredriksberg nur eine Glaspyramide zu sehen. Innerhalb dieser aber führt eine Treppe die Besucher hinab in die **Zisternen von Kopenhagen,** wo früher einmal das Trinkwasser der Stadt gespeichert wurde. Feucht ist es dort immer noch, aber die magische Atmosphäre des alten Gewölbes bildet heute die Kulisse für Ausstellungen moderner Kunst, die einen, von Sphärenmusik begleitet, in eine andere Welt entführen.

★7 [am] **Cisternerne,** Tel. 69138090, https://frederiksbergmuseerne.dk/da/cisternerne, Di.–So. 11–18, Do. 11–20 Uhr, Eintritt: 115 dkr, Bus: 7A, 18 oder 26

Eine Glaspyramide markiert den Eingang zu den Cisternerne

191kh-rk

48 Bakkehusmuseet ★ [bn]

Das Museum befasst sich mit der **Literatur und Kultur** der Zeit zwischen 1780 und 1830. Eingerichtet ist es im ehemaligen Wohnhaus des Kopenhagener Schriftstellers Knud Lyne Rahbek (1760–1830). Zusammen mit seiner Ehefrau veranstaltete er einen literarischen Zirkel, dem auch der junge Hans Christian Andersen angehörte. Für Kinder ist die „Märchen-Akademie" spannend und im Sommer finden Konzerte und Lesungen im romantischen Garten statt.

› Rahbeks Allé 23, www.bakkehusmuseet.dk, Tel. 33314362, Di.–Fr. 11–18, Sa., So. 11–17 Uhr, Eintritt: 75 dkr, Studierende und junge Leute bis 27 Jahre 60 dkr, unter 18 Jahren frei, Bus: 18, 26, 93N

49 Storm P. Museet ★ [bm]

Dieses Museum befasst sich mit dem Leben und Werk des bedeutendsten dänischen **Zeichners und Karikaturisten** der ersten Häfte des 20. Jh.: Robert Storm Petersen (1882–1949), der in Dänemark unter dem Namen *Storm P.* bekannt ist. In nahezu allen großen Zeitungen waren seine Karikaturen zu sehen, von denen er im Laufe seines Lebens mehr als 60.000 schuf. Bei einer solchen Produktivität verwundert es fast, dass Storm P. noch Zeit hatte, sich als Kabarettist und Schauspieler einen Namen zu machen. In seinem erlernten Beruf blieb er dagegen zeitlebens erfolglos – Storm P. war Metzger.

› Frederiksbergs Runddel, Tel. 38860500, www.stormp.dk, Di.–Fr. 11–18, Sa., So. 11–17 Uhr, Eintritt: 75 dkr, Studierende und 18–27 Jahre 60 dkr, bis 18 Jahre frei, Metro: Frederiksberg Allé, Bus: 7A, 18, 71, 72

50 Zoo ★ [am]

Der größte und meistbesuchte Tierpark Dänemarks ist auch wegen seiner schönen Lage im Park Frederiksberg einen Ausflug wert. Besonders spannend: In der **„Afrikanischen Savanne"**, einem großen Freigelände, können die Tiere in naturähnlicher Umgebung leben. Stars des Freigeländes sind die Nashörner, eine Tierart, die in freier Wildbahn fast ausgerottet ist.

Das **Elefantenhaus** lohnt nicht nur für Tierfreunde einen Besuch, sondern auch für Architekturinteressierte. Es wurde vom berühmten britischen Architekten Sir Norman Foster entworfen.

Wer will, kann den Zoo auch nach Schließung besuchen. Für 225 dkr/Pers. wird eine **nächtliche Führung** angeboten (Anmeldung erforderlich).

› **Zoo København,** Roskildevej 32, www.zoo.dk, Kernöffnungszeiten Ende Juni–Anf. Aug. tgl. 9–20 Uhr, Juni, Sept., Okt. 9–17/18, Nov.–März 10–16/17, April, Mai 9–17/18 Uhr (genaue Zeiten siehe Website), Eintritt: Erwachsene 209 dkr, Kinder bis 11 Jahre 119 dkr, Bus: 4A, 7A, 9A, 72

51 Carlsberg Brauerei ★ [bn]

Nicht nur für Bierliebhaber ist ein Rundgang durch die größte Brauerei Dänemarks ein Genuss.

1847 ließ ein gewisser Herr Jacobsen hier das erste Bier brauen. Jacobsen hatte einen Sohn, Carl, und nach ihm wurde auch die Brauerei benannt. Um der internationalen Konkurrenz standzuhalten, fusionierten die beiden dänischen Brauereiriesen Carlsberg und Tuborg im Jahre 1970. Zwar wird weiterhin unter getrennten Namen verkauft, die Gewinne fließen aber seitdem in die gemeinsame Konzernkasse. Carlsberg ist heute **eine der größten Brauereien weltweit** – der dänische Gerstensaft wird in mehr als 130 Ländern ausgeschenkt.

Im Besucherzentrum kann man heute die Brauanlage aus dem Jahr 1847 besichtigen und sich über die **Geschichte des Bierbrauens** bzw. der Brauerei informieren. Im Anschluss an die Führung darf man sich dann auch mit einem

190kh-rk

Den Durchgang zur Carlsberg Brauerei markieren zwei Elefanten

Biergroßmacht Dänemark

Dänemark ist nach Österreich und noch vor Deutschland das europäische Land mit den ***meisten Brauereien pro Einwohner.*** *Und so wundert es nicht, dass deren Anteil am Gesamtbierausstoß kontinuierlich größer wird. „Die Verbraucher betrachten die neuen dänischen Biersorten als Delikatessen. Wir reiten auf einer Qualitätswelle, was Essen und Getränke anbelangt, und das beeinflusst die Einstellung zum Bier", so der Direktor des Verbandes der dänischen Brauereien, Niels Hald.*

Viele Brauerein sind mittlerweile auch ***Sehenswürdigkeiten.*** *Die meisten Schaulustigen lockt das Besucherzentrum der Carlsberg Brauerei* 51 *an. Mit gut 150.000 Neugierigen aus aller Welt zählt das nach dem Konzerngründer J. C. Jacobsen benannte Biermuseum (selbstverständlich mit angeschlossener Hausbrauerei) zu den meistbesuchten dänischen Attraktionen.*

› *www.bryggeriforeningen.dk*

Bierchen stärken. Nicht allein zur Freude der Leber hebt man sein Glas: Familie Jacobsen tritt schon seit Firmengründung als Mäzen auf und ein Teil des Firmengewinns fließt in die Kulturförderung. So ist beispielsweise auch die Ny Carlsberg Glyptotek 2 eine Stiftung der Brauerfamilie.

› Gamle Carlsberg Vej, www.visitcarlsberg.com, Tel. 33271020. **Zurzeit sind alle Einrichtungen geschlossen.** Wann nach umfangreicher Sanierung und Modernisierung die Pforten für Besucher wieder geöffnet werden, steht noch nicht fest.

Nørrebro

Der nordwestlich des Zentrums jenseits der innerstädtischen Seen gelegene Stadtteil Nørrebro ist eines der beliebtesten **Ausgehviertel** der Stadt. Einstmals ein reiner Wohnbezirk für Arbeiter, ist Nørrebro heute ein multiethnisches, dicht besiedeltes Viertel. Früher war der Bezirk übel beleumundet, es gab immer wieder Unruhen und Krawalle. Vor allem im nördlichen Teil bekriegten sich Gangs wie die Hells Angels und die New Danish, Kids aus der zweiten Einwanderergeneration. Doch längst hat eine friedliche, oft **alternativ angehauchte Szene** das Gebiet erobert, viele Studierende leben hier und brave Bürger kaufen Appartements, die noch vergleichsweise preiswert sind.

Für Besucher bietet Nørrebro überaus buntes, **pulsierendes Leben** – und Nachtleben – auf den Straßen und Plätzen, in den vielen kleinen Shops, Cafés, Bars und Restaurants. Zwar gibt es nicht viele „klassische" Sehenswürdigkeiten, aber ein ausgedehnter Bummel durchs Viertel lohnt sich allemal. Im Ranking der „coolsten Stadtviertel der Welt" des britischen Magazins „Time Out" belegte Nørrebro 2021 den ersten Platz.

Spaziergang durch Nørrebro

Man startet am besten am nordwestlichen Rand des Stadtzentrums, am Verkehrsknotenpunkt Nørreport, der streng genommen aber noch nicht zu Nørrebro gehört. Zwischen Frederiksborggade und Israels Plads befindet sich die **Markthalle Torvehallerne** 52. Der den Markthallen an der Vendersgade gegenüber liegende **Israels Plads** [A3] war ab 1889 Kopenhagens Marktplatz. Heute ist er nach ei-

187kh-rk

nem umfangreichen Facelift mit großer Freitreppe, Skating Halfpipes und Basketballfeldern ein Anziehungspunkt. Zusammen mit der Torvehallerne und dem südwestlich anschließenden Ørstedsparken bildet er das Zentrum des Viertels.

Über die **Dronning Louises Bro** [d–ek], die zu Stoßzeiten die vielleicht höchste Radfahrerdichte Dänemarks aufweist, geht es über die **Kopenhagener Seen** vom Stadtzentrum nach Nørrebro hinein. Obwohl sie bereits 1887 erbaut wurde, ist sie erst seit ein paar Jahren eine „Sehenswürdigkeit", eine Art kommunaler Treffpunkt. Weil der Fahrradverkehr über die Brücke enorm zugenommen hatte, beschloss die Stadtverwaltung 2011, den Fußgängerweg und die Fahrradspur zu erweitern und die Autospur entsprechend zu verengen. Eigentlich hatte man nur die Verkehrsführung für Radler verbessern wollen. Weil aber auf der Brücke plötzlich viel mehr Platz war, blieben die Menschen länger, genossen die Aussicht auf die Kopenhagener Seen oder verabredeten sich zu einem kleinen Plausch oder zum Feierabendbier. Weil die Stadt den „Auftrag" ihrer Bürger ernst nahm und nun auch Bänke auf der Brücke aufstellen ließ, entwickelte sie sich bald zu einem Treffpunkt von Einheimischen und zum perfekten Ort zum „people watching".

Von der Hauptverkehrsader Nørrebrogade zweigt nach 200 Metern rechts der Fælledvey ab, wo sich ein kurzer Besuch im **Politimuseet** (s. S. 105) lohnt, das in einer renovierten Polizeistation von 1884 untergebracht ist. Alte Fotos, Dokumente und zahlreiche Ausstellungsgegenstände illustrieren die Geschichte der dänischen Polizei.

⌃ *In Nørrebro gibt es viele Restaurants, Kneipen und Bühnen*

186kh-rk

Vom Polizeimuseum sind es nur ein paar hundert Meter zur jüngsten Sehenswürdigkeit des Viertels, dem **Maersk Tower** 54. Rund um den nahen, belebten **Sankt Hans Torv** [dj] findet man viele nette Lokale, Läden und Cafés. Außerdem kann man einen Blick in die neogotische St. Johannes Kirke werfen, bevor man über die Nørre Allé die erstaunliche Stadtoase **Gamles By** erreicht. Ein Zaun umgibt dieses kleine Wohngebiet, in dem Altenheime, Wohnhäuser für Senioren und Kindergärten inmitten von viel Grün eine wohltuende ruhige Atmosphäre schaffen. Sogar ein paar Ziegen grasen hier mitten in der Stadt.

Ein deutliches Zeichen für die Aufwertung des Stadtviertels sind die Restaurants, die sich hier angesiedelt haben.

„Wir lieben Nørrebro" – Begeisterung an der Hauswand

An der Ecke Guldbergsgade/Møllegade findet sich mit dem **Kiin Kiin** (s. S. 113) ein mit Michelin-Stern gekrönter Gourmettempel, in dem moderne Thai-Küche serviert wird. Direkt gegenüber liegt der kleinere der beiden **jüdischen Friedhöfe** der Stadt, der von einer Mauer umgebene „Nördliche Begräbnisplatz". 1693 angelegt, ist er der älteste jüdische Friedhof Dänemarks (So.–Do. 10–18 Uhr geöffnet).

In der **Guldbergsgade** [dj] findet man eine Reihe hübscher kleiner Läden, wie das Zapoteca (s. S. 123), in dem fair gehandelte Teppiche, Kunsthandwerk und Schmuck aus Mexiko verkauft, aber auch Fahrradtouren durch Kopenhagen organisiert werden. Die **Elmegade** [dk], die zur Nørrebrogade zurückführt, verleitet sehr stark zum Bleiben, weil sich hier gemütliche Lokale und Cafés aneinanderreihen. Rechts die Nørrebrogade hinauf geht es zur wichtigsten Sehenswürdigkeit Nørrebros, den **Assistens Kirkegård** 53, über den es sich trefflich flanieren lässt.

Am westlichen Rand des Friedhofs zweigt vom Jagtvej die **Jægersborggade** [cj] mit schönen, einheitlich gestalteten Fassaden ab, die eine erstaunliche Wandlung von einer dunklen Gasse, in der sich abends obskure Gestalten im schummrigen Licht herumtrieben und schwunghaften Drogenhandel betrieben, zu einer der angesagtesten Straßen Kopenhagens gemacht hat. Rund 40 hippe Läden, Cafés, Restaurants und Bars machen die Straße zu einem Eldorado für Foodies und Genießer: Von Porridge-Spezialitäten bis zu hausgemachten Süßigkeiten, von angesagten Coffeeshops bis hin zu stylischen Weinbars gibt es hier für jeden Geschmack etwas.

Am Südrand des Friedhofs erreicht man über die Hans Tavsens Gade und die Korsgade sowie schließlich die nach links abzweigende bunte **Blågårdsgade** [dk], in der die ethnische Vielfalt des Viertels sich in den Läden und Cafés zeigt: Vom arabischen Restaurant über die taoistische Klinik bis zum Reggae-Plattenladen und türkischen Lebensmittelgeschäft ist hier alles vertreten. Am **Blågårds Plads** [dk] mit seiner großen Freifläche, die zum Fußballspielen einlädt, gibt es samstags einen kleinen Flohmarkt für die Nachbarschaft.

Etwas zurückgesetzt am Nordende steht die äußerlich unscheinbare **Blågårds Kirke** mit ihrem Treppengiebel, in der keine Gottesdienste mehr stattfinden, dafür aber Konzerte – von Klassik bis Obertongesang. Das schöne Holz-Tonnengewölbe, in dem ein großes Segelschiffmodell hängt, bietet eine ausgezeichnete Akustik. Stärken kann man sich anschließend im **Ranee's** (s. S. 114) am Blågårds Plads, einem unprätentiösen Restaurant, das „thai with a twist" serviert.

Am Ende der kurzen Blågårdsgade erreicht man wieder die Nørrebrogade, an der zahlreiche Geschäfte, Bars und Restaurants locken. Auf ihr geht man weiter in Richtung **Nørrebro Station** [bi]. Unmittelbar vor dem Bahnhof liegt der Stadtpark **Superkilen** 55.

52 Torvehallerne ★★ [A3]

Einheimische wie Besucher lieben die **Markthalle**, die in zwei fast filigran wirkenden **Glashallen** untergebracht ist. Dazwischen ist genügend Raum für Stände und Veranstaltungen. Lebensmittel aller Art, dänische Spezialitäten, frischer Fisch, Gemüse, Schokolade und Bier werden angeboten, daneben Blumen und Kräuter, und überall, auch draußen, stehen Tische, an denen gegessen und getrunken wird. Den vielleicht besten Kaffee und Cappuccino Kopenhagens serviert das Coffee Collective in Halle 2.

› Frederiksborggade 21, www.torvehallernekbh.dk, Öffnungszeiten: Mo.–Fr. 10–19, Sa., So. 10–18 Uhr, Metro: Nørreport, Bus: 5C, 14

53 Assistens Kirkegård ★★★ [cj]

Kopenhagens größter Friedhof ist bekannt als Grabstätte vieler berühmter Dänen.

Der Friedhof wurde in der Mitte des 18. Jahrhunderts angelegt. Damals wurde die Stadt von einer Pestepidemie heimgesucht und man brauchte deswegen dringend neue „Bestattungsfläche". Heute ist der **parkähnliche Friedhof** so etwas wie ein Naherholungsgebiet und mit dänischer Nonchalance sonnen sich die Anwohner zwischen den Gräbern oder genießen ihr Wochenendpicknick. Im Sommer findet jeden Sonntag auf dem Fußweg vor der Friedhofsmauer ein **Flohmarkt** statt. Weil da wenig Platz ist, nennen ihn die Kopenhagener selbstironisch den „schmalsten Markt des Landes".

Auf dem Assistens Kirkegård sind u. a. der Philosoph Søren Kierkegaard (A17, Angaben in Klammern = Lage des Grabes auf dem Friedhof), der Schriftsteller Martin Andersen Nexø (H2), der Physik-Nobelpreisträger Niels Bohr (Q6), der 1993 verstorbene Krimiautor Dan Turéll (B13), der Schriftsteller und die „Lichtfigur" aller dänischen Kommunisten Hans Scherfig (B4) und der Märchendichter

Prominente auf dem Assistens Kirkegård

Grabfeld A

- *Peter Faber, Schriftsteller, 1810-1877*
- *Frederik Kuhlau, Komponist, 1786-1832*
- *Johannes Wiedewelt, Bildhauer, 1731-1802*
- *Christian Købke, Maler, 1810-1848*
- *Herman Vilhelm Bissen, Bildhauer 1798-1868*
- *Søren Kierkegaard, Philosoph, 1813-1855*

Grabfeld B

- *Kjeld Abell, Schriftsteller, 1901-1961*
- *Hans Scherfig, Schriftsteller, Maler, 1905-1979*
- *Viggo Stuckenberg, Schriftsteller, 1863-1905*
- *Regine Schlegel, Verlobte von Søren Kierkegaard, 1822-1904*
- *Otto Evens, Bildhauer, 1825-1895*

Grabfeld C

- *C.W. Eckersberg, Maler, 1783-1853*

Grabfeld D

- *Peter von Scholten, Politiker, 1784-1854*

Grabfeld E

- *Poul Martin Møller, Dichter, Philosoph, 1794-1838*
- *Nicolai Balle, Bischof, 1744-1816*
- *Wilhelm Marstrand, Maler, 1810-1873*
- *Theodor Faber, Schriftsteller, 1824-1886*
- *Rasmus Rask, Sprachforscher, 1787-1832*
- *Hans Christian Ørsted, Physiker, 1777-1851*

Grabfeld F

- *Peter Adler Alberti, Politiker, 1851-1932*
- *Lauritz Melchior, Opernsänger, 1890-1973*

Grabfeld H

- *Martin Andersen Nexø, Schriftsteller, 1869-1954*

189kh-rk

Ganz bescheiden: das Grabmal von Hans Christian Andersen

Grabfeld N

- *Amdi Riis Jønsson, Komponist, 1911-1965*

Grabfeld P

- *Hans Christian Andersen, Schriftsteller, 1805-1875*
- *Jens August Schade, Schriftsteller, 1903-1978*
- *Peter Malberg, Schauspieler, 1887-1965*
- *Sonja Ferlov Mançoba, Bildhauerin, 1911-1984*

Grabfeld Q

- *Niels Bohr, Physiker, 1885-1962*

Grabfeld R

- *Ben Webster, Saxofonist, 1909-1973*
- *Kenny Drew, Jazzpianist, 1928-1993*

Grabfeld U

- *John Christensen, Maler, 1896-1940*

Grabfeld V

- *Michael Strunge, Dichter, 1958-1986*

Assistens Kirkegård ist die grüne Lunge in Nørrebro

188kh-rk

185kh-rk

Superkilen – der etwas andere Stadtpark

Hans Christian Andersen (P1) begraben. Auch die dänisch-sudanesische Rapperin Natasja Saad (1974–2007), die sich als Little Tasha auch international einen Namen gemacht hatte, hat hier ihre letzte Ruhestätte gefunden.

› Kapelvej 4, www.assistens.dk, April–Sept. 7–22, Okt.–März 7–19 Uhr, Metro: Nørrebros Runddel, Bus: 5C, 18, 350S

54 Maersk Tower ★ [dj]

Der 75 Meter hohe, vielfach mit Architekturpreisen ausgezeichnete Turm wurde zwischen 2012 und 2017 erbaut. Er ist Teil der Kopenhagener Universität, die **Aussichtsterrasse im 15. Stock** ist aber für jedermann zugänglich. Außergewöhnlich: Eine Tiefgarage für Fahrräder bietet nicht nur 950 Stellplätze, sondern auch Umkleideräume und Duschen.

› Blegdamsvej 3B, Tel. 35327900, https://healthsciences.ku.dk/explore-the-faculty/maersktower/visit-maersk-tower, Zugang Mo.–Fr. 7–17 Uhr ohne Studierenden- bzw. Mitarbeiterausweis möglich, Eintritt frei, Bus: 1A, 6A, 15 E, 94 N, 150 S, 184, 185 (Haltestelle Rigshospitalet)

55 Superkilen ★ [ci]

Der innovative Stadtpark ist in drei Bereiche untergliedert: den **Roten Platz**, den **Schwarzen Markt** und den **Grünen Park.** Rund um den Roten Platz liegt eine Reihe von Cafés, von denen aus man einen Paradeblick auf einen Spielplatz und eine Skaterbahn hat. Der Untergrund ist in der namensgebenden, inzwischen allerdings etwas verblichenen, roten Farbe gehalten. Rund um den Schwarzen Markt stehen Bänke und in der Mitte ein Springbrunnen sowie Palmen aus China. Der schwarze Asphalt ist hier mit weißen Linien durchzogen und wirkt wie moderne Kunst auf dem Boden. Besonders fotogen ist der Asphalthügel, der von Instagramern gern als Hintergrund verwendet wird. Man kann hier auch einfach grillen oder Schach spielen, gemauerte Grills und 25 Terrazzo-Schachtische warten darauf, kostenlos genutzt zu werden. Der Grüne Park hält, was der Name verspricht: eine Grünfläche, die zum Spazieren und Picknicken einlädt.

Die Vision der Parkbauer war, dass Superkilen so etwas eine **kleine Weltausstellung** werden sollte. Deswegen hat man die Parkmöbel aus 62 Ländern zusammengetragen – sie sollen auch die Vielfalt der Bewohner des Viertels symbolisieren. Eine Schaukel kommt beispielsweise aus dem Irak, eine Parkbank aus Brasilien. Der russische Pavillon ist ironischerweise in ukrainischen Landesfarben gehalten und der Mast mit dem leuchtenden roten Stern an der Spitze kommt aus den USA.

KOPENHAGENS UMGEBUNG ERKUNDEN

051kh-WoCo/Cees van Roeden

193kh ©Marina Marr, stock.adobe.com

Südlich von Kopenhagen

56 Auf der Insel Amager ★★

Die Insel Amager, auf welcher der Flughafen von Kopenhagen liegt und über die man die Öresundbrücke erreicht, ist auch ein beliebtes Ausflugsziel. Hauptort ist **Dragør.** Der Großteil der alten Fischerhäuser aus dem 18. Jahrhundert steht unter Denkmalschutz. Im örtlichen **Seefahrtsmuseum** kann man die mit dem Fischfang und den Lotsendiensten verbundene Geschichte des Ortes nacherleben. Die wichtigste Sehenswürdigkeit ist

Alte Fischerhäuser in Dragør auf Amager

Vorseite: Badefreuden im Öresund, im Hintergrund die Öresundbrücke

ein Fischkutter, mit dem 70 dänische Juden 1941 nach Schweden und damit in die Freiheit flohen.

M8 **Dragør Museum,** Strandlinien 4, Dragør, www.museumamager.dk, Tel. 30108866, Mitte Mai–Ende Sept. Di.–So. 11–16 Uhr, Eintritt: 50 dkr, bis 18 Jahre freier Eintritt, Bus: 32, 33, 35, 250S

In der ebenfalls zu Dragør gehörenden Gemeinde St. Magleby ist das Heimatmuseum, das **Amagermuseet,** besuchenswert. Es besteht aus zwei alten Häusern aus dem 18. Jahrhundert. Dort erfährt man mehr über das bäuerliche Leben auf der Insel im 19. Jahrhundert.

M9 **Amagermuseet,** Hovedgaden 4, Dragør, Tel. 30108866, http://museumamager.dk, Ende Mai–Anf. Aug. Di.–So. 12–16, Anf. Aug.–Ende Sept. tgl. 12–16 Uhr, weitere Öffnungszeiten siehe Website, Eintritt: 50 dkr, bis 18 Jahre frei

57 Den Blå Planet ★★

In Kastrup, direkt nördlich der Zufahrt zur Öresundbrücke, befindet sich das **Aquarium** „Der Blaue Planet". Der spektakulär geformte Bau, erdacht vom bekannten dänischen Architekturbüro 3XN A/S, präsentiert auf 10.000 m² Fläche eindrucksvolle Wasser- und Unterwasserwelten unseres blauen Planeten: das Ozeanium mit Hammerhaien und Rochen, Korallenriffe, Afrikas Binnenseen, den Amazonas und die Färöer-Inseln – vor allem für Kinder ein faszinierendes Erlebnis.

› Jacob Fortlingsvej 1, Kastrup, www.denblaaplanet.dk, Tel. 44222244, tgl. 10–17 Uhr, Mo. 10–21 Uhr, Eintritt: Erwachsene 185–195 dkr, 3 bis 11 Jahre 100–105 dkr, die Tickets müssen vorher im Onlineshop erworben werden, Metro-Station Kastrup

58 Kalvebod Fælled ★

Kalvebod Fælled, auch bekannt als **Vestamager**, ist ein **Naturschutzgebiet im Südwesten der Insel Amager.** Es besteht hauptsächlich aus einem Gebiet, das dem Meer in den 1940er-Jahren durch Landgewinnung abgerungen wurde.

Heute ist Kalvebod Fælled vor allem ein beliebtes Ausflugsziel für Hobby-Ornithologen und gestresste Hauptstädter, die in der Natur wandernd Erholung suchen. Obwohl das Naturschutzgebiet gerade einmal zehn Kilometer vom umtriebigen, quirligen Zentrum Kopenhagens entfernt liegt, wähnt man sich hier schon weit weg von jeder menschlichen Besiedlung.

› Granatvej, 2770 Kastrup, https://naturstyrelsen.dk/naturoplevelser/naturguider/kalvebod-faelled

196kh-rk

59 Museum Arken ★★

In der ansonsten wenig ansprechenden Vorstadt Ishøj ist Arken, das Museum für Moderne Kunst, beheimatet. Wie ein riesiges **Betonschiff** liegt es am Meeresufer. Der interessante Bau geht auf ein Konzept von Søren Robert Lund zurück, der damit einen Architekturwettbewerb gewann. Das Besondere daran: Lund, inzwischen ein bekannter dänischer Architekt, war zum damaligen Zeitpunkt gerade einmal 25 Jahre alt und noch Student!

Zur ständigen Sammlung des Museums gehören die Werke aller **wichtigen modernen Künstler des Nordens,** ausgestellt werden aber auch internationa-

Der Eingang zum futuristischen Blå Planet

Die Öresundbrücke, der dänisch-schwedische Brückenschlag

Christer verlässt jeden Morgen seine Wohnung am Stadtrand von Malmö, startet sein Auto und fährt nach Kopenhagen. Er ist Däne, arbeitet als Lehrer an einem Gymnasium und wohnt in Schweden. „Alles ist billiger hier", sagt Christer. Wenn er den Mietpreis für seine Wohnung nennt, strahlen seine Augen, als habe er im Supermarkt ein Schnäppchen ergattert. Trotzdem will er bald eine Wohnung kaufen. Auch die ist in Malmö günstiger. „In Kopenhagen könnte ich mir etwas Ähnliches niemals leisten", meint er. Allerdings sollte er sich damit beeilen: Weil so viele Dänen nach Südschweden ziehen, steigen dort die Immobilienpreise so stark an wie nirgendwo sonst in Schweden.

Die 57 m hohe Brücke über den Öresund verbindet Schweden und Dänemark seit der Jahrtausendwende. Sie hat in der Region einiges verändert. Seit die umständliche Schiffspassage weggefallen ist, sind Malmö und Kopenhagen zu einer Metropole zusammengewachsen. Mehr als dreieinhalb Millionen Menschen leben im Großraum Kopenhagen-Malmö. „Malmhagen" oder „Kopenmö" ist damit so groß wie Berlin und die bevölkerungsreichste Stadt im Norden.

Jetzt holen sich die Menschen das Beste aus beiden Städten: Um zu arbeiten, fahren viele Schweden nach Kopenhagen. Dort kann man deutlich mehr verdienen und auch das Kulturangebot in der dänischen Hauptstadt ist besser. Umgekehrt wohnen viele Dänen in Malmö oder fahren zum Einkaufen dorthin. Nur das Bier ist teurer, Tuborg oder Carlsberg kauft man in Kopenhagen. Europa wächst zusammen, zumindest am Öresund.

Europäisch war auch die Beteiligung an dem Großprojekt. Neben dänischen und schwedischen Firmen gehörte auch die Essener Hochtief AG zu dem Konsortium, das die Brücke baute. Etliche Elemente wurden im schwedischen Malmö vorgefertigt, der Einbau der Schrägseile erfolgte durch eine französische Spezialfirma, Elemente für die Vorlandbrücken stammen aus Cadíz in Spanien. Insgesamt kostete das Projekt rund 2 Milliarden Euro, die vor allem durch die Mautgebühren wieder hereingeholt werden sollen.

Imposant ist die Brücke, die die dänische Königin Margrethe und ihr schwedischer Kollege Carl Gustaf am 1. Juli 2000 nach fünfjähriger Bauzeit einweihten. Fast acht Kilometer ist sie lang – und macht damit doch nur knapp die Hälfte des gigantischen Bauwerks aus. Weitere vier Kilometer Straße verlaufen über eine künstliche Insel. Ebenso lang ist der Tunnel, durch den man am Stadtrand von Kopenhagen ins Meer abtaucht.

Pläne zum Bau einer Brückenverbindung zwischen Schweden und Dänemark gab es schon lange, doch die hochfliegenden Ideen scheiterten an der technischen Realisierbarkeit. Bis weit ins 20. Jahrhundert hinein wäre ein solch gigantisches Bauwerk schlicht nicht zu verwirklichen gewesen. In den Jahren danach fehlte es entweder an Geld oder politischem Willen, manchmal auch an beidem.

Wir haben inzwischen die Auffahrt zur Brücke erreicht. Die Fahrzeuge vor uns halten an der Mautstation an, Christer hingegen fährt einfach weiter. Ich blicke ihn fragend an, er antwortet nur kurz „Brobizz" und weist auf das kleine Kästchen an seiner Windschutzscheibe. Das Gerät ist sein Ticket, jede Brückenüberfahrt wird automatisch registriert und der entsprechende Betrag abgebucht. Christers Fahrkarte ist billiger als die Einzelfahrkarte. Es wundert mich nicht: Christer ist der König der Schnäppchenjäger und man kann sicher sein, dass er alles gut durchkalkuliert hat. Als ich ihn frage, ob sich der Umzug nach Malmö denn auch lohne, wenn man den Brückenzoll und das Benzin mit einrechne, rasselt er eine Kolonne von Zahlen herunter. Und er kommt unter dem Strich noch immer auf eine 50-prozentige Ersparnis.

Der Blick von der Brücke zieht mich in seinen Bann. Die Sonne scheint und taucht den unter uns liegenden Sund in mildes Morgenlicht. Selbst das Containerschiff, das auf die Brücke zusteuert, sieht aus wie gemalt. An Tagen wie diesem ist die Öresundbrücke nicht nur Verkehrsweg, sondern bietet auch atemberaubende Ausblicke, allerdings nur dem Beifahrer. Der Fahrer hat wenig von der Schönheit, denn er kann hier nirgends anhalten.

Christer will das auch nicht. Er hat dieses Bild schon x-mal gesehen, meine Begeisterung scheint an ihm abzutropfen. Schweigend sitzt er hinter dem Lenkrad, hat wohl ganz andere Dinge im Kopf als ich. Vielleicht denkt er an die vor ihm liegende Mathematikstunde, auf die er sich wegen unseres Bummels durch Malmös Kneipen am Vorabend nicht vorbereitet hat. Viel Zeit bleibt ihm nicht für seine Gedanken. Schon 45 Minuten nachdem wir seine Wohnung in Malmö verlassen haben, stehen wir vor Christers Schule in Kopenhagen. Der schwierigste Teil der Fahrt beginnt aber noch: Parkplatzsuche in der dänischen Hauptstadt. Sämtliche Verkehrsprobleme kann die Brücke auch nicht lösen.

Praktische Infos

Die Überfahrt über die Brücke ist mautpflichtig. Pkws bis zu 6 m Länge bezahlen 57 € einfach, Wohnmobile bzw. Pkws mit Anhänger 114 €. Die Mautstelle liegt – egal von wo man kommt – auf der schwedischen Seite der Brücke. Bezahlt wird in bar (in Euro oder Dänischen Kronen, auch US-Dollar werden akzeptiert) oder mit allen gängigen Kreditkarten. Der Kauf eines ***BroPas*** *(Jahresgebühr 46 €) rentiert sich, wenn man mehrmals im Jahr die Brücke passiert. Mit ihm halbieren sich die Preise für die Überfahrt in etwa. Aktuelle Informationen über die Brücke und die aktuell gültigen Preise finden sich unter:*

- *www.oresundsbron.com*

Einige Fakten

- *Fertigstellung: Juli 2000*
- *Bauherr: Öresundkonsortium*
- *Gesamtlänge: 7845 Meter*
- *Größte Spannweite: 490 Meter*
- *Lichte Höhe über dem Sund: 57 Meter*

046kh-WoCo

le Größen wie Jean Arp und Jeff Koons. Wechselnde Ausstellungen ergänzen die permanente Sammlung.

› **Arken Museum for Moderne Kunst,** Skovvej 100, Ishøj, Tel. 43540222, https://arken.dk, Di.–So. 10–17 Uhr, Mi. bis 21 Uhr, Eintritt: Erwachsene 120 dkr, Studierende 102 dkr, bis 18 Jahre Eintritt frei, S-Bahn: Ishøj, Bus: 128

60 Greve ★

Wenige Kilometer südlich von Ishøj erreicht man Greve, das erste Dorf jenseits der Stadtgrenze von Kopenhagen. Wer sich für die Bauernkultur auf Seeland interessiert, kann hier einen kurzen Zwischenstopp im **Grevemuseum** einlegen. In einem alten Bauernhof werden Trachten, Textilien und Interieur aus der Zeit des 19. Jahrhunderts ausgestellt. Im schönen Garten sitzt man bei einer Tasse Kaffee gemütlich in der Sonne.

› Bækgårdsvej 9, Greve, www.grevemuseum.dk, Mo.–Fr. 11–15 Uhr, Sa., So. bis 16 Uhr, Eintritt: 40 dkr, bis 18 Jahre frei

61 Køge ★★

Die gut 38.000 Einwohner zählende Stadt liegt an der letzten Station der Kopenhagener S-Bahn und ist daher trotz der 40 km Entfernung zur Hauptstadt leicht zu erreichen. Ein Ausflug dorthin lohnt, denn Køge ist eine der besterhaltenen Mittelalterstädte des Landes.

Die **alten Fachwerkhäuser** im Stadtzentrum sind der Hauptanziehungspunkt. Auf jeden Fall sollte man das Haus in der Kirkestræde 20 besuchen. Es wurde 1527 erbaut und ist damit das älteste Fachwerkhaus Dänemarks.

In der Kirkestræde 26 steht die **Sct. Nicolai Kirke.** 1324 erbaut, wurde sie dem Schutzheiligen der Seefahrer geweiht. Angeblich verfolgte König Christian V. (1670–1699) vom Turm der Kirche aus die Seeschlacht von Køge, in der Nils Juel (1629–1697) die schwedische Flotte besiegte. Wer von derselben Stelle wie einst der König über die Bucht blicken will, muss im Sommer nach Køge kommen, denn der Turm kann nur zwischen Anfang Juli und Mitte August bestiegen werden.

ii10 **Sct. Nicolai Kirke,** Kirkestræde 26, So., Mo. 12–16, Di.–Fr. 10–16 Uhr, eine Turmbesteigung (Anfang Juli–Mitte August) ist nur mit einem Mitarbeiter der Gemeinde möglich

In einem alten Kaufmannshof von 1619 ist das **Køge Museum** untergebracht. Die Ausstellung gibt einen Überblick über die (Kultur-)Geschichte der Region.

M11 **Køge Museum,** Nørregade 4, Tel. 70701236, www.museerne.dk/koge-museum, Juni–Aug. Mo.–Fr. 10–17, Sa., So. bis 15, Sept.–Mai Di.–Fr. 10–16, Sa., So. bis 15 Uhr, Eintritt: 125 dkr, Studierende und Senioren 95 dkr, bis 18 Jahre frei

Einige Schritte weiter zeigt das **KØS, das „Museum für Kunst im öffentlichen Raum“**, als einziges Museum Dänemarks den Entstehungsprozess von Kunst und verfügt über eine Sammlung von mehr als 12.000 Skizzen. Besonders interessant sind die Skizzen von Bjørn Nørgaard, die der Künstler als Vorarbeit zu den 20 Pop-Gobelins erstellte, welche die dänische Königin Margrethe 1990 zu ihrem 50. Geburtstag erhielt. Die fertigen Wandteppiche kann man heute in Schloss Christiansborg in Kopenhagen sehen.

M 12 **KØS,** Nørregade 29, Tel. 56676020, www.koes.dk, Di.–So. 11–17 Uhr, Eintritt 60 dkr, 18–24 Jahre 30 dkr, unter 18 Jahren frei

Das folgende Museum macht Køge auch zum Reiseziel für Kinder. Im **Kjøge Mini-By** ist die Stadt im Maßstab 1 : 10 dargestellt – so wie sie 1865 war.

• 13 **Kjøge Mini-By,** Strandvejen 101, Tel. 56636218, www.koegeminiby.dk, Mai–Ende Sept. tgl. 10–16 Uhr, April und Oktober während der dänischen Oster- und Herbstferien (Termine siehe Website), Eintritt: 60 dkr, 5 bis 15 Jahre 20 dkr

Acht Kilometer außerhalb von Køge befindet sich das **Renaissanceschloss Vallø** von 1738. Es ist von einem herrlichen Park umgeben und ein ideales Ziel für einen Ausflug mit Picknickkorb. Das Schloss selbst ist bewohnt und nicht zu besichtigen, der weitläufige Schlosspark mit dem alten Baumbestand ist täglich von 8 Uhr bis Sonnenuntergang zugänglich.

• 14 **Vallø Slot,** Slotsgade 4, 4600 Køge

i 15 **Touristeninformation Køge,** Vestergade 1, Tel. 69156170, www.visitkoege.com, Juni–Okt. Mo.–Fr. 10–16, Sa. bis 13, Nov.–Mai Mi.–Fr. 10–16, Sa. bis 13 Uhr

62 Stevns Klint ★★

Südlich von Køge beginnt die Halbinsel Stevns, an deren Ostküste Stevns Klint aus dem Meer ragt.

Stevns Klint, die **Steilküste** von Stevns, ist ebenso schön wie dramatisch. An einem Sommertag, wenn der Kalk auf dem Meeresgrund das Meer in einem tiefen Blau erscheinen lässt, hebt sich die weiße Steilküste kontrastreich dagegen ab. 16 km sind die Kalkfelsen lang und bis zu 41 m hoch. Stevns Klint steht auf der prestigeträchtigen UNESCO-Liste des Weltnaturerbes.

Stevns Klint ist ein beliebtes Ausflugsziel für Jedermann, speziell für **Fossiliensammler** ist es jedoch ein Paradies. Besonders fündig werden diese im alten Kreide- und Kalksteinbruch von Holtug. Nachdem er 1972 stillgelegt wurde, haben sich dort viele Pflanzen und Tiere angesiedelt.

Der bekannteste Ort auf Stevns ist **Højerup.** Von hier hat man den wohl besten Blick auf die Steilküste. Der Chor der örtlichen Kirche stürzte 1928, als ein Teil des Steilufers abbrach, ins Meer. Als letzter Rest reckt sich heute der kleine Turm schüchtern in die Höhe und das „gekürzte“ Hauptschiff klammert sich eng an den Abgrund. Eigentlich hätte die Katastrophe aber gar nicht passieren dürfen, denn der Legende folgend springt die Kirche in jeder Weihnachtsnacht um einen Hahnenschritt vom Meer weg ins Land hinein.

Das moderne Museum Arken 59 liegt direkt an der Küste

Nördlich und westlich von Kopenhagen

63 Kopenhagens nördliche Vorstädte ★

Zweieinhalb Kilometer nördlich von Nørrebro liegt der Vorort **Bispebjerg**. Die **Grundtvigskirche** wurde zwischen 1921 und 1940 im neogotischen Stil erbaut und ist wegen ihrer wuchtigen Westfassade, die an riesige Orgelpfeifen erinnert, bemerkenswert.

16 Grundtvigskirche, På Bjerget 14B 2400 København NV, www.grundtvigskirke.dk, Di.–Sa. 9–16, So. 12–16 Uhr, im Winter nur bis 13 Uhr, Bus 4A, 6A (bis Bispebjerg torv/Tagensvej)

In der Nähe des Städtchens Lyngby, am Stadtrand von Kopenhagen, steht **Schloss Sorgenfri** (Sorgenfrei). Es wurde Anfang des 18. Jahrhunderts erbaut und befindet sich bis zum heutigen Tag im Besitz der Königsfamilie. Das Schloss kann zwar nicht besichtigt werden, dafür sind aber Teile des im englischen Stil gehaltenen Schlossparks für die Öffentlichkeit zugänglich.

•**17 Sorgenfri Slot,** Kongevejen 2, www.kongehuset.dk/en/palaces-and-the-royal-yacht/sorgenfri-palace, S-Bahn: Sorgenfri

Wenige Hundert Meter weiter nördlich in Kongens Lyngby erreicht man das **Frilandsmuseet.** In dem großen **Freilichtmuseum** kann man durch Bauerngehöfte aus der Zeit zwischen dem 17. und 19. Jahrhundert spazieren.

18 Frilandsmuseet, Kongevejen 100, Tel. 33473855, https://en.natmus.dk/museums-and-palaces/the-open-air-museum, Mai–Mitte Okt. Di.–So. 10–16 Uhr, Juli und dänische Oster- und Herbstferien auch Mo., Eintritt: Erwachsene 115 dkr, Kinder frei, S-Bahn: Sorgenfri, dann mit Bus 184 oder 194 bis Station „Open Air Museum“

Wiederum ganz in der Nähe in der Gemeinde Hellerup liegt das **Experimentarium.** Hierbei handelt es sich um ein „Hands-on-Museum“, in dem die Besucher zu Forschern werden. Man kann alles selbst ausprobieren und versteht so das vielleicht erste Mal in seinem Leben Physik, Chemie und andere Naturwissenschaften wirklich. Die Ausstellung ist ideal für Familien mit Kindern und für Erwachsene, bei denen der trockene Schulunterricht Wissenslücken hinterlassen hat. Jährlich wechselnde große Sonderaustellungen sorgen dafür, dass auch „Wiederholer“ immer wieder Interessantes finden.

19 Experimentarium, Tuborg Havnevej 7, Tel. 39273333, www.experimentarium.dk, tägl. 9.30–17 Uhr, Eintritt: Erwachsene 199 dkr, Studierende und Kinder bis 11 Jahre 125 dkr

Das inoffizielle Wahrzeichen von Hellerup ist die **Tuborgflasken,** ein 26 Meter hoher Nachbau einer Bierflasche. Er ist 1888 anlässlich der Nordischen Industrie-, Ackerbau- und Kunstausstellung entstanden und stand damals im Zentrum Kopenhagens, dort, wo heute das Rathaus steht. Nach mehreren Umzügen steht die riesige „Bierflasche“ heute in Hellerup, etwas weniger repräsentativ neben einer Tankstelle.

★**20 Tuborgflasken,** Dessaus Blvd. 4, Hellerup

Zehn Kilometer von Kopenhagen entfernt befindet sich in Klampenborg **Jægersborg Dyrehave:** Ein Wildpark von 10 km² Größe, in dem 2000 Hirsche leben. Er wurde 1669 von König Frederik III. (1648–1670) gegründet. Bis heute darf hier nur die königliche Familie jagen, das gemeine Volk kann aber spazieren gehen und sich am Anblick des Rotwilds erfreuen. Wer keine Lust hat zu laufen, fährt mit der Kutsche durch das Gelände.

- **21 Jægersborg Dyrehave,** http://eng.naturstyrelsen.dk (Menü: „Experience Nature/In the Countryside")

Später kann man sich nebenan im **Bakken,** dem 1538 gegründeten und damit ältesten Vergnügungspark der Welt, amüsieren. Hauptattraktion ist die einen Kilometer lange Holzachterbahn aus dem Jahre 1932. Sie wird bis zum heutigen Tag von einem mitfahrenden „Bremser" gesteuert. Der Park ist ein beliebtes Ziel für Familienausflüge, nicht zuletzt deshalb, weil die Restaurants im Bakken für dänische Verhältnisse extrem günstig sind.

- **22 Bakken,** Dyrehavnvej 62, Klampenborg, März–Aug. 12/14–22/23/24 Uhr, www.bakken.dk, Eintritt frei, Ticket für Fahrgeschäfte 299 dkr, Mi. 50 % Rabatt bei Barzahlung

64 Rungstedlund: Karen Blixen Museum ★

Spätestens seit dem mit einem Oscar gekrönten Film „Jenseits von Afrika", den Sydney Pollack 1985 drehte, kennen auch diejenigen die Schriftstellerin Karen Blixen, die sich nicht für skandinavische Literatur interessieren.

Sie ist nämlich die Autorin des autobiografisch angehauchten Romans „Afrika, dunkel lockende Welt", der dem Film als Vorlage diente. Blixen wurde 1885

155kh-rk

in Rungstedlund geboren und lebte dort bis zu ihrem 28. Lebensjahr. Dies tat sie nicht immer glücklich, denn besonders als junges Mädchen litt sie sehr unter ihrer strengen Mutter.

1914 **wanderte sie nach Kenia aus,** wo sie zusammen mit ihrem adligen Vetter, mit dem sie eine Zweckehe einging, bis 1925 lebte. Nach der Scheidung führte sie die gemeinsame Farm bis 1931 alleine weiter. Finanzielle Schwierigkeiten zwangen sie dann zur Rückkehr nach Rungstedlund, wo sie bis zu ihrem Tod im Jahre 1962 lebte. Bekannt ist Blixen wegen ihrer zahlreichen Romane, aber auch wegen ihrer **leidenschaftlichen Liebesaffäre** mit dem englischen Flieger und Lebemann Denys Finch-Hatton, die in Pollacks Film eine zentrale Rolle spielt.

Das Karen Blixen Museum

Mancher Tourist mag sich über den „falschen" Vornamen der Autorin wundern – unter dem Pseudonym Tania Blixen erschienen ihre Bücher aber nur im deutschsprachigen Raum. Blixen schrieb ohnehin viele ihrer Werke nicht unter eigenem Namen.

Seit 1991 ist Blixens Wohnhaus ein Museum. Sehr sehenswert ist der Film über ihr Leben, der dort mehrmals täglich vorgeführt wird. Wenige Schritte vom Wohnhaus entfernt, fand Karen Blixen unter einer stattlichen Buche ihre letzte Ruhestätte.

› **Karen Blixen Museet,** Strandvej 111, Rungsted Kyst, Tel. 45571057, https://blixen.dk, Di.–Fr. 11–20, Sa., So. 11–17 Uhr, Eintritt: Erwachsene 100 dkr, Studierende und bis 27 Jahre 60 dkr, bis 18 Jahre frei

65 Louisiana ★★★

Kurz vor Helsingør kommt man in der kleinen Ortschaft Humlebæk zu einem der wichtigsten Museen für moderne Kunst in Nordeuropa.

Die Liste der Künstler, deren Werke im Louisiana ausgestellt sind, liest sich wie das Who's who der Kunst der 1960er- bis 1990er-Jahre: u. a. Lichtenstein, Rauschenberg, Warhol, Oldenburg, Hamilton, Beuys, Kienholz, Merz, Richter, Ryman, Lewitt, Immendorf, Baselitz und Kiefer.

Das **Parkgelände** des Museums, das sich malerisch am Ostseeufer erstreckt, ist eine Fortsetzung der Ausstellung. Hier stehen u. a. Statuen von Jean Arp, Max Bill, Alexander Calder, Max Ernst, Henri Laurens, Joan Miró und Henry Moore.

› Gammel Strandvej 13, Humlebæk, Tel. 49190719, www.louisiana.dk, Di.–Fr. 11–22, Sa., So. 11–18 Uhr, Eintritt: 145 dkr, Studierende 125 dkr, bis 18 Jahren frei

66 Helsingør ★★★

Mit 62.000 Einwohnern ist Helsingør knapp halb so groß wie Helsingborg, ihre schwedische Nachbarstadt auf der anderen Seite des Sundes.

Bereits um das Jahr 1000 gab es hier eine erste Siedlung, um 1200 wurde der Grundstein zur Kirche St. Olai gelegt und 1426 erhielt Helsingør die Stadtrechte. Nur drei Jahre später führte König Erik von Pommern (1412–1439) den **Sundzoll** ein und leitete damit indirekt den Aufschwung der Stadt ein. Jedes Schiff, das den Sund passieren wollte, musste einen Obolus an den König entrichten. Auch wenn der Zoll den Handel behinderte und bei den Kaufleuten alles andere als beliebt war, gewann Helsingør als der Ort, an dem dieser Zoll eingetrieben wurde, an Bedeutung. Gegen Ende des 16. Jh. war Helsingør mit 5000 Einwohnern die zweitgrößte Stadt Dänemarks.

Ebenso wie die Einführung des Öresundzolls den Aufstieg der Stadt einleitete, bedeutete dessen Abschaffung im Jahr 1857 auch deren Niedergang. Bald aber erholte sich die Stadt von diesem Rückschlag. Der Schiffsbau und eine Brauerei sorgten dafür, dass die Einwohner wieder in Arbeit und Brot standen. Heute lebt Helsingør hauptsächlich vom Tourismus, dem Handel und vor allem von den **Fährlinien**, die an 365 Tagen rund um die Uhr zwischen Helsingør und Helsingborg auf dem Sund verkehren.

Das kulturelle Zentrum der Stadt ist die **Kulturværftet** („Kulturwerft"). Das ehemalige Wertgebäude ist heute der wichtigste Veranstaltungs- und Ausstellungsort Helsingørs. Hier zieht auch das **Stadtmuseum** (Helsingør Bymuseum) ein.

047kh-rk

ⓘ**23 Helsingør Turistinformation,** Allegade 2, Tel. 49283620, www.visit-helsingoer.dk, Mo.–Fr. 10–21, Sa., So. 10–17 Uhr

•**24 Kulturværftet,** Alleegade 2, https://kuto.dk

› **Helsingør Bymuseum,** in der Kulturværftet (s. o.), https://helsingormuseer.dk/bymuseet, Eröffnung im Juni 2023

Spaziergang durch die Stadt

Einen Spaziergang durch Helsingør beginnt man am besten an der Fährstation. Zunächst bietet es sich an, die Strandgade hinauf- und die Stengade hinunterzugehen. Die beiden Straßen bilden die kleine **Fußgängerzone** Helsingørs und hier kommt man an vielen schönen alten Gebäuden vorbei. Einen kurzen Blick sollte man auf die alten Häuser in der Stengade werfen.

An der Kreuzung von Stengade und Sct. Anna Gade erreicht man schließlich den dem heiligen Olav geweihten **Dom** der Stadt aus dem 16. Jh. (Sct. Anna Gade 12, Mai–Aug. 10–16 Uhr, sonst 10–14 Uhr). Schon wenige Schritte danach gelangt man zu einem weiteren Kirchenbau: der **Sct. Marie Kirche** und dem daneben liegenden Karmeliterkloster. Das Gotteshaus wurde auf den Resten einer alten romanischen Kirche erbaut und 1559 eingeweiht. Das Schmuckstück im Innern ist der Altaraufsatz aus dem 17. Jahrhundert.

Das Denkmal auf dem nahegelegenen **Axel torv** erinnert an König Erich von Pommern, der Helsingør 1426 die Stadtrechte verlieh. Mehrmals wöchentlich findet hier ein kleiner Markt statt.

Knapp einen halben Kilometer weiter erreicht man, am Nordhafen gele-

Blick über Helsingørs Hafen auf das Hamlet-Schloss Kronborg

gen, das **Öresundsaquarium**, in dem man Fische und andere Meerestiere aus der Ostsee beobachten kann. Man sollte nichts allzu Spektakuläres erwarten, aber für Familien mit Kindern ist es ein schönes Ausflugsziel.

•**25 Øresundsakvariet,** Strandpromenaden 5, Tel. 35321970, www.oresundsakvariet.ku.dk, Mo.–Fr. 10–16, Sa., So. bis 17 Uhr, Eintritt: 79 dkr (Erwachsene), Kinder 3 bis 11 Jahre 59 dkr

Nochmals 500 m weiter stadtauswärts kommt man zum **Schloss Marienlyst.** Das 1587 als Pavillon errichtete Gebäude wurde um 1760 vom französischen Architekten Nicolas Henri Jardin umgebaut und erweitert. Sehenswert sind die Louis-XVI.-Möbel im oberen Stockwerk. Im Rest des Gebäudes ist eine kleine Kunstausstellung untergebracht. Der englische Park lädt zu einem Spaziergang ein.

★**26 Schloss Marienlyst,** Marienlyst Allé 32, Tel. 49283791, www.marienlyst.nu

Knapp drei Kilometer außerhalb liegt das **Technische Museum.** Hier kann man alte Flugzeuge, Autos und Motorräder besichtigen.

27 Danmark Tekniske Museum, Fabriksvej 25, Tel. 49222611, http://tekniskmuseum.dk, Feb.–Okt. Di.–So. 10–17, Nov.–Jan. 10–16 Uhr, Eintritt: 110 dkr, bis 18 Jahre frei

Schloss Kronborg

Die größte Sehenswürdigkeit Helsingørs ist das **„Hamlet-Schloss"** Kronborg. Es wurde zwischen 1574 und 1585 im Renaissancestil von König Frederik II. (1559–1588) auf den Ruinen der von Erich von Pommern erbauten Festung errichtet. 1629 brann-

Kronborg und Hamlet

Dank Shakespeare ist Schloss Kronborg das vermutlich bekannteste Gebäude Dänemarks. Selbst wer nichts mit dem nordischen Königreich am Hut hat, kennt es doch als den (fiktiven) Hauptschauplatz von Shakespeares „Hamlet". Allerdings spielt Shakespeares Geschichte weit vor dem Baujahr des Schlosses – eine kleine künstlerische Freiheit, die man dem großen Dichterfürsten gerne durchgehen lässt. Der war ohnehin nicht der Erfinder der Hamletgeschichte, diese war zu seiner Zeit schon lange Teil der Volksdichtung. Erstmals erwähnt wurde sie im 12. Jahrhundert vom dänischen Geschichtsschreiber Saxo Grammaticus (ca. 1140–ca. 1220). Vermutlich jedoch geht der Ursprung der Hamletgestalt sogar bis auf die Nordischen Sagas zurück.

Zum 200. Todestag von William Shakespeare im Jahre 1816 wurde das Hamletstück erstmals innerhalb der Mauern von Kronborg aufgeführt. Damals waren Soldaten der Garnison die Darsteller, später reihten sich dann viele berühmte Schauspieler in die Liste der Hamletdarsteller auf Kronborg ein. So traten hier beispielsweise der legendäre Gustav Gründgens sowie Laurence Olivier und Vivien Leigh auf. Bis heute kehrt Hamlet jeden Sommer heim in sein Schloss und lockt im August Tausende von Zuschauern an.

› ***Hamletfestspiele** in Schloss Kronborg: www.hamletscenen.dk, Tickets unter Tel. 70202096 oder unter www.billetnet.dk*

te das Schloss jedoch bis auf die Grundmauern nieder. Lediglich die Kirche blieb unbeschädigt.

Zwar machte sich König Christian IV. (1588–1648) umgehend an den Wiederaufbau, doch da der Dreißigjährige Krieg Dänemark an den Rand des Ruins gebracht hatte, wurde an der Inneneinrichtung gespart. Was wir heute sehen – obwohl pompös und prachtvoll – hält keinem Vergleich mit der ursprünglichen Ausstattung stand, zumal 1658 auch noch die Schweden das Schloss beschossen und plünderten. 1785 hatte der König offenbar genug: Trotz des wahrscheinlich schönsten Ausblicks Dänemarks zog er aus. Von da an wurde Kronborg bis 1923 als Kaserne genutzt. In dieser Zeit verfiel das Schloss zusehends und erhielt den wenig schmeichelhaften Beinamen „Der rostige Schlüssel am Sund“. Heute ist Kronborg **UNESCO-Weltkulturerbe** und lockt jährlich 250.000 Besucher an.

In den Kasematten unter dem Schloss befindet sich die Statue des sagenhaften unbesiegbaren Kriegers Holger Danske. Die Legende besagt, dass der schlafende Kämpfer sofort erwacht, wenn Dänemark bedroht wird. Das Gipsmodell, das in den Kasematten steht, war eigentlich nur die Vorarbeit für einen Bronzeabguss, den das Hotel Marienlyst in Helsingør im Jahre 1906 in Auftrag gegeben hat. Während die Bronze aber schnell in Vergessenheit geriet, wurde die Statue aus Gips zu einem wichtigen dänischen Nationalsymbol.

★**28 Kronborg Slot,** Kronborgvej, www.kronborg.dk, Mai–Okt. tgl. 10–17, Nov.–April Di.–So. 11–16 Uhr, Eintritt: Erwachsene 125 dkr, Studierende 115 dkr, bis 18 Jahre frei

Maritimes Museum – M/S Museet for Søfart

Das **moderne Museum** bietet, was man von einem Museum seiner Art erwartet: Modellschiffe, Gemälde mit Schiffsszenen und Erinnerungsstücke an die dänische Kriegsmarine und ihre größten Schlachten.

Außerdem werden die frühen **Handelsbeziehungen** nach China und Indien beleuchtet, die dänische Seenotrettung wird behandelt und es wird nachgezeichnet, wie Seeleute in den unterschiedlichsten Jahrhunderten lebten. Alles wird mit vielen **multimedialen Elementen** präsentiert.

Auch die **Baugeschichte** des Hauses ist interessant: Es wurde in der Nähe des Schlosses Kronborg (s. S. 92) erbaut, das zum Weltkulturerbe zählt. Ein „normaler“ Museumsbau hätte den Blick auf das Schloss beeinträchtigt, dessen Erscheinungsbild maßgeblich gestört und den Welterbestatus gefährdet. Die Vorgabe an die Architekten war daher, dass das Gebäude nicht mehr als einen Meter über den Erdboden reichen dürfe. Aus diesem Grund baute man das Museum in die Tiefe – bis zu 7 m unter die Erdoberfläche. Trotzdem ist es in den Räumen nicht dunkel, dafür sorgen ein ausgeklügeltes Lichtdesign und Glaswände im „Obergeschoss“.

29 Maritimes Museum – M/S Museet for Søfart, Ny Kronborgvej 1, Tel. 49210685, https://mfs.dk, Juli, Aug. tgl. 11–18, Sept.–Juni Di.–So. 11–17 Uhr, Eintritt: 125 dkr, Studierende 95 dkr, unter 18 Jahren frei

Essen und Trinken in Helsingør

30 Rådmand Davids Hus €, Strandgade 70, Tel. 49261043, www.raadmanddavidshus.dk, 10–17 Uhr (Küche ab 11.30). Gemütli-

ches Tagesrestaurant, das unterschiedlichste belegte Brote und andere kleine Gerichte anbietet. Perfekt für die kleine Pause auf dem Stadtspaziergang. Ein gutes Zeichen: Hier kommen auch die Einheimischen zur Mittagspause vorbei. Das Fachwerkhaus von 1694 lohnt auch von außen einen Blick, im Sommer kann man im geschützten Innenhof draußen sitzen.

Ausflug nach Gilleleje

Nördlich von Helsingør liegen einige der schönsten Strände Dänemarks. **Bade- und Surffans** finden u. a. in **Julebæk**, dem **Seebad Hornbæk** und **Gilleleje**, dem nördlichsten Ort der Insel Seeland, ideale Reviere. Hungrig? Dann auf zum Hafen. Entweder kauft man dort in einem der Läden fangfrischen oder geräucherten Fisch oder man lässt sich in einem der Lokale bekochen. Oft kann man auch Fisch direkt von den Fischerbooten kaufen. Ein beliebtes Ziel für Kurzwanderungen ist der 35 m hohe **„Aussichtsberg" Gilbjerg Hoved**, auf dem auch ein Gedenkstein für den Philosophen Søren Kierkegaard zu sehen ist.

Von der „Bergspitze" hat man eine herrliche Sicht über das Kattegatt. Bei klarem Wetter kann man bis zur Insel Hesselø sehen. Die **Kirche von Gilleleje** wurde 1538 von den Fischern des Ortes erbaut, das **Dorfmuseum** widmet sich vor allem dem Thema Fischerei. Die 2 km vom Ortskern entfernte **Schlossruine Søborg** aus dem 12. Jahrhundert diente im Mittelalter als Staatsgefängnis.

› **Informationen:** www.visitnordsjaelland.dk

67 Schloss Frederiksborg ★★★

Hillerød (54.000 Einwohner) ist eine unscheinbare Provinzstadt und wäre kaum einer Erwähnung wert, läge dort mit Frederiksborg nicht das schönste Renaissanceschloss des Landes.

Es wurde zwischen 1600 und 1620 im Auftrag von König Christian IV. erbaut, brannte 1859 nieder, wurde aber umgehend wieder errichtet und auf Betreiben des Brauereibesitzers und Kulturmäzens J. C. Jacobsen zum **Nationalhistorischen Museum** umgewandelt. In etwa 60 Räumen sind Gemälde und Einrichtungsgegenstände aller Epochen ausgestellt, die aus Schlössern und Herrenhäusern in ganz Dänemark zusammengetragen wurden. Berühmt ist Frederiksborg für seine umfangreiche Porträtsamm-

Schloss Frederiksborg beherbergt das Nationalhistorische Museum

KLEINE PAUSE

Speisen in historischer Umgebung

In Schloss Frederiksborg 67 kann man frühstücken und mittagessen. Im Juli und August gibt es anstelle des üblichen Frühstücks ein großes Sommerbuffet für 245 dkr (Kinder bis 12 Jahre zahlen die Hälfte).

› **Spisestedet Leonora,** Tel. 48267516, www.leonora.dk, tgl. 10–17 Uhr

lung. Bei dem Brand von 1859 blieb die Schlosskirche zwar unversehrt, dennoch fand damals die Tradition ein Ende, hier den dänischen König zu krönen.

Die **Kirche** liegt im westlichen Teil des Königsflügels und ist eine der Hauptattraktionen des Schlosses. Betritt man den Kirchenraum, wird man von üppigem Prunk fast erschlagen. Marmoreinlegearbeiten, Alabasterfiguren, Intarsien aus Ebenholz – hier wurde nur edelstes Material verwendet. In Fachkreisen berühmt ist die **Compenius-Orgel** mit ihren mehr als 1000 Pfeifen, die 1610 von dem norddeutschen Orgelbauer Esaias Compenius (1572–1617) erbaut wurde. Ursprünglich war die Orgel für das Schloss Hessen gedacht, doch die Herzogin von Braunschweig-Wolfenbüttel schenkte sie dann Christian IV. 1617 überführte Compenius die Orgel persönlich nach Frederiksborg. Der Orgelbauer erkrankte auf dieser Reise so schwer, dass er noch in Hillerød starb. Einmal in der Woche, donnerstags von 13.30 bis 14 Uhr, ertönt das klanggewaltige Instrument.

Über der Kirche liegt der 50 Meter lange **Rittersaal.** Er war beim Schlossbrand zerstört worden und ist demnach eine Rekonstruktion von 1859. Sehenswert sind die Deckenschnitzereien und die Wandteppiche, die Szenen aus dem Kalmarkrieg darstellen, den Dänemark zwischen 1611 und 1613 gegen Schweden führte.

Der **Barockgarten** des Schlosses mit den symmetrisch angeordneten Wegen, Blumenbeeten und Baumpflanzungen gilt als einer der schönsten seiner Art.

› **Frederiksborg Slot,** www.dnm.dk/dk/index.htm, Nov.–März 11–15 Uhr, April–Okt. 10–17 Uhr, Tel. 48260439, Eintritt: 90 dkr, Studierende 70 dkr, 6–15 Jahre 25 dkr

68 Schloss Fredensborg ★

Am Südufer des Esrumsees erreicht man gut 40 km nördlich von Kopenhagen das Schloss Fredensborg. Hier lebt das dänische Königspaar im Frühjahr und im Herbst, außerdem werden in Fredensborg häufig Staatsgäste empfangen. Erbaut wurde das Schloss in den Jahren zwischen 1720 und 1726 im Auftrag von König Frederik IV. (1699–1730) vom dänischen Architekten Johan Cornelius Krieger (1683–1755).

Ursprünglich als kleines Jagdschloss gedacht, wurde Fredensborg in der zweiten Hälfte des 18. Jahrhunderts und im 19. Jahrhundert Schritt für Schritt erweitert. Deswegen ist das Gebäude auch eine **Mischung verschiedener Baustile:** Barock, Rokoko und Klassizismus.

Im **barocken Schlossgarten** ist der 2002 geschaffene **Skulpturengarten „Nordmansdalen“** beachtenswert. Hier sind etwa 70 Statuen zu entdecken, die norwegische und färöische Bauern und Fischer darstellen.

› **Fredensborg Slot,** Slotsgade, www.kongehuset.dk. Der **Park** ist ganzjährig geöffnet, das **Schloss** kann nur im Juli im Rahmen von Führungen besichtigt werden (Führungen in engl. Sprache um 13.45 und 14.45 Uhr, Erwachsene 100 dkr, 6–17 Jahre 50 dkr).

69 Kloster Esrum ★

Am Nordufer des Esrumsees liegt das gleichnamige **Zisterzienserkloster.** Es wurde 1151 gegründet und sollte sich den Regeln des Ordens entsprechend „entfernt von den Wegen der Menschen“ befinden. Auch heute ist das Kloster noch weit entfernt von hektischem Großstadtreiben.

Ein Spaziergang durch den **Klostergarten** mit seinen medizinischen Kräutern ist deswegen auch gleichsam ein Spaziergang zurück in der Zeit. Eine kleine Ausstellung im Hauptgebäude informiert über die Geschichte des Klosters.

Im klostereigenen **Mill Café** kann man sich nach der Besichtigung stärken.

› **Esrum Kloster & Møllegård,** Klostergade 11, Tel. 48360400, www.esrum.dk, im Sommer Di.–So. 10–17 Uhr, sonst kürzer, Eintritt: 85 dkr, bis 18 Jahre frei. Mill Café: Tel. 60201486, Di.–So. 10–17 Uhr.

70 Roskilde ★★★

Mit dem Dom und dem Wikingerschiffmuseum hat Roskilde zwei der wichtigsten Sehenswürdigkeiten Dänemarks zu bieten und ist daher auf jeden Fall eine Reise bzw. einen Ausflug wert.

Der Name Roskilde bedeutet „Ro(ar)s Quelle“ – auf Dänisch „Ro(ar)s kilde“ –, denn angeblich war es König Roar, der hier die Stadt an einer Quelle gründete. Roar jedoch ist nur Legendenfigur und hatte mit der eigentlichen Stadtgründung im Jahre 998 nichts zu tun. Damit ist Roskilde über 1000 Jahre alt und **eine der ältesten Städte Dänemarks.**

Der Aufstieg der Stadt ging schnell vonstatten. Bereits 1020 wurde Roskilde **Bischofssitz.** Während des Mittelalters stieg Roskilde zu einer der wichtigsten Städte Nordeuropas auf, in der mehr als 10.000 Menschen lebten und die dänischen Könige residierten.

Mit der Reformation begann der Niedergang der Stadt, Kirchen und Klöster wurden aufgelöst und teilweise zerstört. Bis zum 18. Jahrhundert war Roskilde zu einer unbedeutenden Gemeinde mit gerade einmal 1500 Einwohnern geschrumpft.

Erst als 1847 die Zugverbindung mit der Hauptstadt Kopenhagen eröffnet wurde, setzte ein neuerlicher Aufschwung ein. Mittlerweile leben immerhin mehr als 50.000 Menschen in der alten Königsstadt.

ℹ 31 **Touristeninformation,** Staendertorvet 1, Tel. 46316565, www.visitfjordlandet.dk, geöffnet: Mo.–Fr. 10–17 Uhr, Sa. 10–13 Uhr

71 Dom (Roskilde) ★★★

Der Dom von Roskilde wurde 1995 von der UNESCO in die Liste des Weltkulturerbes aufgenommen und zählt zu den herausragenden Sehenswürdigkeiten Dänemarks.

1170 begann man unter der Aufsicht von Bischof Absalon (1128–1201), dem Stadtgründer von Kopenhagen, mit dem Bau. Geweiht wurde die Kirche dem heiligen Lucius, der 253/254 für nicht einmal ein Jahr Papst gewesen war. Im Laufe der Jahrhunderte wurde der Dom immer wieder umgebaut und erweitert. Die beiden Türme kamen im 14. Jahrhundert hinzu, die mit Kupfer verkleideten Helme setzte man sogar erst 1635/36 auf.

Nach der Reformation wurde der Dom zu Roskilde die **Grablege der dänischen Könige.** Bis zum heutigen Tag fanden hier 38 Königinnen und Könige ihre letzte Ruhestätte. Besonders sehenswert

sind das vom Lübecker Künstler Johannes Junge 1414 geschaffene Grabmal für Königin Margarethe I. und der in einer Seitenkapelle stehende Renaissancesarg von König Christian IV. Dieser König hat mit den von ihm in Auftrag gegebenen prunkvollen Bauten das Gesicht Kopenhagens bis zum heutigen Tag geprägt. Die letzte Monarchin, die hier bestattet wurde, war die Mutter der jetzigen Königin: Ingrid von Schweden (1910–2000). Sie wurde an der Seite ihres bereits 1972 verstorbenen Ehemannes Fredrik IX. in einer Grabkapelle außerhalb des Doms bestattet.

Neben den Königsgräbern ist vor allem die Barockorgel aus dem 16. Jahrhundert ein Anziehungspunkt für Besucher. Im Sommer wird sie einmal in der Woche anlässlich eines kostenlosen Konzertes gespielt. Ebenso sehenswert ist das Chorgestühl aus der Mitte des 15. Jahrhunderts und der Flügelaltar aus dem 16. Jahrhundert, eine Arbeit eines flämischen Meisters.

Im **Dommuseum** erhält man Einblick in die Baugeschichte des Doms. Außerdem sind einige Kirchenschätze ausgestellt. Das sagenumwobene „güldene Kleid" von Königin Margarethe I. ist allerdings nur eine Kopie.

› **Dom (Roskilde),** Domkirkepladsen 1, Juni–Aug. Mo.–Sa. 10–18, So. 13–16, Sept.–Mai Mo.–Sa. 10–17, So. 13–16 Uhr, www.roskildedomkirke.dk, Eintritt: 60 dkr, Studierende, Rentner 40 dkr, bis 17 Jahre frei

Der Dom von Roskilde, vom Hof des pittoresken Stiftsgebäudes aus gesehen

194kh ©diegograndi, stock.adobe.com

KLEINE PAUSE

Mehr als eine Museumscafeteria

Im Wikingerschiffmuseum kann man auch essen: Im **Café Knarr** serviert man Speisen unter dem Motto „Neue Wikingerküche". Das bedeutet, dass vor allem Zutaten verwendet werden, die auch die Wikinger schon kannten – Kartoffeln, Tomaten oder Gurken fehlen deswegen auf der Speisekarte. Dafür nehmen Fischgerichte einen prominenten Platz ein. Das Bier kommt aus der lokalen Brauerei.

› **Café Knarr** im Wikingerschiffmuseum 72, Tel. 46300253, tgl. 10–17 Uhr, ins Café kommt man auch ohne Eintrittskarte fürs Museum

Raadhuskælderen

Gemütlich im Gewölbe oder bei Sonne draußen im Garten speist man im „Rathauskeller". Es gibt Fleisch vom Grill, aber auch Vegetarisches steht auf der Karte.

32 **Raadhuskælderen** €€, Fondens Bro 1, www.raadhuskaelderen.dk, Tel. 46360100, Di.–Sa. 11–23 Uhr

Die Skuldelev 3 – eins der Boote, die im Wikingerschiffmuseum zu besichtigen sind

72 Wikingerschiffmuseum (Vikingeskibsmuseet) ★★

Fünf Wikingerschiffe kann man gegenwärtig im „Vikingeskibsmuseet" besichtigen. In einigen Jahren werden es vermutlich zwei mehr sein, denn als man das Museum erweiterte, fand man direkt vor der eigenen Haustür die Wracks zweier Wikingerschiffe auf dem Grund des Roskildefjords.

Die Schiffe, die in der Ausstellung zu sehen sind, waren nicht Opfer von Wind und Wetter und wurden auch nicht von feindlichen Angreifern zerstört. Vielmehr versenkte man sie im 11. Jh. absichtlich bei Skuldelev, 20 km nördlich von Roskilde, um die Zufahrt in den Roskildefjord zu erschweren. Die Stadt war damals ständig von Angriffen bedroht, deswegen legten die Bewohner ein **System von Sperren im Roskildefjord** an. Mit Steinen gefüllt bildeten die Wracks ein nur schwer zu überwindendes Hindernis im Meer.

Fast tausend Jahre lagen sie auf dem Meeresgrund, bevor sie 1962 entdeckt und gehoben wurden: ein Glücksfall für die Wissenschaft, aber auch für Besucher: Der Fund gibt einen einzigartigen Eindruck von der Schiffsbau- und Handwerkskunst der Wikinger.

In der Unteretage der Ausstellung wird die **Geschichte eines fiktiven norwegischen Flottenangriffs** auf Roskilde nacherzählt. Der Besucher begleitet die norwegischen Schiffe von ihrer Abfahrt in Südnorwegen bis zu ihrer Einfahrt in den Roskildefjord und ist auch bei den darauf folgenden Kämpfen Zeuge. Die Ausstellung beschreibt nicht nur die eingesetzten Schiffe und Waffen, sondern auch die Funktion der Skuldelev-Sperre als Schutz gegen seeseitige Angriffe.

Anfang der 2000er-Jahre wurde mit Werkzeugen und Methoden aus der Wikingerzeit eines der in Skuldelev versenkten Schiffe nachgebaut. Das Langschiff zählte zu seiner Zeit mit 30 m zu den größten Kriegsschiffen. Diesen Nachbau und andere Projekte kann man in der museumseigenen Werft und dem Hafen des Museums besichtigen. Museumsbesucher können sogar **in Nachbauten auf dem Roskildefjord segeln** (www.vikingeskibsmuseet.dk/de/besuch-im-museum/aktivitaeten/bootsfahrten). Für die Zukunft hat man große Pläne: Bis 2030 soll ein neues Museum entstehen.

› **Wikingerschiffmuseum,** Vindeboder 12, Tel. 46300200, www.vikingeskibsmuseet.dk, Mai–Mitte Okt. tgl. 10–17, Mitte Okt.–April 10–16 Uhr, Eintritt: Sommer 160 dkr, Winter 125 dkr, Studierende 105/80 dkr, bis 18 Jahre frei

73 Roskilde-Museum ★

Zwar „nur" ein Regionalmuseum, aber ein ausgezeichnet gemachtes! Wer sich für die **Kultur und Geschichte der Region** um den Roskildefjord interessiert, ist hier gut aufgehoben. Bemerkenswert ist vor allem die große Mittelalterausstellung.

› **Roskilde-Museum,** Sct. Ols Gade 18, Tel. 46316500, https://roskildemuseum.dk, im Sommer tgl. 10–16 Uhr, sonst Mo. geschl., Eintritt: 60 dkr, unter 18 Jahren frei

74 RAGNAROCK ★

Was könnte ein besserer Ort für ein **Museum für Rock'n'Roll und Jugendkultur** sein als der Veranstaltungsort eines der größten Festivals in Europa (s. S. 100)? RAGNAROCK bietet in einer interaktiven Ausstellung weit mehr als einen Gang durch die (dänische) Rockgeschichte. Auch Nebenaspekte der Rockmusik, z. B.

Ein Museum ohne Zuhause

Den Anspruch, das Schaffen internationaler Künstler der neusten Zeit zu präsentieren, hat das ***Museum für Zeitgenössische Kunst*** *nach wie vor. Aber es ist einen ungewöhnlichen Weg gegangen: weg von einem festen Gebäude in Roskilde, hin zu einem* ***Wandermuseum*** *mit wechselnden Partnern und Onlineausstellungen. Auf der Website und in sozialen Medien bleibt man über die Entwicklung auf dem Laufenden.*

› ***Museet for Samtidskunst,*** *www.samtidskunst.dk*

ihre Auswirkungen auf die Gesellschaftsentwicklung, werden beleuchtet. Nicht zuletzt kann man sich auch selbst als Musiker ausprobieren. Kinder haben in diesem Mitmachmuseum ihren Spaß.

Auch das **Gebäude,** das schon mehrere Architekturpreise gewonnen hat, ist sehenswert. Der Vorbau glänzt in Gold und der rote Teppich, der zur Eingangstür führt, soll jedem Besucher das Gefühl geben, er sei ein Star. Ein „Red-Carpet-Selfie" ist für viele Gäste ein Muss.

› Rabalderstræde 16, Musicon, Tel. 46316854, https://museumragnarock.dk, Di.–So. 10–17., Mi. 10–21 Uhr, Eintritt: 110 dkr, bis 17 Jahre kostenlos

75 Archäologisches Versuchszentrum von Lejre ★

Hier kann man ein nachgebautes Dorf aus der Eisenzeit besichtigen, einen Wikingerhof, Bauernhäuser aus der Zeit des 19. Jahrhunderts und vieles andere mehr – und man sieht nicht nur zu.

Wer will, darf selbst Brot backen, mit einer Axt aus der Eisenzeit Holz hacken oder mit einem Einbaum über das Wasser gleiten. Keine Angst, nicht alles wird nachgespielt. Der Gang durchs Opfermoor ist ungefährlich, obwohl hier früher nicht nur Tiere, sondern auch Menschen geopfert wurden.

Jüngstes Highlight ist der 2020 eröffnete Nachbau einer riesigen **Königshalle** aus der Wikingerzeit. Das Archäologische Versuchszentrum liegt malerisch am Wasser und ist der ideale Ort für ein Picknick.

› **Sagnlandet Lejre,** Slangealleen 2, Lejre, Tel. 46480878, www.sagnlandet.dk, Kernöffnungszeiten in der Hochsaison tgl. 10–17 Uhr, sonst Mo. meist geschl., genaue Zeiten s. Website, Eintritt: 185 dkr, Studierende 165 dkr, Kinder bis 11 Jahre 125 dkr

Roskilde-Festival – let it rock

Mehr als 80.000 Musikfans pilgern Jahr für Jahr Anfang Juli nach Roskilde. Dann findet dort ***eines der größten Musikfestivals in Europa*** *statt - das größte im Norden ist es sowieso. 1971 fing alles an, damals noch ganz bescheiden und auch etwas chaotisch: Das Festival zeichnete sich vor allem durch schlechte Organisation, aber großen Enthusiasmus aus. Es gab nur eine Bühne, auf der etwa 20 Bands auftraten. Das Festival dauerte zwei Tage, etwa 10.000 Besucher kamen pro Tag.*

Heute spielen im Laufe des viertägigen Festivals mehr als 160 Bands auf insgesamt sechs Bühnen. Damit das alles reibungslos funktioniert, sind vor und hinter den Kulissen rund 32.000 freiwillige Helfer unterwegs. Die setzen ihre Arbeitskraft für eine gute Sache ein: Das Festival wird von einer gemeinnützigen Organisation veranstaltet und der ***gesamte Gewinn wird karitativen Einrichtungen zur Verfügung gestellt.*** *Vier Tage gute Laune sind also in der Regel vorprogrammiert, wenn man sich zum Roskilde-Festival aufmacht.*

Einzige Ausnahme: das ***tragische Jahr 2000.*** *Damals kamen bei einem Konzert von Pearl Jam neun Männer ums Leben. Nachdem im hinteren Bereich die Lautsprecher ausgefallen waren, drängte das Publikum immer weiter nach vorne zur Bühne. Vor dem Konzert hatte es geregnet und der Boden war glitschig - einige Fans rutschten aus und fielen zu Boden. Die nachdrückende Menge trampelte über sie hinweg ... In den folgenden Jahren wurden die Sicherheitsmaßnahmen verbessert, eine Katastrophe wie 2000 sollte nach menschlichem Ermessen in Zukunft ausgeschlossen sein.*

Praktische Tipps für Festivalbesucher

Der Eintritt für die gesamte Festivaldauer beträgt 2430 dkr (Stand 2023), Tagestickets gibt es für etwa die Hälfte. Jugendliche unter 15 Jahre dürfen nur aufs Festivalgelände, wenn sie von einem Erwachsenen begleitet werden (10–14 Jahre rund 50 % des Erwachsenenpreises, bis 10 Jahre frei). Im Ticketpreis inbegriffen sind Camping- und Parkplatzgebühren. Auf www.ticketmaster.dk kann das Ticket online gekauft werden. Der Vorverkauf beginnt bereits im Dezember des Vorjahres.

Weitere Informationen unter:

› *www.roskilde-festival.dk*

KOPENHAGEN ERLEBEN

201kh-rk

015kh-WoCo/Christian Alsing

Kopenhagen für Architektur- und Museumsfreunde

Es war vor allem **König Christian IV.** (1588–1648), der mit seinen Plänen Kopenhagen seinen architektonischen Stempel aufdrückte und sich dadurch ein beeindruckendes Denkmal setzte. Er ließ Kopenhagen nahezu neu gestalten, auf ihn geht beispielsweise die Gründung des Stadtteils Christianshavn zurück. Auch die großen Schlösser in der Hauptstadt und ihrer Umgebung wurden nahezu alle während der Zeit seiner Regentschaft errichtet. Deswegen ist eine architektonische Wanderung durch Kopenhagen und eine Fahrt zu den Schlössern notwendigerweise auch immer eine Tour auf den Spuren von Christian IV.

Für Freunde **moderner Architektur** wird Kopenhagen immer mehr zu einem Schaufenster dessen, was die neue nordische Architektur zu bieten hat. Vor allem entlang der Hafenmeile ist eine Reihe spektakulärer Neubauten international renommierter Architekten entstanden, die zum Schönsten gehören, was Skandinavien zu bieten hat, darunter die Königliche Oper 43 und das Schauspielhaus 27. Ein Highlight steht im sonst unspektakulären Stadtteil Amager: das Kongresszentrum mit dem Hotel **Bella Sky** mit seinen beiden verdrehten Türmen (www.acbellaskycopenhagen.dk).

Vorseite: Eingangstor zum Tivoli 1

Im Thorvaldsens Museum 6

Schlösser in Kopenhagen und Umgebung

Frederiksborg 67 liegt knapp 50 km außerhalb Kopenhagens am Rande von Hillerød. Es wurde zwischen 1600 und 1620 erbaut und gilt als das schönste Renaissanceschloss des Landes. 1859 niedergebrannt, wurde es umgehend wieder aufgebaut und zum Nationalhistorischen Museum umgewandelt.

Ebenfalls unter der Herrschaft von Christian IV. entstand zwischen 1606 und 1634 **Schloss Rosenborg** 37. Es diente ursprünglich nur als Sommerpalast, wurde später aber zu einem „richtigen" Schloss erweitert. Heute ist im Schloss u. a. eine Ausstellung zur Geschichte des dänischen Königshauses zu sehen und in der Schatzkammer werden die dänischen Kronjuwelen aufbewahrt.

Das „Hamlet-Schloss" **Kronborg** wiederum liegt nördlich von Kopenhagen in Helsingør 66. Es wurde ursprünglich zwischen 1574 und 1585 im Auftrag von König Frederik II. (1559–1588) errichtet. Das Schloss brannte 1629 bis auf die Grundmauern nieder und wurde dann von König Christian IV. wiederaufgebaut – auf große Veränderungen zum Ursprungsbau wurde dabei verzichtet.

Das einzige Schloss, das den Namen Christians führt, **Christiansborg** 5, geht jedoch nicht auf Christian IV., sondern auf König Christian VI. (1730–1746) zurück. Er gab den Repräsentationsbau 1736 in Auftrag und es entstand ein protziger Rokoko-Palast mit Reitbahn, Hoftheater und Schlosskirche. 1794 und 1884 wurde Christiansborg zweimal durch Brände schwer beschädigt.

Von dem zu Zeiten Christians VI. errichteten Gebäude sind lediglich die Reitbahn und das darüberliegende Theater (beherbergt heute das Theatermuseum, s. S. 105) erhalten. Da man die Reparatur- und Wiederaufbauarbeiten im Stil der jeweiligen Zeit veranlasste, ist das Schloss heute eine Mischung aus mehreren Stilrichtungen. Das heute zu sehende Hauptgebäude wurde beispielsweise erst zwischen 1907 und 1928 im Stil des Neobarock erbaut.

014kh-rk

Auch Schloss Rosenborg 37 *wurde unter der Herrschaft von König Christian IV. errichtet*

205kh-rk

Museen

Kunstmuseen

33 [H1] **Copenhagen Contemporary,** Refshalevej 173 A, https://copenhagen contemporary.org/en, Mi.–So. 11–18, Do. 11–21 Uhr, Eintritt 120 dkr. Große Installationen, Videoarbeiten in Übergröße und künstlerische Experimente im Mammutformat finden in der 7000 m² großen ehemaligen Schweißhalle der Burmeister & Wain Werft ausreichend Platz. So kann man die Kunstwerke nicht nur ansehen, sondern sie auch begehen, umrunden und durchschreiten.

32 [C2] **Dänische Nationalgalerie.** Die einzigartige Sammlung in- und ausländischer Kunst beherbergt Skulpturen und Gemälde von 1300 bis zur Gegenwart. Ein Schwerpunkt liegt auf holländischen und flämischen Malern des 18. Jahrhunderts (s. S. 55).

33 [C1] **Hirschsprungsche Sammlungen.** Hervorragende Sammlung dänischer Maler des 19. Jahrhunderts, darunter viele Werke von P.S. Krøyer (s. S. 56).

16 [D4] **Kunsthal Schloss Charlottenborg.** Das um 1670 im Stil des holländischen Barocks erbaute Schloss Charlottenborg ist Heimat der Kunstakademie. Dort finden regelmäßig Ausstellungen statt (s. S. 35).

34 [C5] **Nikolaij Kunsthal,** https://nikolaj kunsthal.kk.dk/en, Di.–Fr. 11–18, Sa., So. 11–17 Uhr, Eintritt 95 dkr. Kunstausstellung in einer ehemaligen Kirche. Samstags und sonntags kann man um 15 Uhr den Kirchturm besteigen.

2 [B6] **Ny Carlsberg Glyptotek.** Die Glyptotek ist eines der spannendsten Kunstmuseen in Europa, beherbergt es doch u. a. eine großartige Sammlung dänischer und französischer Kunst aus dem 19. und 20. Jh. Bonnard, Degas, Delacroix, Gauguin und Monet sind nur einige berühmte Impressionisten, deren Werke hier hängen (s. S. 21).

49 [bm] **Storm P. Museum.** Das Museum befasst sich mit Leben und Werk des dänischen Malers und Karikaturisten Robert Storm Petersen (s. S. 72).

6 [C5] **Thorvaldsens Museum.** Das Museum widmet sich den Werken des großen dänischen Bildhauers Bertel Thorvaldsen (s. S. 29).

Museen für politisch und historisch Interessierte

36 [A3] **Arbeitermuseum.** Museum zur Geschichte der dänischen Alltagskultur und der Arbeiterbewegung. Man kann u. a. auch ei-

Industrieller Charme umgibt das Copenhagen Contemporary

nen Sitzungssaal besichtigen, in dem Rosa Luxemburg gesprochen hat (s. S. 58).

9 [C6] **Jüdisches Museum.** Das überaus sehenswerte Museum zur Geschichte der Juden in Dänemark wurde von Daniel Libeskind erbaut, nach dessen Plänen auch das Jüdische Museum in Berlin errichtet wurde (s. S. 31).

3 [B6] **Københavns Museum.** Das Stadtmuseum präsentiert die Geschichte und neuere Entwicklungen Kopenhagens (s. S. 24).

4 [B6] **Nationalmuseum.** Hier wird die Geschichte des Landes von den Anfängen bis zur Gegenwart nachgezeichnet (s. S. 24).

M35 [D2] **Nyboders Mindestuer,** Sankt Pauls gade 24, https://nybodersmindestuer.dk, So. 11–14 Uhr, Eintritt: 20 dkr, Kinder frei

Museen für Theater, Literatur und Architektur

48 [bn] **Bakkehusmuseum.** Museum zur Literatur und Kultur der Zeit zwischen 1780 und 1830 im ehemaligen Wohnhaus des Schriftstellers Knud Lyne Rahbek (s. S. 72).

5 [C5] **Theatermuseum** im Schloss Christiansborg, www.teatermuseet.dk, Tel. 61482578. Untergebracht im 1767 erbauten Hoftheater befasst sich das Museum mit der dänischen Theatergeschichte vom 18. Jh. bis heute. Zum Zeitpunkt der Drucklegung war das Museum **wegen Renovierung geschlossen,** die Wiedereröffnung für das erste Halbjahr 2023 angekündigt (s. S. 27).

Militär- und Poizeimuseen

7 [C6] **Königliches Zeughaus.** Die Militärausstellung ist in der 156 m langen Zeughaushalle untergebracht (s. S. 30).

M36 [dk] **Politimuseet,** Fælledvey 20, Tel. 33368888, www.politimuseum.dk, geöffnet Di., Do., Sa., So. 11–16 Uhr, Eintritt 60 dkr, bis 18 Jahre frei. Polizeimuseum in einer renovierten Polizeistation.

007kh-rk

Museen für Kunsthandwerk

M37 [E3] **Designmuseum,** Bredgade 68, www.designmuseum.dk, Tel. 33185656, Di.–So. 10–18, Do. 10–20 Uhr, Eintritt: 130 dkr, Studierende und junge Leute von 18 bis 26 Jahren 90 dkr, bis 18 Jahre frei. Kunsthandwerk und Industriedesign aus den Bereichen Möbel, Silber, Glas und Textilien.

Ein Blick in die Dänische Nationalgalerie 32

Kopenhagens „Goldenes Zeitalter“

*Die Zeit zwischen 1800 und 1850 gilt in Kopenhagen als das „Goldene Zeitalter“. Damals **setzten Kunst und Kultur zu einem Höhenflug an** und die Stadt brachte überragende Persönlichkeiten wie den Märchendichter Hans Christian Andersen (1805–1875), den Philosophen Søren Kierkegaard (1813–1855), den Tänzer und Ballettmeister August Bournoville (1805–1879) und den Bildhauer Bertel Thorvaldsen (1770–1844) hervor.*

Nach den Verheerungen durch Stadtbrände in den letzten Jahrzehnten des 18. Jahrhunderts und Plünderungen der Engländer im Jahr 1807 erhielt Kopenhagen zu Beginn des 19. Jahrhunderts zudem ein neues Gesicht.

*Zu den wichtigsten **Bauwerken** aus dieser Zeit zählen die **Schlosskirche von Christiansborg** 5, zu der **Bertel Thorvaldsen** die Engelsfiguren in der Kuppel beigesteuert hat, und die imposante **Vor Frue Kirke** 22, deren Innenausstattung zu großen Teilen auf ihn zurückgeht. Wer sich intensiver für Leben und Werk des Bildhauers interessiert, für den ist der Besuch des Thorvaldsen Museums 6 auf Slotsholmen Pflicht. Auch das Hauptgebäude der Universität 21 stammt aus dieser Zeit und wurde 1836 von Peter Malling (1761–1865) erbaut. Die Statuen davor zeigen berühmte Absolventen wie den Philologen und Politiker Johan Nicolai Madvig (1804–1886), den Theologen Henrik Nicolai Clausen (1793–1877) und den Botaniker und Politiker Joachim Fredrik Schouw (1789–1852). Alle absolvierten ihr Studium im „Goldenen Zeitalter“.*

*Ein bedeutender **Maler** aus dieser Epoche ist **Christen Købke** (1810–1848), dessen Porträts, Landschafts- und Architekturbilder u. a. in der Dänischen Nationalgalerie (Statens Museum for Kunst) 32, der Hirschsprungschen Sammlung 33 und der Ny Carlsberg Glyptotek 2 zu sehen sind.*

*Die **Musik** des „Goldenen Zeitalters“ war leicht und spielerisch. Singspiele, historische Dramen und romantische Schauspiele bildeten das Repertoire der Theater. Besonders populär waren die Stücke von **Johan Ludvig Heiberg** (1791–1860). Seine Stücke waren die Publikumsmagneten am **Königlichen Theater** 15 von Christiansborg. Kein Wunder, dass Heiberg später auch zum Direktor eben dieses Theaters ernannt wurde. Zu seinen Bewunderern gehörte übrigens der junge Sören Kierkegaard, der so manchen Abend im Königlichen Theater verbrachte.*

*Ebenso populär war damals der Märchendichter **Hans Christian Andersen** – allerdings nicht als Schauspieler. Am Königlichen Theater hatte Andersen nämlich seinen einzigen und äußerst erfolglosen Versuch unternommen, als Schauspieler Fuß zu fassen.*

Als „achter Troll“ in einem Ballett erntete er nur wenig Beifall. Trotzdem gab Andersen nicht auf und bat die Ballerina Madame Shall darum, ein gutes Wort für ihn einzulegen. Die aber hielt ihn für verrückt und der Leiter des Theaters, bei dem er ebenfalls vorsprach, für „zu dünn fürs Theater“.

› **Georg Jensen Museum,** Verkaufsausstellung des bekannten Silberschmieds in einem seiner Geschäfte (s. S. 122), Tel. 33114080, Mo.–Fr. 10–18, Sa. 10–17 Uhr, So. 11–17 Uhr, freier Eintritt

37 [C3] **Schloss Rosenborg.** Im ehemaligen Sommerpalast von Christian IV. sind heute die Kronjuwelen des dänischen Königshauses ausgestellt (s. S. 58).

Ausgestellte Kuriositäten

M 38 [A5] **Ripley's Believe It or Not Museum/H. C. Andersen Experience,** Rådhuspladsen 57, Tel. 33323131, www.ripleys.dk, Mitte Juni–Ende Aug. tgl. 10–22 Uhr, Sept.–Mitte Juni tgl. 10–18 Uhr, Eintritt: „Believe it or not!" 135/85 dkr, „Hans Christian Andersen Experience" 65 dkr (Kinder 4–11 Jahre 45 dkr). Die einzelnen Ausstellungen lassen sich einzeln besuchen, es gibt aber auch Kombitickets (bis zu 260/160 dkr). Die konkreten Preise und Kombitickets finden sich auf der Website. Im Ripley's werden Merkwürdigkeiten und Kuriositäten ausgestellt: Ob das zweiköpfige Kalb oder der Brief auf dem Reiskorn – alles, was auch die „BILD" auf der Titelseite abdrucken würde, ist hier als Rekonstruktion zu sehen. Im selben Haus befindet sich die Hans Christian Andersen Experience. In liebevoll hergerichteten Kulissen erfährt man Interessantes über das Leben des Märchenautors und seine Werke. Für Kinder interessant sind vor allem die nachgestellten Szenen aus seinen Märchen. Dazu gibt es das **Guinness World Records Museum** und **The Mystic Exploratorie.**

Für Naturfreunde

34 [C2] **Naturhistorisches Museum.** Hier geht es um Dinosaurier, die Geologie Dänemarks und Grönlands sowie um jede Menge Mineralien und Meteoriten (s. S. 56).

Kopenhagen für Genießer

Die dänische Küche

Smørrebrød und Pølser – sobald man erfährt, dass die beiden größten Spezialitäten der dänischen Küche belegte Brote und Würstchen sind, stellt sich zuerst Ernüchterung ein. Ein **Smørrebrød** ist aber keine gewöhnliche Scheibe Brot, sondern eine mit allerlei Delikatessen kunstvoll belegte „Superschnitte". Wurst, Käse oder Fisch – auf ein richtiges Smørrebrød kann alles drauf, Hauptsache in üppigen Mengen und schön angerichtet.

Die Geschichtsschreibung – oder die Legende – datiert die **Entstehung** des Smørrebrød auf das 19. Jahrhundert: Viele Feldarbeiter benutzten ursprünglich Brot, um auch noch das kleinste Restchen ihrer Mittagsmahlzeit – die auch die Hauptmahlzeit des Tages war – vom Teller aufzuwischen. Allmählich ging man dazu über, die Mahlzeit gleich auf dem Brot zu platzieren. Eine andere Legende identifiziert das **Lokal von Oskar David-**

109kh ©kristina rütten, stock.adobe.com

Einfaches aufwendig arrangiert – die dänische Delikatesse Smørrebrød

sen als Entstehungsort – immerhin ist die Zeit, nämlich das 19. Jahrhundert, die gleiche. In seiner Kneipe war die Küche nämlich so klein, dass keine warmen Gerichte zubereitet werden konnten. Die findige Köchin fing deswegen an, Schnittchen zu streichen, und diese waren bald so populär, dass Davidsen fast 180 Variationen anbot. Seine Urenkelin Ida verkauft auch heute noch Smørrebrød – und hat die Angebotspalette auf 250 Kreationen erweitert. **Ida Davidsens** Brote sind ausgezeichnet. Im Frühjahr 2023 ist sie allerdings auf der Suche nach einem neuen Ladenlokal – wo die Reise hingeht, ist noch nicht klar (www.idadavidsen.dk).

Wer zwei oder drei der Schnittchen braucht, um satt zu werden, und dabei keinen Ärger mit der Geldbörse bekommen will, speist günstig bei Gitte Kik im **Slotskælderen**, gleich gegenüber vom Parlament. Naturgemäß trifft man hier auch viele Politiker und Parlamentsmitarbeiter, die ihre Mittagsmahlzeit einnehmen.

Smørrebrød-Spezialisten

› **Nyhavns Færgekro** (s. S. 113), vor allem für Heringsliebhaber

39 [F2] **Restaurant Lumskebugten,** Esplanaden 21, www.lumskebugten.dk

40 [E4] **Restaurant Sankt Annæ,** Sankt Annæ Plads 12, https://restaurantsankt annae.dk

› **Restaurant Schønnemann** (s. S. 115). Hier wird das Brot noch selbst gebacken.

41 [C5] **Slotskælderen,** Fortunstræde 4, www.slotskaelderen.dk

An den **Pølser** (Hotdog) scheiden sich die Geister: Man liebt oder man hasst sie. Leuchtend rot sehen sie aus, während sie ihr kurzes Leben eingeklemmt in einem pappigen Brötchen und verziert mit unendlich viel Senf oder Ketchup verbringen. Dazu gibt es süße Gurken und Röstzwiebeln. Wurstbuden, die Pølser feilbieten, stehen fast an jeder Ecke, eine der besten ist aber angeblich Basses Pølser am Nørrebros Runddel. Am meisten Betrieb ist hier mitten in der Nacht, wenn sich die Kneipenbummler für die lange Nacht stärken. Dass Fastfood nicht immer gleich schmeckt und sogar gesund sein kann, erlebt man am Öko-Hotdog-Stand neben dem Runden Turm **20**. Claus Christensen tut mit DØP (s. S. 114) viel zur Ehrenrettung des Pølser und serviert auch vegetarische Hotdogs.

Ohnehin liebt der Däne die **deftige Küche.** Hackfleischklößchen sind unter den Favoriten. Je nachdem, ob sie aus Schweine- oder Rindfleisch bestehen, heißen sie *Frikadeller* oder *Hakkebøf.* Gut, aber nicht gerade linienfreundlich ist *Flæskesteg* (Schweinebraten), der traditionell mit Rotkraut, *Rødkål,* gegessen wird. Das sieht man aber nicht mehr so eng und Kartoffeln jeder Art sind als Beilage genauso beliebt. Heringsbuffets werden in mehreren Restaurants der Hauptstadt angeboten. Ein sehr gutes

Gastro- und Nightlife-Areale
Bläulich hervorgehobene Bereiche in den Karten kennzeichnen Gebiete mit einem dichten Angebot an Restaurants, Bars, Clubs, Discos etc.

Geradlinig, nicht überfrachtet und mit besten lokalen Zutaten: die Neue Nordische Küche

und preisgünstiges gibt es im Nyhavns Færgekro (s. S. 113).

Als **Nachspeise** beliebt ist Rote Grütze mit Sahne, *Rødgrød med Fløde*, oder man bestellt ein *Wienerbrød*, ein Hefeteilchen, das es auch bei uns gibt ... allerdings unter dem Namen *Kopenhagener*. Die besten davon bekommt man angeblich in den Läden von REINH van HAUEN (s. S. 116).

Kransekage, der urtypisch dänische Marzipankuchen mit Mandeln, ist als klassische Nachspeise gefragt oder man verzehrt ihn zum Kaffee. Und noch ein Tipp für Naschkatzen: Das La Glace (s. S. 116), Dänemarks älteste Konditorei (seit 1870), besticht mit einer riesigen Kuchenauswahl.

Bei den **alkoholischen Getränken** ist **Bier** die Nummer eins, Carlsberg und Tuborg kennt man auch hierzulande. Wer im Winter in Kopenhagen ist, kann mit einem *Julebrygg*, einem besonders starken und süffigen Weihnachtsbier, die Kälte aus den Gliedern vertreiben. Auch **Hochprozentiges** ist beliebt. Der Magenbitter Gammel Dansk gehört sogar schon zum Frühstück mit dazu. Und als Verdauungshilfe nach schwerer Kost wird gern ein eisgekühlter Aquavit genommen. Schnaps in großer Auswahl bietet Told & Snaps (s. S. 116) in der Toldbogade 2.

Übrigens warten nur Touristen in Bars und Kneipen manchmal lange bis vergeblich auf einen Kellner oder eine Kellnerin: Kopenhagener wissen, dass man oft einfach **zum Tresen geht**, bestellt, bezahlt und sich mit dem Drink zum gemütlichen Verzehr wieder zurückzieht – oder gleich am Tresen stehenbleibt, wenn der Durchlauf erhöht werden soll.

Das **Leitungswasser** in Dänemark ist übrigens von bester Qualität und bedenkenlos trinkbar.

Manifest Neue Küche

Es begann 2004, als der Gastronomie-Unternehmer Claus Meyer gemeinsam mit dem Chefkoch René Redzepi in seinem Restaurant Noma das **Symposium Nordische Küche** plante. Bei der Vorbereitung formulierten einige der wichtigsten Küchenchefs Skandinaviens das **„Manifest Neue Küche“**. Für den Gastro-Sektor hatte das in etwa die gleiche Bedeutung wie das „Dogma“-Manifest des Filmemachers Lars von Trier für das Kino.

Was dabei herauskam, war die **Neue Nordische Küche**, die ihren Siegeszug durch den ernährungsbewussten Teil der Welt antrat. Das Rezept ist dabei simpel: Statt sich Trends und Zutaten überall in der Welt abzuschauen und so eine irgendwie international geprägte skandinavische Küche „zusammenzuschustern“, besannen sich die Gastronomen auf die **Produkte aus ihrer Heimat:** frisches Gemüse der Saison, vor Ort gefangener Fisch und im eigenen Land erzeugtes Fleisch – alles bio, nachhaltig und lokal.

199kh ©Aynia, stock.adobe.com

Mit besten Zutaten also und mit viel Fantasie begaben sich Spitzen- wie „Allerwelts"-Köche daran, die Neue Nordische Küche zu zelebrieren und in der Reihe der großen Küchen der Welt zu etablieren. Alljährlich wird das mit einem gigantischen Festival gefeiert, der Copenhagen Cooking.

Copenhagen Cooking

Wer einen genussreichen Einblick in die Neue Nordische Küche erhalten will, sollte unbedingt im August nach Kopenhagen reisen, wenn Zehntausende Besucher auf einem Festival die Neue Nordische Küche feiern.

Wohin ausgehen?

In Kopenhagen gibt es mehrere Ausgehviertel. ***Nyhavn*** *17, der einstige Rotlichtbezirk, ist seit Jahren ein beliebter Treffpunkt. Hier sitzt man im Sommer in der Sonne am Kanal und trinkt gemütlich sein Bier. Obwohl sich hier Restaurant an Restaurant reiht, ist es gerade an sonnigen Tagen nicht ganz einfach, einen Tisch zu ergattern. Der* ***Gråbrødretorv*** *24 ist einer der schönsten Plätze der Stadt und von Bürgerhäusern aus dem 18. und 19. Jh. umrahmt.*

In den hochklassigen Restaurants am ***Gammel Strand*** *[C5] verkehrt eine Klientel mit einem etwas dickeren Geldbeutel. Die Jugend zieht es dagegen in die zahlreichen Cafés in der Gegend um den* ***Kongens Nytorv*** *14, wo man auch zahlreiche typische Touristenrestaurants findet. Auf eine Mischung aus alternativer Kneipenkultur und hochklassigen und -preisigen Restaurants stößt man in* ***Nørrebro,*** *dort u. a. in der Elmegade. Eher alternativ geht es auch in* ***Vesterbro*** *zu. In* ***Christianshavn*** *gibt es in* ***Christiania*** *41 einige Kneipen und Lokale. Beliebt ist aber auch die Gegend um die Straßen Overgaden neden Vandet und Wildersgade.*

200kh-rk

Dem **Copenhagen Cooking & Food Festival** kann man gar nicht entgehen, denn gut **zehn Tage lang** werden in zahllosen Lokalen und an anderen Orten kulinarische Abenteuer, noble Speisen, Schätze der See, Essen für Kids, Kochworkshops oder gar die „Grüne Revolution" zelebriert.

Jede Menge Sonder- und **Spezialangebote** verführen zum Probieren, einige der mit einem Guide-Michelin-Stern ausgezeichneten Restaurants bieten auch für den Normalbürger bezahlbare Dinner. Es gibt unter anderem Austern-Safaris, Schokoladen-Lunches und Unterwasser-Guerilla-Mahlzeiten.

Die Eröffnung ist stets pompös und findet mit königlicher Beteiligung statt: Prinzessin Marie von Dänemark ist Schirmherrin der Veranstaltung.

› Weitere Infos unter: www.copenhagencooking.dk

Empfehlenswerte Restaurants

42 [H1] **Alchemist** €€€, Refshalevej 173C, https://alchemist.dk, 50-Gänge-Menü 4400 dkr ohne, 6000 dkr mit Weinbegleitung. Wer bei Chefkoch Munks außergewöhnlichen Essensinszenierungen dabei sein will, muss vorbestellen. Eine Warteliste von mehreren Monaten ist normal.

43 [F4] **Almanak i Operaen** €€€, Tel. 28345644, https://almanakioperaen.dk, Di.–So. 17.30–24 Uhr. Das Restaurant bietet einen spektakulären Blick übers Wasser, aber ebenso spektakulär sind die Mahlzeiten, die sich an der Neuen Nordischen Küche orientieren. Der Gedanke der Nachhaltigkeit spielt im Almanak eine Hauptrolle. Will man nach dem Dinner eine Vorstellung im Opernhaus 43 besuchen, muss vorher gebucht werden, damit man in Ruhe speisen kann.

Am Nyhavn 17 reiht sich ein Terrassenrestaurant an das andere

Preiskategorien

Die angegebenen Preiskategorien beziehen sich auf ein Hauptgericht ohne Getränke:

€	unter 130 dkr
€€	130–230 dkr
€€€	über 230 dkr

44 [D6] **Asador** €€, Overgaden neden Vandet 17, Tel. 32545408, www.asador.dk, geöffnet Di.–So. 17.30–23/24 Uhr, die Küche schließt um 21.30, Fr. und Sa. um 22 Uhr. Direkt am Kanal gelegen, bietet das Asador argentinische Steaks. Auch auf der Weinkarte werden ausschließlich südamerikanische Tropfen angeboten.

45 [an] **Bjælkehuset** €, Valby Langgade 2, Tel. 36303596, https://bjaelke-huset.dk. Gemütliches Ausflugsrestaurant in den Søndermarken beim Schlosspark von Fredriksberg. Im Sommer sitzt man draußen im Biergarten. Beliebt und bekannt wegen der großen Auswahl an unterschiedlichen Smørrebrødsorten.

46 [E6] **Café Wilder** €€, Wildersgade 56, Tel. 32547183, www.cafewilder.dk, Mo.–Do. 11.30–23, Fr., Sa. 11.30–24, So. 11.30–22.30 Uhr. Alteingesessenes Restaurant mit kleiner, feiner Speisenauswahl. Der Kaffee gilt als der beste im Viertel. Ein bekannter Hingucker ist das großformatige Bild „Dame mit Flaschen" von Lars Helweg.

47 [E6] **Christianshavns Færgecafé** €€, Strandgade 50, Tel. 32544624, tägl. 11.30–15.30 sowie Mo.–Do. 17.30–21, Fr., Sa. 17.30–22, So. 11.30–20 Uhr. Das Restaurant bietet traditionelle dänische Kü-

202kh-rk

che zu moderaten Preisen. Schöne Lage am Wilders Kanal.

48 [dm] **Cofoco** €€, Abel Cathrines Gade 7, Tel. 33136060, www.cofoco.dk, tgl. 17.30–24 Uhr (Essensbestellung bis 21.15 Uhr). Man sitzt an langen Tischen und wählt zwischen nur zwei oder drei Hauptgerichten, die aber allesamt ausgezeichnet sind. Der Service ist freundlich und das Preis-Leistungs-Verhältnis ist sehr anständig.

49 [bi] **Friheden** €, Esromgade 15, www.frihedenkbh.dk, tägl von 9 Uhr bis spät. Eine offizielle Adresse gibt es laut Eigenaussage nicht: „Im Herzen von Nørrebro, hinter der Skaterbahn und dem Fahrradweg, der von der Hillerødgade zum Roten Platz führt" – das sagt schon vieles über das Restaurant aus. Man ist unangepasst, unkonventionell und alternativ. In einem umgebauten Container oder davor mit Blick auf die Skater sitzen vor allem Junge und Junggebliebene. Das Frühstück ist legendär und wird den ganzen Tag serviert. Für Kopenhagener Verhältnisse ist das Essen relativ günstig, dafür muss man an der Theke bestellen.

50 [D5] **Kong Hans Kælder** €€€, Vingårdstræde 6, Tel. 33116868, www.konghans.dk. Das Gourmetrestaurant, das zwei Michelin-Sterne führt, ist im ältesten Gebäude der Stadt untergebracht. Tischreservierung obligatorisch.

51 [G4] **Kontiki** €€, Takkelloftvej 1z, Tel. 40509048, www.kontikibar.dk. Schiffsrestaurant hinter der Oper, das sich perfekt für einen Sundowner oder zwischen 11 und 16 Uhr fürs Sommerfrühstück an Deck anbietet.

52 [dn] **Kødbyens Fiskebar** €€-€€€, Flæsketorvet 100, http://fiskebaren.dk, So.–Do. 13.30–24, Fr., Sa. 11.30–1 Uhr, Küche schließt um 23 Uhr. Ein Paradies für Freunde von Fisch und Meeresfrüchten. Sehr gute Auswahl an Naturweinen. Inhaber Anders Selmer war früher Sommelier im berühmten Noma (s. u.).

53 [H2] **La Banchina** €€-€€€, Refshalevej 142, www.labanchina.dk. Menü in Verbindung mit Saunagang (1:45 Std., 400 dkr) nur nach Reservierung, aber auch normaler Restaurantbetrieb.

54 **Noma** €€€, Refshalevej 96, www.noma.dk, Di.–Sa. 17–23 Uhr. Der strahlendste Stern an Kopenhagens Gourmethimmel. Das Noma wurde mehrfach vom britischen „Restaurant Magazine" zum besten Restaurant der Welt gekürt und trägt drei Michelin-Sterne. Nach ein paar Gastspielen in anderen Städten weltweit, während derer in Kopenhagen nicht gekocht wurde, hat das Restaurant 2018 in der Nähe von Christiania wiedereröffnet – mit verändertem Konzept. Das Jahr wird in drei Saisons eingeteilt: skandinavische Fischgerichte im Winter und Frühjahr, Gemüse ab frühem Sommer bis frühen Herbst und die Wild- und Waldsaison von

Christianshavns Færgecafé (s. S. 111) ist abends atmosphärisch illuminiert

Frühherbst bis Januar. Ein Menü kostet ohne Getränke 3000 bis 3500 dkr (also rund 400 bis 470 €). Buchungen sind ausschließlich online auf der Website möglich, Gourmets müssen sich auf teils monatelange Wartezeiten einstellen. **Ende 2024 schließt das Noma endgültig**, die Macher wollen in Zukunft ein experimentelles Küchenlabor betreiben – letzte Chance also, dieses Spitzenlokal noch einmal zu besuchen!

55 [D4] **Nyhavns Færgekro** €€, Nyhavn 6, Tel. 33151588, www.nyhavnsfaergekro.dk, So.–Do. 11–22, Fr., Sa. bis 23 Uhr. Eines der preisgünstigeren Restaurants am malerischen Nyhavn, Spezialitäten des Hauses sind Smørrebrød und das Heringsbuffet.

Sterne über Kopenhagen

Kopenhagen kann gut und gerne als Nordeuropas **kulinarische Metropole** bezeichnet werden. Mit derzeit 15 Sternerestaurants (mit insgesamt 24 Sternen, darunter mit dem Noma und dem Geranium sogar zwei Restaurants, die gleich drei Michelin-Sterne haben) auf der Liste des renommierten Guide Michelin liegt die dänische Hauptstadt weit vor den meisten anderen europäischen Hauptstädten – das Noma ist für viele Fachleute das beste Restaurant der Welt.

Wer in seinem Reisebudget die entsprechenden Summen für kulinarische Erlebnisse eingeplant hat, kann unter diesen Sternerestaurants wählen:

› **Alchemist** (s. S. 111)

56 **Alouette** €€€, Sturlasgade 14P, Tel. 31676606, www.restaurantalouette.dk, geradlinige Küche mit regionalen Zutaten

57 [bm] **Formel B** €€€, Frederiksberg, Vesterbrogade 182, Tel. 33251066, https://formelfamily.dk, moderne Küche, liebevoll inszeniert

58 [ck] **Jatak** €€€, Rantzausgade 39, Tel. 31314899, www.jatakcph.com, asiatische Küche

59 **Jordnær** €€€, Gentoftegade 29, 2820 Gentofte Kommune, Tel. 22408020, https://restaurantjordnaer.dk, Fisch und Meeresfrüchte, vom Küchenchef handverlesen

60 [D7] **Kadeau** €€€, Wildersgade 10b, Tel. 33252223, https.//kadeau.dk, Kombination von frischen Zutaten mit Konserviertem und Fermentiertem

61 [dj] **Kiin Kiin** €€€, Guldbergsgade 21, Tel. 35357555, www.kiin.dk, Thai-Küche aus frischen, lokalen Zutaten

62 [D2] **Kokkeriet** €€€, Kronprinsessegade 64, Tel. 33152777, www.kokkeriet.dk, auf Basis klassischer dänischer Küche

› **Kong Hans Kælder** €€€ (s. S. 112), französische Küche mit nordischem Einschlag

› **Marchal** €€€, Hotel D'Angleterre (s. S. 164), Tel. 33120095, www.dangleterre.com/da/dining/marchal, französische Küche

› **Noma** (s. S. 112)

63 [D3] **Restaurant a | o | c aarø & co.** €€€, Dronningens Tværgade 2, Tel. 33111145, www.restaurantaoc.dk, auf Basis klassischer dänischer Küche

64 [ei] **Restaurant Geranium** €€€, Per Henrik Lings Allé 4, Tel. 69960020, www.geranium.dk, moderne Küche mit Augenmerk auf Bio-Zutaten

65 **Søllerød Kro** €€€, Søllerødvej 35, Holte, Tel. 45802505, www.soelleroed-kro.dk, klassische Küche, modern präsentiert

66 **The Samuel** €€€, Hellerupvej 40, Tel. 21178556, www.thesamuel.dk, klar und einfach präsentierte kreative Küche

204kh-rk

EXTRATIPP

Gesund, bio, vegetarisch

Kopenhagen-Besucher, die sich vorzugsweise biologisch gesund bzw. ökologisch ernähren, Vegetarier sind oder sogar Veganer, finden in der Stadt eine Vielzahl entsprechender Restaurants und Cafés. Eine kleine Auswahl:

70 [C4] **42 Raw** €-€€, Pilestræde 32, www.42raw.com. Alles roh, aber sehr lecker. Hier gibt es auch veganes Essen. Vitamine und Enzyme pur.

71 [dn] **BOB – Biomio Organic Bistro** €€, Halmtorvet 19, https://bistrobosch.dk. „Organic Restaurant" in Vesterbro. Zu erkennen an der riesigen BOSCH-Reklame am Gebäude.

72 [D4] **Cap Horn** €€, Nyhavn 21, www.caphorn.dk. Das älteste Bio-Restaurant der Stadt, gediegen, nicht billig.

73 [D3] **CHÈ FÈ Biotrattoria** €€, Borgergade 17A, www.chefe.dk. Ausgestattet mit dem Goldenen Ökolabel, kocht der Chef im Ché Fè norditalienisch und mit ausgewählten italienischen Produkten.

74 [B4] **DØP (1)**, Økologisk Pølsevogn, Kobmagergade, am Runden Turm, www.døp.dk. Bio-Hotdogs, auch vegetarisch. Unbedingt probieren! Weitere Filiale:

75 [B5] **DØP (2)**, vor der Heilig-Geist-Kirche 25

76 [A3] **Kalaset** €-€€, Vendersgade 16, https://kalaset.dk. „Organic breakfast" den ganzen Tag. Burger und anderes Hausgemachtes gibt's für Freunde der fleischhaltigen wie der rein pflanzlichen Küche.

67 [H1] **Oens Have** €€€, Refshalevej 157, www.oenshave.dk, nur Do.–So. geöffnet. Hier speist man in einer großen Jurte, u. a. kommt Gemüse auf den Teller, das direkt vor dem Restaurant angebaut wird. Vegetarier finden hier eine breite Speisenauswahl. Ein Internetrezensent beschrieb Oens Have sehr passend mit folgenden Worten: „Vielleicht das beste Non-Fine-Dining-Restaurant in Kopenhagen".

68 [dj] **Omar** €€, Refnæsgade 32, Tel. 27515257, www.restaurantomar.dk, tgl. ab 12 Uhr. Angesagtes Restaurant und Musikbar in einem. Auf der Speisekarte fühlen sich vor allem Fischliebhaber und Vegetarier wohl. Wer Wein mag, findet eine große Auswahl – besonders bekannt ist das Restaurant für seine Naturweine. Reservierung ist empfohlen, an der Bar serviert man aber auch ohne Vorbestellung. Musikalisch dreht sich alles um Hip-Hop.

69 [dk] **Ranee's** €€, Blågårds Plads 10, Tel. 3536 8505, https://ranees.dk. Ranee heißt die thailändische Besitzerin, die seit fast 20

Burger im Dänenstyle, serviert auf dem Street Food Market auf Reffen

Jahren hier ausgezeichnete Küche bietet. Inzwischen hat sich das Restaurant als Treffpunkt im „Kiez" etabliert.

77 [H1] **Reffen – Copenhagen Street Food** €€, Refshalevej 167A, https://reffen.dk, nur im Sommer geöffnet, in der Nebensaison ist der Markt geschlossen, an einigen Ständen geht der Verkauf aber trotzdem weiter. Von Momos aus Nepal über Couscous aus Marokko bis zum Nordic Hotdog – man bekommt nahezu alles, was sich der Gaumen wünscht.

78 [B5] **Restaurant & Cafe Nytorv** €€, Nytorv 15, Tel. 33117706, www.nytorv.dk, tgl. 9–23 Uhr (Küche bis 22 Uhr). Zu jeder Tageszeit gibt es in dem über 150 Jahre alten Traditionslokal typisch dänische Gerichte. Bei schönem Wetter werden Tische und Stühle nach draußen auf den Platz gestellt.

79 [E6] **Restaurant Kanalen** €-€€, Wilders Plads 2, Tel. 32951330, www.restaurant-kanalen.dk, Mo.–Sa. 11.30–2 Uhr (Küche bis 22 Uhr). Das Restaurant ist in einem alten Bootsschuppen untergebacht und bietet dänische Küche mit mediterranem Einschlag. Im Sommer kann man draußen in der Sonne sitzen und sich im Winter gemütlich am offenen Kamin wärmen. Das Restaurant verfügt sogar über einen eigenen Bootsanleger für Gäste.

80 [B4] **Restaurant Peder Oxe** €€-€€€, Gråbrødretorv 11, Tel. 33110077, www.pederoxe.dk. Traditionelles Smørrebrød am Mittag, französisch inspirierte Küche am Abend. Edel geht es in Peder Oxes Weinkeller zu.

81 [C4] **Restaurant Pilekælderen** €, Pilestræde 48, Tel. 33330026, www.pilekaelderen.dk, Mo.–Sa. 11.30–17 Uhr. Recht preisgünstiges, traditionelles Lunchrestaurant in zentraler Lage mit einer großen Auswahl an Smørrebrød.

82 [B4] **Restaurant Schønnemann** €€, Hauser Plads 16, Tel. 33120785, www.restau

EXTRATIPP

Universal-Location in ehemaliger Kirche

Restaurant, Café, Wohnzimmer, Co-Working-Space, Sporthalle, Nachbarschaftstreff ... Das Folkhuset Absalon ist alles davon – und einer der spannendsten Orte in Kopenhagen. Nach dem Frühstück kann man einfach bleiben und den Tag in der **umgebauten Kirche** verbringen. Unten im ehemaligen Kirchenraum sitzt man an langen Tischen, oben auf der Empore in kleinen Nischen. Jeden Abend um 18 Uhr wird gemeinsam gegessen (immer vegetarisch), alle bedienen sich aus einem Topf. Das Gespräch mit dem Nachbarn ist dabei ebenso wichtig wie das Essen selbst. Sonntags bis donnerstags zahlt man preisgünstige 50 dkr (Tickets online bis 16 Uhr, Resttickets ab 17 Uhr am Tresen), freitags und samstags wird aufwendiger gekocht, dann stehen 100 dkr auf der Rechnung. Jede Woche werden 60 Veranstaltungen organisiert – angefangen vom Tischtennisturnier oder gemeinsamen Kartenspiel bis zu Theateraufführungen und Konzerten.

•**83** [cn] **Folkehuset Absalon,** Sønder Blvd. 73, https://absaloncph.dk, ab 7.30 Uhr bis spät

208kh-rk

rantschonnemann.dk, 11.30–17 Uhr, So. geschlossen. Traditionelles Restaurant, gegründet im Jahre 1877, in dem der Fußboden ganz rustikal mit Sand ausgestreut ist. Es gibt mehr als 90 Sorten Aquavit.

84 [D7] **Sofiekælderen** €€, Overgaden oven Vandet 32/Sofiegade 1, Tel. 32577701, www.sofiekaelderen.dk, Di., Mi. 14–23, Do. 14–24, Fr., Sa. 13–3 Uhr, Küche schließt um 17.30 Uhr. Den Sofiekælderen kennen die meisten Kopenhagener noch als Kiezkneipe. Inzwischen ist daraus aber ein Restaurant geworden. Bierfreunde kommen jedoch nach wie vor auf ihre Kosten, denn es werden 26 ausländische Biersorten angeboten und am Wochenende kann man diese mit Musikbegleitung genießen. Dann spielen nämlich Livebands oder es legen stadtbekannte DJs auf. Vor allem jüngeres Publikum findet hierhin.

85 [E4] **Told & Snaps** €€, Toldbodgade 2, Tel. 33938385, www.toldogsnaps.dk, So.–Do. 11.30–16, Fr., Sa. 11.30–17 Uhr. Gemütliches Kellerrestaurant, das regelmäßig unter die besten Restaurants der Stadt gewählt wird. „Snaps" heißt auf Deutsch „Schnaps" – und genau dieses Getränk spielt denn auch auf der Karte eine wichtige Rolle.

Cafés

86 [E6] **Bådudlejning og café,** Overgaden neden Vandet 29, Tel. 32965353, www.baadudlejningen.dk, tgl. 11.30–23.30 Uhr. Klasse Lage am Kanal, hier kann man beim Kaffee oder Bier den Schiffen zusehen. Wen dann die Lust auf eine Wasserfahrt packt, der kann sich gleich ein Boot ausleihen. Bootsverleih und Café nur im Sommer geöffnet.

87 [B5] **La Glace,** Skoubogade 3, https://laglace.dk. In fünfter Generation und immer am selben Platz ist La Glace eine Kopenhagener Institution. Man ist stolz darauf, die laut Eigenaussage größte Kuchenauswahl der Stadt für die Kunden vorzuhalten.

88 [D3] **REINH van HAUEN,** Store Kongensgade 45, Tel. 38800800, https://rvh.dk, Mo.–Do. 7–18, Fr. 7–18.30, Sa., So. 7–17 Uhr, weitere Filialen in Fredriksberg. Die Traditionsbäckerei ist bekannt für ihr Wienerbrød. In vierter Generation bereitet man hier verführerisch süßes Gebäck.

89 [cj] **Rondo** ✿, Sjællandsgade 7, Tel. 55550990, https://rondo.ooo, geöffnet Di.–So. Die Mischung aus Bäckerei und Café wurde in einem Artikel des Time-Out-Magazins, in dem Nørrebro zum coolsten Stadtviertel der Welt gekürt wurde, als der perfekte Ort beschrieben, um den Tag mit einem Croissant zu beginnen. Seitdem hat das Rondo einen gewissen Kultstatus. Hier ist alles öko, außerdem hat man sich mit den Backwaren aus Sauerteig einen Namen gemacht. Im Sommer sitzt man an Tischchen draußen auf dem Gehweg und lässt das Kopenhagener Stadtleben an sich vorbeiziehen. Wem es im Rondo gefällt, der mag vielleicht die Weinbar Gaarden og Gaden (s. S. 118) gleich um die Ecke besuchen, die gehört nämlich dem gleichen Besitzer.

90 [D6] **The Packhouse** €, Overgaden Neden Vandet 19A, Tel. 93100075, http://thepackhouse.dk. Tagescafé mit ausgezeichnetem Frühstück/Brunch und selbstgebackenem Brot. Man bestellt drinnen am Tresen und setzt sich – so es das Wetter zulässt – dann draußen am Kanal an die Tische.

▷ *Die Kanalstraße Overgaden Neden Vandet [D7–E6] in Christianshavn ist ein beliebtes Ausgehareal*

203kh-rk

Kopenhagen am Abend

Im Zentrum rund um **Nyhavn** (s. S. 35) und in **Christianshavn** (s. S. 60) konnte man schon immer die Nächte zum Tag werden lassen. In den vergangenen Jahren haben sich aber **Vesterbro** (s. S. 70) – vor allem in der Gegend des Meatpacking District 46 – und **Nørrebro** (s. S. 74) zu den In-Spots des Nachtlebens entwickelt. Und auch auf **Refshaleøen** 44 sind inzwischen viele spannende Bars zu finden. Offenbar gefällt den Kopenhagenern auch die Kombination aus Ausgehen und Wasser ganz ausgezeichnet. Denn sowohl in der Nähe des **Inderhavnen** [E5] als auch entlang der vielen **Kanäle** liegen auffällig viele Bars und Kneipen.

Smoker's Guide

In allen öffentlichen Einrichtungen, Restaurants und Kneipen mit einer Größe von 40 m² oder mehr ist das Rauchen verboten. Kleinere Lokale können weiterhin als Raucherkneipe betrieben werden.

Bars und Kneipen

91 [dk] **Bar Vivant,** Elmegade 4, www.barvivant.dk, Di.–Sa. geöffnet. Kleine Weinbar mit guter Auswahl an Naturweinen und leckeren Imbissen. Der Espresso ist ausgezeichnet. Im Sommer kann man auch draußen sitzen.

92 [ci] **Cafe Heimdal,** Heimdalsgade 17, Tel. 35830661. Gentrifizierung? Hier nicht! Im Heimdal, wo Johnny und Tine ihre Gäste begrüßen, treffen sich die Bewohner des Viertels. Am Morgen kommen die Älteren und Alten, gern schon aufs erste Bier. In der Mittagspause alle die, die in der Nachbarschaft arbeiten, und abends treffen sich dann die Nachbarn zum Plausch über die Geschehnisse in der Welt und im Viertel. Kleine Happen kann man auch essen, deswegen kommt aber keiner hierher. Schon eher, weil das

Heimdal vermutlich die niedrigsten Bierpreise der Stadt hat. Wer Lust hat, spielt Billard oder Dart. An Matchtagen sitzt man gemeinsam zum Fußballschauen vor dem TV.

93 [F6] **Café Høvlen,** Prinsessegade 77a, Tel. 32542170, geöffnet 12–24 Uhr. Wirtshaus in altem Stil, dem man ansieht, dass es schon einige (unrenovierte) Jahre auf dem Buckel hat. Doch das macht genau seinen Reiz aus. Literaturfreunde kennen es aus Peter Høegs „Fräulein Smillas Gespür für Schnee". Trotz dieser „Berühmtheit" blieben die Einheimischen hier bisher unter sich.

94 [E6] **Eiffel Bar,** Wildersgade 58, Tel. 32577092, www.eiffelbar.dk, tgl. 12–2 Uhr. Christianshavns älteste Kneipe. Touristen findet man hier kaum, dafür aber Studenten, Künstler und Christianiter, wie sich die Besetzer von Christiania selbst nennen. Eine nette Geschichte am Rande: Die jetzigen Pächter übernahmen das Lokal an ihrem Hochzeitstag, dem 18.9.2001. Wer an diesem Septembertag in Kopenhagen ist, kann gerne zum Gratulieren vorbeischauen.

95 [E6] **Fingerbøllet,** Wildersgade 39, www.fingerboellet.dk, Tel. 32546717, bis 2 Uhr. Hier trifft man sich auf ein Bier oder zum Billardspielen. Abends wird Livemusik geboten oder man fiebert vor der Großbildleinwand bei Fußballspielen mit. Sehr spartanische Einrichtung, doch gerade das macht die Kneipe aus.

96 [dj] **Gaarden og Gaden** €€€, Nørrebrogade 88, https://gaaga.dk. Jeden Abend wird ein anderes Menü für 375 dkr serviert. Alles wird quer über den Tisch geteilt. Auch hier schließt man sich dem neuen Trend in Richtung Naturwein an – die Auswahl ist beträchtlich.

97 [G1] **Mikkeller Baghaven,** Refshalevej 169B, https://mikkeller.com/locations/mikkeller-baghaven. Coole Location in einer alten Fabrikhalle, große Getränkeauswahl.

98 [dk] **Nørrebro Bryghus,** Ryesgade 3, Tel. 35300530, https://noerrebrobryghus.dk, Di., Mi. 12–22, Do.–Sa. 12–24 Uhr. Mikrobrauerei, in der das Bier vor den Augen der Gäste gebraut wird. Dabei kommen meist sehr schmackhafte Kreationen heraus, manchmal aber auch Gewöhnungsbedürftiges wie das Kaffeebier. Bierliebhaber bestellen gleich das „Ølmenu", das aus drei bis zehn Gläsern besteht und auf das ein Mengenrabatt gewährt wird. Das Essen ist exzellent, allerdings nicht ganz billig.

99 [dk] **Ølbaren,** Elmegade 2, Tel. 35354534, ww.oelbaren.dk, Mo.–Mi. 16–1 Uhr, Do. bis 2 Uhr, Fr., Sa. 14–2 Uhr, So. 14–23 Uhr. Hier ist der Name Programm. In der „Bierbar", in der es meist gequetschtgemütlich zugeht, hat man eine große Auswahl an Gerstensaft. Egal ob aus Deutschland, Australien, Belgien oder den USA – das Bierangebot umspannt die Welt. Bei den dänischen Bieren bestellt man am besten ein Sortiment und probiert alles durch.

100 [dj] **Sebastopol,** Skt. Hans Torv 32, Tel. 35363002, www.sebastopol.dk, Mo.–Sa. 10–24, So. 10–22 Uhr. Die Küche schließt um 21.30/22, So. um 21 Uhr. Das Restaurant/Café im Pariser Stil ist beliebt zum Frühstück und Brunch. Die Plätze draußen am Platz sind im Sommer schnell besetzt. Nach dem Abendessen verwandelt sich das Restaurant in eine Bar, in der man gern noch ein Bier nach dem Kino- oder Theaterbesuch trinkt. Kleine Karte, faire Preise. Die Weinkarte ist umfangreich, die Preise sind es auch.

101 [C5] **The Bird & The Churchkey,** Gammel Strand 44, Tel. 55255084, www.thebird.dk, Di.–Do. 16–2, Fr., Sa. ab 14 Uhr. Die Bar, in der man auf Hockern sitzen oder in Ledersesseln versinken kann, erinnert an einen Londoner Pub. Gin und Bier sind die Spezialitäten des Hauses.

Clubs und Livemusik

Die Jazzszene in Kopenhagen ist legendär. Schon in den 1960er- und 1970er-Jahren hatte Kopenhagen den Ruf einer internationalen Jazzhauptstadt.

Das **Kopenhagen Jazzfestival** (www.jazz.dk) zieht jedes Jahr von Anfang bis Mitte Juli ein großes Publikum von Jazzenthusiasten an, denn dann finden mehr als 500 Konzerte in allen Jazzgenres und über die gesamte Stadt verstreut statt.

102 [dk] **Blågårds Kirke,** Blagards Plads 6A, www.koncertkirken.dk. Die ehemalige Kirche ist wegen ihrer erstklassigen Akustik heute ein vielgebuchter Konzertsaal.

103 [B6] **Club Mambo,** Vester Voldgade 85, Tel. 33119766, www.clubmambo.dk. Lounge, Cocktailbar, Tanzschule und Club, wo man die Hüften vor allem zu Salsarhythmen schwingen kann.

104 **Forbrændingen,** Vognporten 11, Albertslund, Tel. 43625043, www.forbraendingen.dk. Konzerthalle, etwas außerhalb gelegen.

105 [dk] **Kind of Blue,** Ravnsborggade 17, Tel. 31999954, www.kindofblue.dk, Mo.–Do. 16–24, Fr., Sa. 16–2 Uhr. Blues und Bier – was will man mehr? Dafür, dass man nicht dauernd den Blues kriegt, sorgen die netten Bedienungen in der kleinen Bar und das (nicht tägliche, aber auch nicht alltägliche) Liveprogramm.

106 [B5] **La Fontaine,** Kompagnistræde 11, Tel. 33116098, www.lafontaine.dk. Ältester Jazzclub in Kopenhagen mit umfassendem Konzertprogramm. Am ersten Montag im Monat können auch Neulinge (nach Anmeldung) auftreten.

107 [F6] **Loppen,** Sydomradet 4B in Christiania, Tel. 32578422, www.loppen.dk. Veranstaltungszentrum mit Kneipe in Christiania.

108 [B5] **Mojo Blues-Bar,** Løngangsstræde 21c, Tel. 33116453, www.mojo.dk. Der Name ist Programm: stadtbekannte Blueskneipe.

109 [A5] **Pumpehuset,** Studiestræde 52, www.pumpehuset.dk. Veranstaltungszentrum, in dem regelmäßig Konzerte stattfinden.

110 [dj] **Rust,** Guldbergsgade 8, Tel. 35245200, www.rust.dk, Fr., Sa. 23–4, Mi., Do. nur gelegentlich geöffnet. Livebands und stadtbekannte DJs sind hier regelmäßig zu Gast. Das musikalische Spektrum reicht von Indie über Rap zu Dancehall und Rock.

› **Sofiekælderen** (s. S. 116)

111 [cn] **Vega,** Enghavevej 40, www.vega.dk, Tel. 33257011. Das Vega gilt als der beste Club der Stadt. Auf drei Stockwerken wird

197kh ©badahos, stock.adobe.com

Das Opernhaus (s. S. 120) – große Kunst direkt am Wasser

getanzt, was das Zeug hält. Regelmäßig finden Konzerte statt. Man sollte sich nicht vom Äußeren abschrecken lassen, denn die Location sieht aus wie ein Plattenbau.

Theater

112 [bn] **Dansehallerne,** Pasteursvej 20, Tel. 33888000, www.dansehallerne.dk, Tanztheater.

113 [dm] **Det Ny Teater,** Gammel Kongevej 29, Tel. 33255075, https://detnyteater.dk. Musicalbühne, konventionelle und publikumsträchtige Aufführungen. 1908 erbaut, zählt es zu den größten Theatern Dänemarks.

114 [A4] **Folketeatret,** Nørregade 39, Tel. 70272272, www.folketeatret.dk. Populäres und Volkstümliches kommt hier auf die Bühne.

115 [A6] **Glassalen,** Vesterbrogade 3, Tel. 33151001, www.tivoli.dk. Diese Bühne im Tivoli 1 bietet populäres (Musik-)Theater, das die Lachmuskeln strapaziert.

15 [D4] **Königliches Theater – Det Kongelige Teater.** Ältestes und wichtigstes Theater der Stadt für Schauspiel, Oper und Ballett (s. S. 34).

116 **Københavns Musikteater,** Emblasgade 175, Tel. 33323830, www.kobenhavnsmusikteater.dk. Modernes Musiktheater mit diskussionsweckenden Aufführungen.

43 [F4] **Opernhaus.** Hier werden bekannte Opern-, Ballett- und Konzertklassiker gegeben, es gibt aber auch kleine, offene Events wie „Ballet Yoga“ und „Morning Dance“ für jedermann (s. S. 65).

117 **Østre Gasværk,** Morten Grunwalds Plads 1, Tel. 70272272, www.gasvaerket.dk. Musiktheater abseits des Mainstream in einem alten Gaswerk, das einst von Martin Nyrup (1849–1921) erbaut wurde, der auch Architekt des Kopenhagener Rathauses war.

Kopenhagen zum Stöbern und Shoppen

Minimalistisches, Teures und Trendiges, aber auch Altes und Günstiges findet sich in ganz Kopenhagen.

Strøget 18 ist eine der längsten Fußgängerzonen Europas und das Herz des Kopenhagener Einkaufslebens. Sie erstreckt sich vom Rathausplatz bis zum **Kongens Nytorv** 14 und misst, alle Nebenstraßen mit eingerechnet, mehr als drei Kilometer. Am oberen Ende der Einkaufszone, in der Nähe des Rathausplatzes, liegen die eher günstigen Geschäfte, während man im weiteren Verlauf mehr und mehr Designerläden findet.

Parallel zur Strøget verläuft eine weitere, aber kleinere Fußgängerzone. Die Kompagnistræde und die Læderstræde sind als **Strædet** bekannt. Hier findet man kleine Boutiquen, Porzellan- und Silberläden und Buchläden.

In der **Nørre Voldgade** und der **Nørregade** liegen Boutiquen, die den „unabhängigen“ Geschmack bedienen, und einige gut sortierte Plattenläden.

Die **Kronprinsensgade** zieht Kunden mit etwas dickerer Geldbörse an, denn hier findet man die bekanntesten Designerläden der Stadt. Modische Designerkleidung wird auch in der **Grønnegade** verkauft. Billiges sucht man dort zwar vergebens, im Vergleich zur Kron-

Shoppingareale

Die wichtigsten Shoppingbereiche der Stadt sind im Kartenmaterial mit einer rötlichen Fläche markiert.

016kh-WoCo/Morten Bjarnhof

prinsensgade bieten die Läden hier allerdings Schnäppchenpreise.

In der **Bredgade** und der **Ravnsborggade** finden Antiquitätenliebhaber ihr Eldorado und in der **Elmegade** [dk] im Stadtteil Nørrebro kaufen all diejenigen ihre Kleidung, die auf Alternatives und nicht allzu Teures Wert legen.

Mode

Modeschöpfer und Designer scheinen sich im kreativen Umfeld der dänischen Hauptstadt sehr wohl zu fühlen. Entsprechend groß ist die Auswahl an Boutiquen, die Designerkleidung oder Bekleidung von kleinen, eher unbekannten Marken anbieten.

118 [dk] **Acne Archive,** Elmegade 21, http://www.acnestudios.com. Kleines, feines Outlet des extravaganten Designerlabels Acne. Hier gibt es Kleidung, Schuhe und Accessoires.

› **Bruuns Bazaar,** im Kaufhaus Illum (s. S. 123), www.bruunsbazaar.com. Mode, Schuhe und Accessoires für Menschen, die es klassisch mögen.

119 [B4] **Ecouture by Lund**, Gråbrødretorv 7, www.ecouture.com. Dass die Damenmode des eigenen Ökolabels wie Kunst am Körper aussieht, liegt daran, dass Designer Lund zuerst Modelinien fürs Theater entworfen hat. Der Showroom ist Do. 12–17, Fr. 12–19 und Sa. 12–17 Uhr geöffnet.

120 [C4] **Henrik Vibskov,** Gammel Mønt 14, www.henrikvibskovboutique.com. Schrille Schuhkollektionen des dänischen Star-Designers.

121 [B5] **Kaufmann,** Nygade 2, www.kaufmann.dk. Hier kauft der Geschäftsmann seine Anzüge: edel, geschmackvoll, teuer. Es gibt aber auch jungen *urban chic* mit Sneakers und coolen Klamotten.

122 [hj] **Langelinie Outlet,** Langeliniekaj 2, www.langelinie-outlet.dk. Outletstore, in dem Markenkleidung zu günstigen Preisen angeboten wird.

123 [C4] **Norse,** Pilestræde 39–41. Hier ist der Name zumindest teilweise Programm,

Dänische Design-Accessoires gibt es in Kopenhagen auch Secondhand zu kaufen

denn der Laden hat vor allem Marken aus Nordeuropa im Programm. Der Stil der Kleidung ist lässig, lifestyleorientiert und passt laut Eigenaussage „für die Stadttour ebenso wie für einen Ausflug aufs Land“. Übersetzt man die Werbesprache ins Deutsche, bedeutet das, dass man auf Qualität achtet, diese aber nicht zu Lasten der Optik geht.

124 [C4] **Notabene,** Kronprinsensgade 10, www.notabene.dk. Das Notabene hält eine große Auswahl an Damenschuhen parat, auch ausgefallene Modelle findet man hier.

125 [A5] **Randers Handsker,** Frederiksberggade 36, Strøget, www.randershandsker.com. Die Produkte aus dieser Handschuhmanufaktur sind nicht nur schön, sondern eine Investition fürs Leben – das jedenfalls könnte man meinen, wenn man einen Blick auf die Preise wirft. Immerhin: Auch die Königin kauft hier ein.

126 [C4] **Stine Goya,** Gothersgade 58, www.stinegoya.com. Die dänische Designerin Goya hat ihren ersten Flagshipstore in der City eröffnet. Das Ambiente ist jeweils der aktuellen Kollektion angepasst.

127 [C4] **Tekinoktay finest lingerie,** Silkegade 13. Exquisite Lingerie, die Besitzerin berät ausführlich und freundlich.

128 [C4] **Wood Wood,** Grønnegade 1, www.woodwood.com. Designerladen mit eigenem Label. Günstiges aus früheren Kollektionen gibt's im Wood Wood Museum Store in der Frederiksborggade 54.

Puristisches Design aus Dänemark: Stühle von Gubi International

Edles für den Haushalt

Alle Skandinavier sind für ihr Faible für schöne Wohnungseinrichtung bekannt. Nicht umsonst sind Vorhänge vor den Wohnungen verpönt. Jeder soll auch von außen sehen können, wie toll man eingerichtet ist. Wer seine Accessoires im Haushalt aufpeppen will, findet in Kopenhagen reichlich Auswahl.

129 [C5] **Georg Jensen,** Amagertorv 4, www.georgjensen.com. Dänische Silberschmiede mit Weltruf, bekannt für seine Besteckkollektion.

130 [D2] **Keramik & Glasværkstedet,** Kronprinsessegade 43, www.keramikogglasvaerkstedet.dk. Tischschmuck aus Keramik und Glas: edel, aber auch funktionell.

EXTRATIPP

Galerien mit Verkauf

Werke bekannter und unbekannter Künstler kann man hier anschauen und erstehen:

131 [D4] **Galerie Asbæk,** Bredgade 23
132 [D3] **Galerie Pi,** Borgergade 15D
133 **Galleri Faurschou,** Klubiensvej 11
134 [D5] **Galleri Specta,** Peder Skrams gade 13

135 [C5] **Royal Copenhagen Porcelain,** Amagertorv 4–10, www.royalcopenhagen.com. Porzellanwaren, wie sie bei der Königin auf dem Tisch stehen, verkauft der Hoflieferant auch dem einfachen Volk. **Tipp:** Billiger als am Amagertorv kauft man im Factory Outlet von Royal Copenhagen Porcelain im Søndre Fasanvej 9 in Frederiksberg ein.

136 [dj] **Zapoteca,** Guldbergsgade 5, Do., Fr. 14–18, Sa. 11–15 Uhr. Fair gehandelte Teppiche, Kunsthandwerk und Schmuck aus Mexiko.

Wohnen

Riesige Möbelkaufhäuser auf der grünen Wiese gibt es auch in Dänemark, trotzdem ist die Nachfrage nach Designermöbeln riesig ... ebenso das Reservoir an Nachwuchsdesignern, die immer wieder neue Möbel kreieren.

137 [C4] **Casa Shop,** Store Regnegade 2, www.casashop.dk. Wer seine Wohnung liebt, bringt ihr ein Souvenir aus dem Casa Shop mit. Wohnaccessoires vom Feinsten.

138 [D3] **Fil de fer,** Kongensgade 83A, www.fildefercph.com. Ein Laden, in dem es all das gibt, was man eigentlich nicht braucht: Dekoartikel und edler Krimskrams.

139 **Gubi,** Klubiensvej 7, www.gubi.com. Eines der führenden Design-Geschäfte Kopenhagens. Hauptsächlich Möbel, aber auch Kleidung und Lederwaren.

140 [C5] **Illums Bolighus,** Amagertorv 10, www.illumsbolighus.com. Drei Etagen voll mit besten dänischen Designermöbeln und jeder Menge Accessoires.

141 [B4] **Paustian,** Niels Hemmingsens Gade 24, www.paustian.dk. Das dänische Designeinrichtungshaus lohnt einen Rundgang auch wegen des Gebäudes. Leicht zu erreichen, weil direkt an der Station Østerport gelegen.

142 **Tapet Café,** Brogårdsvej 23, Gentofte, www.tapet-cafe.dk. Tapeten, Gardinen, Möbelstoffe. Wer sich für exklusive Materialien interessiert, muss sich auf in den Kopenhagener Vorort Gentofte machen.

Kunst und Antiquitäten

Unter allen Städten des Nordens findet man in Kopenhagen die meisten Antiquitätenhändler. Außerdem eröffnen in der dänischen Hauptstadt auch immer mehr Kunstgalerien.

143 **Green Square,** Sundkaj 161, Amager, www.greensquare.com. Der Antiquitätenhandel führt auch eine große Auswahl chinesischer Stücke.

144 **Roxy Klassik,** Jorisvej 11, www.roxyklassik.dk. Möbel, Lampen, Keramik: moderne Klassiker, secondhand und wunderschön.

145 [dn] **V1 Gallery,** Flæsketorvet 69–71, https://v1gallery.com. Von der New York Times als „coolste Galerie Kopenhagens“ gelobt, zählt ArtNet sie gar zu den besten zeitgenössischen Galerien Europas. Spannende Ausstellungen junger Künstler. International bekannt wurde die V1 Gallery, weil sie als erste im Norden eine Ausstellung mit Werken von Banksy veranstaltet hat.

Kaufhäuser

Kaufhäuser gibt es in Kopenhagen viele, die beiden hier aufgeführten sind Einkaufstempel abseits von Grabbeltisch und Schnäppchenjagd.

146 [C5] **Illum,** Østergade 52, www.illum.dk. Kaufhaus für Designerlabels, daneben gibt es auch Kosmetik, Haushaltsartikel und Möbel.

147 [D5] **Magasin du Nord,** Kongens Nytorv 13, www.magasin.dk. Edel einkaufen im traditionsreichen Shoppingtempel.

207kh-rk

Rund um den Fisketorvet lässt es sich gut einkaufen

Einkaufszentren

› **Field's,** Arne Jacobsens Allé 12, https://fields.steenstrom.dk. Größtes Einkaufszentrum Skandinaviens mit etwa 110 Geschäften, beherbergt auch rund 20 Cafés und Restaurants.

› **Fisketorvet,** Kalvebod Brygge 59, am Ende der Dybbølsbro [dn], http://fisketorvet.dk. Direkt am Hafen gelegen, beherbergt das Einkaufszentrum gut 60 Geschäfte sowie Restaurants und Kinos.

148 [bl] **Frederiksbergs Centret,** Falkoner Allé 21, https://frbc-shopping.dk. Einkaufszentrum mit einem breiten Sortiment, das direkt an der Metrostation Frederiksberg gelegen ist.

Flohmärkte

149 [A5] **Frederiksberg Flohmarkt,** auf dem Parkplatz hinter dem Rathaus Frederiksberg, April–Okt. Sa. 9–15 Uhr

150 [cj] **Nørrebro Fleamarket,** Nørrebrogade, an der Mauer des Assistens Kirkegård, März–Okt. Sa. 8–15 Uhr

151 [gi] **Østerbro-Flohmarkt,** in der Willmoesgade, Mai–Ende Sept., So. 9–16 Uhr

Kulinarisches

Die Auswahl an Lebensmittel- und Delikatessenläden ist groß. Leider sind die Preise meist ziemlich hoch.

152 [C4] **A.C. Perch's,** Kronprinsensgade 5, www.perchs.dk. Einer der ältesten Teeläden Europas, die Originaleinrichtung aus dem 19. Jahrhundert ist noch erhalten. Ein Besuch lohnt sich auch für Kaffeetrinker.

153 [bm] **Frederiksberg Chokolade,** Frederiksberg Allé 64, www.frederiksbergchokolade.dk. Hier gibt es selbst hergestellte Schokolade und Trüffel in allen nur denkbaren Geschmacksrichtungen.

154 [B5] **Husted Vin,** Naboløs 6, www.hustedvin.dk. Geschäft mit großer Auswahl an internationalen Weinen.

155 [B4] **Sømods Bolcher,** Nørregade 36b, https://soemods.com. Süßigkeitengeschäft, in dem die Kalorienbomben frisch zubereitet werden. Der Kunde kann zusehen.

Aus zweiter Hand

Ob es an den dänischen Preisen liegt oder daran, dass die Kopenhagener wissen, dass auch und insbesondere Altes schick sein kann – in Secondhandläden kaufen jedenfalls nicht nur Leute mit wenig Geld.

156 [B5] **Relove,** Naboløs 4. Hier gibt es Möbel und Wohnaccessoires im Retrochic, außerdem schöne Keramik.

157 [dk] **Route 66,** Fælledvej 3. Ausgezeichnetes Vinyl-Sortiment, große Namen und unbekannte Künstler, darunter auch Platten von dänischen Bands.

Kopenhagen mit Kindern

Besichtigungsmarathons stehen bei Kindern nicht besonders hoch im Kurs und so mancher Museumsbesuch und manche Shoppingtour hat schon tränenreich geendet. Kopenhagen bietet aber einiges, was den Stadtbesuch auch für Kinder attraktiv macht.

Die **entspannte Atmosphäre** Kopenhagens ist ideal für Familien. Nirgendwo geht es gehetzt und hektisch zu und auch wer mit den Kleinen im Schlepptau etwas langsamer ist, erntet keine bösen Blicke. In allen Museen ist der **Eintritt** – je nach Alter – für Kinder kostenlos bzw. stark ermäßigt. Kindermenüs auf den Speisekarten sind normal. In **öffentlichen Verkehrsmitteln** (s. S. 168) und mit der **Copenhagen Card** (s. S. 169) gibt es zahlreiche Ermäßigungen für Kinder.

Praktisch sind auch die **Fahrräder**, die man an vielen Stellen der Innenstadt ausleihen kann (s. S. 158). Das Fahrradwegenetz ist hervorragend ausgebaut und auch Familien mit Kindern können sich gefahrlos auf eine Stadtrundfahrt auf zwei Rädern machen.

Kopenhagen kann gleich mit zwei **Vergnügungsparks** aufwarten: dem berühmte **Tivoli** 1 und einige Kilometer außerhalb, in Klampenborg, **Bakken**, der älteste Freizeitpark der Welt. In dessen unmittelbarer Nachbarschaft liegt **Jægerborgs Dyrehaven**, ein großer Hirschpark, in dem man ausgezeichnet spazieren gehen oder spielen kann. Auch der **Zoo** 50 ist einen Ausflug wert, zählt er doch zu den größten Tiergärten Europas.

206kh-rk

Im Tivoli 1 ist man natürlich ganz auf Kinder eingestellt

In dem zum Nationalmuseum 4 gehörenden **Kindermuseum** darf man die Ausstellungsstücke ebenso anfassen wie im **Experimentarium** (vgl. 63), wo man über 300 Experimente selbst ausführen kann. Besonders beliebt ist der Lügendetektor, mit dem Kinder auch mal ihre Eltern testen können.

Wie groß ist der größte Mann der Welt? Wie lang ist der längste Bart und wie schwer der dickste Mensch? Fragen

EXTRAINFO

Wickelplätze und Stillräume

In der Stadtmitte findet man auf den Plätzen Amagertorv [C5] und Rådhuspladsen [A5] unterirdisch gelegene öffentliche Toiletten mit Wickelmöglichkeiten. Das Gleiche gilt für die Zug-, S-Bahn- und Metro-Stationen. Auch die meisten Kaufhäuser bieten Kundentoiletten mit Wickeltischen an – im Magasin du Nord (s. S. 123) gibt es sogar einen Stillraum. Und: In der Kopenhagener Tourismusinformation (s. S. 153) ist ein Guide über die **öffentlichen Toiletten** erhältlich!

wie diese werden im **Guinness World Records Museum** (s. S. 107) beantwortet. Und in der **H. C. Andersen Experience** (s. S. 107) erwachen Figuren aus der Welt der Märchen zum Leben.

12 Uhr mittags sollte man aber in keinem Museum sein, denn dann steht die **Wachablösung im Schloss Amalienborg** 29 auf dem Programm. Wenn die Soldaten in historischen Uniformen und Bärenfellmützen marschieren und strammstehen, dann ist das auch für Kinder ein kleines Spektakel. Sind die Kinderfüße dann müde, bietet sich eine **Schiffsrundfahrt** an. Von Nyhavn 17 aus erkundet man mit dem Boot die Stadt.

Einkaufen mit Kindern ist ja immer so eine Sache. Eltern, die mit ihren Kleinen in den riesigen Legoladen am Strøget gehen, sammeln sicher Pluspunkte. Man kann dort nicht nur einkaufen, sondern darf in „Spielezimmern" auch einfach drauflosbauen.

158 [B5] **Lego Store Copenhagen,** Vimmelskaftet 37, www.lego.com/da-dk/stores/store/copenhagen, Mo.–Fr. 10–19 Uhr

Kopenhagen ist eine der wenigen europäischen Großstädte, in der man Badeurlaub machen kann. Im Umland gibt es einige sehr schöne **Strände** (s. S. 160).

Im Umland sind das **Wikingerschiffmuseum in Roskilde** 70, das **Freilichtmuseum in Lejre** 75 und das Aquarium **Den Blå Planet** 57 einen Besuch wert. In Lejre unternimmt man eine Zeitreise zurück in die Stein- und Eisenzeit. Dort kann man nicht nur die Bewohner des „Feuertals" besuchen, sondern auch aktiv Hand anlegen und dem Schmied helfen, Holzschwerter zu basteln oder mit einem Einbaum paddeln.

Kopenhagen zum Durchatmen

Kopenhagen ist keine Stadt, in der es übermäßig hektisch zugeht. Oasen der Ruhe und Entspannung findet man dementsprechend überall.

Gerade der **Amagertorv** 19 mitten in der Fußgängerzone ist auf den ersten Blick kein solcher Ort, denn dort geht es meist geschäftig zu. Dass aber auch der Platz, an dem pro Tag die meisten Menschen vorbeikommen, ein Ort der Entspannung ist, spricht für Kopenhagen. Am Amagertorv kann man, am Rande des Storchenbrunnens oder in einem der Cafés sitzend, das Treiben auf der Straße genießen. Oder aber man hört den Straßenmusikern zu, bewundert die Fähigkeiten der Gaukler und amüsiert sich über die Clowns. Am Amagertorv ist immer etwas los, Hektik kommt jedoch niemals auf. Wer es trotzdem ruhiger mag, der kann sich mit der Fahrradrikscha zum **Gråbrødretorv** 24 fahren lassen. Auch der eignet sich ideal für eine Auszeit. Nach einem kühlen Bier in einer der vielen gemütlichen Kneipen am Platz sieht die Welt gleich viel entspannter aus.

Kneipen und Restaurants, direkt am Wasser und im Sommer mit viel Sonne, gibt es am **Nyhavn** 17. Man kann auch einfach am Kanal entlangspazieren und den Booten zusehen. Wen es dann selbst aufs Wasser hinauszieht, der steigt hier in ein Rundfahrtboot ein. Sehr touristisch – aber trotzdem empfehlenswert!

Ein ruhiges Plätzchen findet sich auch schon mal an der **Promenade an der Havnegade** [D/E5], wo man in aller Ruhe ein Eis schlecken und dabei aufs Wasser schauen kann.

122kh-jg

Der Park vor **Schloss Rosenborg** (37) war zu den Zeiten absolutistischer Herrschaft die Liebesinsel für den ganzen Hof. Heute trifft man sich hier zum Picknick inmitten der Stadt und – nicht anders als damals – auch zum ein oder anderen verliebten Stelldichein. Aber ein Friedhof als Ort zum Abhängen? Das kann es nur in Kopenhagen geben. Der **Assistens Kirkegård** (53) im Stadtteil Nørrebro ist für die Anwohner Picknickwiese und Ort für Yogaübungen – warum es ihnen nicht gleichtun?

Der Stadtteil **Christianshavn** mit seinen Kanälen bietet viel Platz zum Träumen und mit seinen unzähligen Kneipen auch zum Abhängen. In diesem Stadtteil liegt zudem **Christiania** (41), die „Hauptstadt der Hausbesetzer". Sie ist vielleicht nicht gerade romantisch, entspannte Stimmung findet man hier aber – auch ohne Marihuanaschwaden in der Luft – zur Genüge.

Mit dem Boot unterwegs im Fredriksberg Have [am]

Tropische Temperaturen, üppiges Grün und das alles, obwohl draußen der Himmel zu weinen scheint? Das alte **Palmenhaus des Botanischen Gartens** (35) ist inbesondere bei schlechterem Wetter der ideale Ort für eine Kopfreise nach „ganz weit weg". Etwas außerhalb des Zentrums liegt **Frederiksberg Have** [am], eine romantische Parklandschaft mit kleinen Kanälen und künstlichen Inseln – beliebt für einen Familienausflug am Wochenende, aber auch bei frisch verheirateten Paaren, die hier gerne ihre Hochzeitsfotos schießen lassen.

Achtung: Obwohl der Name vielleicht anderes vermuten ließe, geht es bei der **Kleinen Meerjungfrau** (31) nicht sonderlich romantisch zu. Auf Postkarten sieht die Kleine ja wirklich süß aus, in der Realität treffen sich bei ihr am Langelinie-Kai aber nicht die Verliebten, sondern eine große Zahl an fotografierenden Touristen aus aller Welt.

Zur richtigen Zeit am richtigen Ort

Januar/Februar

- In Dänemark gibt es viele Jazzliebhaber. Kein Wunder, dass die Reihe der Feste und Festivals mit dem **Vinterjazz** beginnt. Ende Januar/ Anfang Februar findet an verschiedenen Orten im Land das zehntägige Jazz-Festival statt. Auch in Kopenhagen treten nationale und internationale Jazzgrößen auf (www.jazz.dk).
- Im Februar wird auch in Kopenhagen **Karneval** (www.karneval.dk) gefeiert: **Fastelavn** ist vor allem ein Fest für Kinder die verkleidet durch die Stadt ziehen. Im Süden von Kopenhagen, auf der Halbinsel Amager 56, finden zu Fasching traditionelle **Umzüge** statt. Um 10 Uhr morgens am Karnevalssonntag (in Dragør) bzw. Rosenmontag (in Store Magleby im Amagermuseet) versammeln sich festlich gekleidete Reiter auf geschmückten Rössern zu einem Ritt durch die Gemeinde. Zuvorderst reiten zwei Flaggenträger, die die dänische Flagge auf geschmückten Stangen tragen. Sie stoppen an vielen Häusern – überall dort, wo sie Halt machen, erhalten sie von den Gastgebern ein Glas Rumpunsch. Als Dank gibt es einen „Skålsang", ein Trinklied. Um 16 Uhr folgt schließlich als Höhepunkt das „Katzenschlagen" (s. S. 129).
- Der Februar hat sich zum Festival-Monat entwickelt: In einer konzertierten Aktion sorgen Copenhagen Cooking (s. S. 130), das Musikfestival FROST, das Designmuseum, das Nationalmuseum, die Lousiana und weitere Institutionen mit einem vollen Programm dafür, dass keinem Besucher langweilig wird.

März/April

- Am 16. April wird der **Geburtstag der Königin** mit einer große Parade vor dem Schloss Amalienborg 29 gefeiert.
- Mitte März findet das internationale Dokumentarfilmfestival **CPH: DOX** statt. Es ist eines der größten Dokumentarfilmfestivals der Welt (https://cphdox.dk).

Mai

- Im Mai halten heiße Rhythmen im Norden Einzug. Beim **Copenhagen Salsa Festival** kann man bei Veranstaltungen zusehen, bei Workshops mitmachen und bei Partys mitfeiern (https://salsalibre.dk).
- Jedes Jahr Ende Mai drängen sich beim **Kopenhagen-Marathon** rund 12.000 Läufer durch die Straßen der Stadt und werden von mehr als 100.000 Zuschauern angefeuert. (https://copenhagenmarathon.dk).
- Feuchtfröhlich geht es beim **Kopenhagen Bierfestival** zu: Mehr als 1000 Sorten aus aller Welt können auf dem Gelände der Carlsberg-Brauerei verkostet werden – ein teilweise hochprozentiges Vergnügen (https://ølfestival.dk).
- Das Ende Mai, Anfang Juni stattfindende **Distortion** ist eine gigantische, fünf Tage dauernde Party, bei der rund 100.000 Feierwütige einen Stadtbezirk nach dem anderen in eine Partymeile verwandeln. Musik und Tanz bis zum Abwinken (www.cphdistortion.dk).

Juni

- Rockmusik klingt im dänischen Sommer anlässlich vieler Festivals aus den Lautsprechern. Von Juni bis August finden im Amager Strandpark fast jeden Sonntag **Rockkonzerte** statt.
- Am 23. Juni feiert man an **Mittsommer** bzw. **St. Hans** den längsten Tag im Jahr. Überall im Land werden „Sankt-Hans-Feuer" entzündet, mit denen einst die Hexen verjagt wer-

den sollten. Oft werden auch Fackel- und Laternenumzüge veranstaltet. In Kopenhagen entzündet man an folgenden Orten Feuer: Amager Strand (Badeanstalt Helgoland), Frederiksberg Park, Fælledparken, Islands Brygge und DGI-byen/Vesterbro. Die meisten öffentlichen Feiern beginnen um 20 Uhr.

Juli

- Anfang Juli (gelegentlich bereits ab Ende Juni) findet das berühmte **Rockfestival von Roskilde** (s. S. 100) statt, eines der größten seiner Art in Europa.
- In Kopenhagen treffen sich Ende Juni/Anfang Juli zehn Tage lang Jazzfreunde zum **Copenhagen Jazz Festival** (www.jazz.dk).

August, September

- Der **Kulturhavn** ist ein dreitägiges Event mit rund 250 kostenlosen Veranstaltungen aus den Bereichen Musik, Theater, Tanz und Sport, das Anfang August rund um den Hafen stattfindet. Für das leibliche Wohl wird ebenfalls gesorgt (http://kulturhavn.kk.dk).
- Beim **Strøm Festival** kommen Fans elektronischer Musik Anfang August an verschiedenen Spielorten voll auf ihre Kosten (https://strm.dk).
- Beim **Dragør Musik Fest** Anfang August fühlen sich Pop- und Rockfans der etwas älteren Generation wohl. Vor allem Bands, die sich der Musik der 1950er- bis 1980er-Jahre verschrieben haben, treten hier auf. (www.dragoerhavnefest.dk)
- Ebenfalls Anfang August (gelegentlich auch schon ab Ende Juli) werden beim **Copenhagen Summer Festival** im Schloss Charlottenborg 16 Kammerkonzerte aufgeführt (www.copenhagensummerfestival.dk).
- Ende Juli/Anfang August finden beim **Opera Festival** Veranstaltungen auf Plätzen, Stra-

„Slå katten af tønden“ – „Katzenschlagen“

Was sich brutal anhört, war ursprünglich tatsächlich ein nicht gerade tierfreundlicher Brauch: In einem Holzfass steckte eine lebendige Katze, am besten schwarz, denn dies symbolisierte das Böse und die dunklen Kräfte. Man schlug nun auf die Tonne ein, bis sie zerbrach und die Katze so aus der Stadt gejagt werden konnte. Heute wird beim Katzenschlagen nur noch ein Katzenbild auf das Fass aufgemalt, im Fassinneren selbst befinden sich hingegen Süßigkeiten. Abwechselnd dürfen die Kinder auf die so präparierte Tonne schlagen. Wer das letzte Holzbrett abschlägt, wird zum Katzenkönig gekürt – und bekommt Schokolade und Bonbons.

Heutzutage zum Glück nur noch symbolische Tradition: das sogenannte Katzenschlagen

198kh ©Stig Alenas, stock.adobe.com

152kh-fm

Sportstadt Kopenhagen – hier der Ironman

ßen und auf dem Wasser statt (www.opera festival.dk).

- Alljährlich im August findet das LGBT-Festival **Copenhagen Pride** statt. Höhepunkt ist die Gay Pride Parade durch die Innenstadt, bei der Zehntausende Zuschauer die fantasievollen Kostüme bewundern und mitfeiern. Inzwischen gibt es mit der **Winter Pride** einen Ableger im Februar (http://copenhagenpri de.dk).
- Jedes Jahr im August findet der **Ironman Copenhagen** statt (www.ironman.com/ im-copenhagen).
- Ende August/Anfang September unterstreicht Kopenhagen mit **Copenhagen Cooking** (www.copenhagencooking.com) seine Rolle als kulinarische Metropole Skandinaviens.

Oktober

- Seit 1993 wird jedes Jahr im Oktober die **Kulturnacht** (www.kulturnatten.dk) veranstaltet. Mehr als 300 Institutionen nehmen daran teil und mehr als 60.000 Kopenhagener und Gäste der Stadt besuchen die über 600 Veranstaltungen. Galerien, Museen, Buchgeschäfte, Theater, Kinos, Kirchen und viele andere Kultureinrichtungen sind an diesem Abend geöffnet und bieten ein umfangreiches Programm.

November, Dezember

- Weihnachtsmärkte sind ja eigentlich eine deutsche Spezialität, der **Weihnachtsmarkt im Tivoli** ❶ kann es aber mit denen hierzulande aufnehmen – vorausgesetzt das Wetter spielt mit und beschert der dänischen Hauptstadt Schnee.

Feiertage und Ferien

- 1. Januar (Neujahr)
- Gründonnerstag
- Karfreitag
- Ostermontag
- Buß- und Bettag
- Christi Himmelfahrt
- Pfingstmontag
- 5. Juni (Verfassungstag, halber Arbeitstag, Banken ganztags geschlossen)
- 24., 25. Dezember (Weihnachten)
- 26. Dezember (Stefanstag)

Staatlich festgelegt ist der Start der **Sommerferien.** Diese fangen immer am letzten Samstag im Juni an und enden in der Regel Anfang August. Die Herbstferien liegen normalerweise in der 42. Woche, die Winterferien finden im Februar meist in der 7. oder 8. Woche statt.

KOPENHAGEN VERSTEHEN

127kh-jg

Kopenhagen – ein Porträt

Kopenhagen zählt ca. 645.000 Einwohner auf 86 km^2 und ist damit nicht nur die Hauptstadt Dänemarks, sondern auch die **größte Stadt des Landes.** Im Großraum um die Stadt leben 1,35 Millionen und in der Öresundregion zwischen 3,5 und 4 Millionen Menschen. Diese Spannbreite in der Einwohnerzahl rührt daher, dass die Öresundregion ein „gefühltes“, also nicht durch feste Grenzen definiertes Gebiet ist.

Kopenhagen ist eine **relativ kleine Hauptstadt,** die meisten Sehenswürdigkeiten sind gut zu Fuß erreichbar. In einem gemütlichen zwei- oder dreistündigen Spaziergang erschließt man sich die Innenstadt. Auch die Szeneviertel Vesterbro im Westen, Nørrebro und Frederiksberg im Nordwesten bzw. Norden sind nur einen Katzensprung entfernt. Christianshavn und Holmen im Osten sind ebenfalls zu Fuß zu erreichen. Wer seine Kräfte trotzdem schonen will, dem steht ein hervorragend ausgebautes öffentliches Nahverkehrssystem zur Verfügung.

In der Innenstadt gibt es mehr als 50 Museen, manche davon, wie die Ny Carlsberg Glyptotek (2), genießen zu Recht Weltruhm. Auch die Theater- und Musikszene hat internationales Niveau erlangt. Als **Jazzhauptstadt Europas** ist Kopenhagen schon lange bekannt, spätestens seit der Eröffnung der Neuen Oper (43) wird aber auch die klassische Musik über die Landesgrenzen hinaus wahrgenommen.

Das Meer spielt im Leben der Einwohner Kopenhagens eine große Rolle. Egal, wo man wohnt, man ist immer in der Nähe der Ostsee. Aber auch die Nordsee liegt nicht weit. Eine Stunde Autofahrt auf die andere Seite der Insel Seeland

< Vorseite: König Frederick VI.

128kh ©Sergii_Figurnyi, stock.adobe.com

und schon erreicht man den Großen Belt, der als Verlängerung des Kattegat zur Nordsee gehört. Den **Sommer** verbringt man am Strand und wer in der Stadt bleiben muss, genießt die Sonne in einem der zahlreichen Straßencafés, idealerweise in Wassernähe. Man lebt, so viel es geht, draußen – auch dann, wenn es die Temperaturen eigentlich nicht mehr zulassen. Heizpilze oder Decken locken auch dann noch zum Biergenuss im Freien, wenn der Kalender schon deutlich Spätherbst anzeigt.

In Kopenhagen wird das Bier nicht nur getrunken, sondern auch gebraut. Die beiden größten dänischen Brauereien, Carlsberg und Tuborg, fusionierten 1970 unter dem Dach von Carlsberg zu einem der größten Braukonzerne der Welt. Viele kleine dänische Brauereien sind dem „Hunger" der Großen zum Opfer gefallen. Dann aber setzte eine Gegenbewegung ein. Kopenhagen ist nämlich auch eine Stadt der Vielfalt – selbst beim Bier. In den vergangenen Jahren entstanden unzählige **Mikrobrauereien** und seitdem bieten viele Restaurants ihren Gästen selbstgebraute Kreationen an.

Kopenhagen lebt nicht vom Bier allein. Hier haben sich noch viele andere **Wirtschaftsunternehmen** angesiedelt, z. B. der Hersteller für gehobene Unterhaltungselektronik Bang & Olufsen oder die Königliche Porzellanmanufaktur. Auch Banken, Versicherungen und Unternehmen der Computertechnologie haben sich niedergelassen. Kopenhagen entwickelt sich mehr und mehr zu einem **Hightechzentrum**. Der Energiesektor spielt eine wichtige Rolle, ebenso die Designbranche, die Biotechnologie, die Telekommunikation, die Umwelttechnologie und nicht zuletzt die medizinische Forschung. Auch der Pharmakonzern Novo

Kopenhagen, eine Stadt am Wasser: Panoramablick auf das Stadtzentrum

Nordisk, bekannt für seine Enzym- und Insulinproduktion, hat in Kopenhagen seinen Stammsitz.

Die **Universität Kopenhagen** wurde im Jahr 1479 gegründet und ist damit nach der Universität Uppsala die zweitälteste Hochschule in Skandinavien und eine der angesehensten in Dänemark.

Die Stadt hat sich zu einem **kulinarischen Hotspot** in Europa entwickelt – die Neue Nordische Küche – inspiriert natürlich vor allem von dem, was aus den nahen Meeren geholt wird – feiert sich einmal jährlich im Sommer mit einem großen Festival, dem **Copenhagen Cooking** (s. S. 130).

In Kopenhagen lebt man gerne. Die Stadt taucht immer wieder ganz oben in verschiedenen Ranglisten zur Lebensqualtität auf. Doch nicht nur die Einheimischen mögen Kopenhagen, auch **Touristen** sind von der kleinen Hauptstadt am Meer begeistert. Und deswegen kommen Jahr für Jahr mehr von ihnen. Allerdings hat die Coronapandemie, wie überall, die Zahlen durcheinandergewirbelt. Waren es vor Corona noch mehr als 8 Millionen Übernachtungen im Jahr, gingen die Zahlen während des konsequenten Lockdowns um fast 100 Prozent zurück. Seit 2022 ist wieder ein deutlicher Aufwärtstrend zu verzeichnen.

⊡ *Eine ungezwungene, entspannte Atmosphäre, wie hier vor dem Lokal Friheden (s. S. 112) in Nørrebro, findet man in Kopenhagen häufig vor*

Der Alltag der Kopenhagener

Kopenhagener sind **Weltstädter, tolerant und immer gut drauf** – so jedenfalls sehen sie sich gerne selbst. Und zum großen Teil haben sie mit dieser positiven Sicht auf sich selbst recht. Nicht umsonst hat wieder einmal eine Statistik die Dänen unter die glücklichsten Völker der Welt eingestuft (s. S. 137). Da ist es sicher nicht von Nachteil, in der Hauptstadt genau dieses gesegneten Landes zu leben. Wahrscheinlich sieht man deswegen in Kopenhagen auffällig viele lächelnde Menschen.

Dienstleistungen werden nicht selbstverständlich hingenommen, sondern man bedankt sich für jede Kleinigkeit ausführlich. Die bloße Tatsache, dass einem der Busfahrer ein Ticket verkauft, ist den Kopenhagenern ein mehrfaches „Tak" – „Danke" – wert. Und der wiederum bedankt sich dafür, dass sich der Fahrgast bedankt, mit einem mindestens ebenso freundlichen „Tak". Man geht höflich und rücksichtsvoll miteinander um.

Wie in ganz Skandinavien ist es in Dänemark üblich, dass sich auch wildfremde Menschen **duzen.** Wird man also auf Deutsch mit „Du" angeredet, darf man das nicht für unhöflich halten – es ist einfach normal und durchaus herzlich gemeint. Erleichtert wird diese Form des unkomplizierten Umgangs miteinander natürlich, wenn auf **Englisch** kommuniziert wird. Damit kommt man in Kopenhagen sowieso immer bestens zurecht, weil so gut wie alle Dänen in der Schule ein ausgezeichnetes Englisch gelernt haben. Im Geschäftsleben herrschen meist andere Umgangsformen, auch wenn es häu-

213kh-rk

fig vorkommt, dass sich auch hier einander vorher unbekannte Geschäftspartner duzen. Die große und von allen Dänen selbstverständlich respektierte **Ausnahme** ist die königliche Familie. Niemand käme auf die Idee, etwa die Kronprinzessin – sollte man ihr jemals begegnen – mit einem vertraulichen „Du" anzureden. Im Gegenteil: Wenn ein Mitglied der Königsfamilie an einer öffentlichen Veranstaltung teilnimmt, etwa zur Eröffnung von Copenhagen Cooking, erheben sich zunächst alle von ihren Plätzen.

Dänen sehen das Leben etwas weniger problembeladen als Deutsche und bleiben deswegen in Stresssituationen eher **unverkrampft.** Noch heute ist der Erfolg der dänischen Fußballnationalmannschaft bei der Europameisterschaft 1992 legendär. Damals war das Team nur kurzfristig als Nachrücker nominiert worden (für die wegen des Krieges ausgeschlossene jugoslawische Nationalmannschaft) und die Nationalspieler reisten untrainiert und direkt aus dem Urlaub zur Meisterschaft. Trotzdem: Was an Kondition fehlte, wurde durch Lockerheit wettgemacht und man gewann im Hurra-Stil nicht nur völlig überraschend die Europameisterschaft, sondern auch die Herzen aller Fußballfans.

Die **dänische Toleranz** ist in den letzten Jahren etwas unter die Räder gekommen. Einst von vielen Linken als Vorzeigeland der Ausländerfreundlichkeit gehandelt, wurde in Perioden rechtsliberaler Regierungen seit den 2000er-Jahren eine radikale „Das Boot ist voll"-Position eingenommen. Allerdings hört man fremdenfeindliche Sprüche und dumpfe „Ausländer raus"-Parolen selbst von der (sehr) rechts-konservativen Volkspartei kaum. Ein Widerspruch: Man wählt zwar rechts, verhält sich im täglichen Leben aber tolerant. Auch wenn die aktuelle Ministerpräsidentin Mette Frederiksen von den Sozialdemokraten gestellt wird, vertritt sie beispielsweise in der Flüchtlingspolitik eine durchaus konservative, rechtsgerichtete Politik.

Eine skandinavische Eigenheit ist das **Jantelov, das Jantegesetz.** Erfunden hat dieses „Gesetz" der dänische Schriftsteller Axel Sandemose in seinem Roman „Ein Flüchtling kreuzt seine Spur" aus dem Jahre 1933. Benannt nach der fiktiven dänischen Provinzstadt Jante, hat das Jantelov aber im ganzen Norden Gültigkeit – auch in Dänemarks Hauptstadt Kopenhagen.

Interpretiert man das Jantegesetz positiv, steht es für **Bescheidenheit.** Besagt es doch, dass niemand glauben solle, er sei besser als sein Nachbar. Dementsprechend strebt man in Dänemark auch nicht danach, der Beste zu sein, sondern das Ziel ist das **Mittelmaß.** Die Übersetzung mit dem deutschen Wort Mittelmaß ist aber eigentlich falsch. Unser Begriff des Mittelmaßes hat nämlich eine negative Bedeutung, im Norden ist dieser hingegen durch und durch positiv besetzt.

Will man einem Dänen ein Kompliment machen, dann sagt man ihm, dass er ein ganz normaler Kerl sei, so einer wie alle anderen auch. Damit macht man ihm garantiert eine Freude, egal, ob er Handwerker, Nobelpreisträger oder der Kronprinz ist. Während man in den meisten anderen Ländern danach strebt, der Beste zu sein, bemüht man sich in Dänemark, so wenig wie möglich aus der Menge herauszuragen. Auch derjenige, der durch große Leistungen herausragt, stellt sich so durchschnittlich wie möglich dar. Mit überlegenem Wissen gibt man in Dänemark ebenso wenig an wie mit Reichtum.

Das mag charmant klingen, doch das Jantegesetz hat seine **negativen Seiten:** Ehrgeiz wird oft mit Egoismus gleichgesetzt. Und wer auf seiner kritischen, vom Mainstream abweichenden Meinung beharrt, wird schnell als arrogant angesehen. Da hilft es dann auch nicht, wenn die Ansicht des „Abweichlers" nachweislich die richtige ist.

Anpassung wird nicht nur von Ausländern erwartet, die in Dänemark leben wollen, sondern auch von den eigenen Leuten. „Wir machen das hier soundso" ist eine oft gehörte Floskel, die sich auf jeden Lebensbereich anwenden lässt. Sie bedeutet nichts anderes als: „Wenn du dazugehören willst, dann passe dich an. Wir sind nichts Besonde-

211kh-rk

Dänischer Nationalstolz in Kopenhagens Fußgängerzone

res, aber du bist es auch nicht." Die **jüngere Generation** löst sich allmählich von den alten Verhaltensmustern und auch in Skandinavien zieht der **Individualismus** ein. Leistung, z. B. in internationalen Sportwettbewerben, und auch der Stolz auf das Erreichte werden zunehmend honoriert.

Das (zweit-)glücklichste Land der Welt

Glück ist die Kombination vieler Faktoren: Wohlstand gehört dazu, Bildung, Gesundheit, politische Freiheit und starke soziale Netzwerke. Der erste ***World Happiness Report,*** *den Forscher vom Earth Institute der New Yorker Columbia University 2012 im Auftrag der Vereinten Nationen erstellt haben, fragte auch danach, wie oft jemand am Tag zuvor gelacht, sich gefreut oder glücklich gefühlt habe. Das Ergebnis konnte kaum überraschen: Die glücklichsten Menschen lebten demzufolge in Dänemark, gefolgt von den skandinavischen Nachbarländern Finnland und Norwegen. Auf einer Skala von 0 bis 10 erreichten die* ***Dänen*** *mit 7,6 Punkten den höchsten Durchschnittswert. Deutschland schnitt mit Rang 30 vergleichsweise schlecht ab.*

Im Report aus dem Jahr 2022 stand ***Finnland*** *an erster Stelle. Das bedeutet aber nicht, dass die Dänen nicht mehr glücklich wären: Sie belegen knapp dahinter den zweiten Platz.*

Von den Anfängen bis zur Gegenwart

Kopenhagen entwickelte sich bald nach seiner Gründung zum wirtschaftlichen, kulturellen und politischen Zentrum des Landes. Seit dem 15. Jh. residieren dort die dänischen Könige. Die Geschichte Kopenhagens ist daher eng verwoben mit der gesamtdänischen.

Das Fischerdorf Havn

Vermutlich lebten schon vor mehr als 6000 Jahren Menschen auf der dänischen Insel Seeland – also dort, wo heute Kopenhagen liegt. Die Geschichte der Stadt beginnt aber erst um das Jahr 1000 n. Chr. Damals siedelten sich in der Gegend um den Öresund Bauern und Fischer an. Kopenhagen, auf Dänisch København, wird erstmals 1043 erwähnt, allerdings noch unter dem Namen *Havn* (dt. Hafen). Das Dorf machte seinem Namen alle Ehre, befand es sich doch am **bestgeschützten natürlichen Hafen** am Öresund. Deswegen war es für Fischer und Händler der bevorzugte Anlaufpunkt in der Region. Die Siedlung Havn lag ungefähr dort, wo sich heute der Rådhuspladsen (Rathausplatz) 26 befindet. Wer sich wundert, wo hier das Meer geblieben ist: Das Land hat sich in den letzten Jahrhunderten gehoben und deswegen findet man heute die Überreste von Havn relativ weit weg vom Wasser.

Um 1160 verschenkte König Waldemar I. (1157–1182) Havn an Bischof Absalon (1128–1201). Der machte sich sogleich daran, den Ort, der bis dahin immer wieder von Piraten heimgesucht wurde, zu befestigen, und ließ eine Burg errichten. Überreste der **Absalonsburg** kann man noch heute in den Kellern bei Schloss Christiansborg 5 besichtigen.

Der Name „København“ wurde erstmals beim dänischen Geschichtsschreiber Saxo Grammaticus (ca. 1140–1220) erwähnt, der in seinen Chroniken vom „Mercatorum Portus“, dem „Kaufmannshafen“, berichtete. Dass Kopenhagen immer wichtiger wurde, dafür sorgten im 12. und 13. Jh. die **Heringe,** deren Bestand im Öresund enorm zunahm. In zeitgenössischen Quellen ist vermerkt, dass man die Fische mit bloßen Händen aus dem Meer ziehen konnte. Viele Händler kamen deswegen nach Kopenhagen und kauften dort gesalzene Heringe, aber auch andere Waren ein. Im Gegenzug verkauften sie Häute, Felle und Getreide.

Standbild Christians IX. (1818–1906) vor dem Schloss Christiansborg 5

Krieg mit der Hanse

Das aufstrebende Kopenhagen und die deutschen Hansestädte waren **Konkurrenten um die Vorherrschaft im Ostseehandel.** Immer wieder störten die Dänen den Schiffsverkehr der Hanse durch den Großen Belt. Aus diesem Grund kam es im 13. und 14. Jahrhundert mehrmals zu kriegerischen Auseinandersetzungen, bei denen auch Kopenhagen immer wieder schwer in Mitleidenschaft gezogen wurde.

Unter der Federführung der neuen dänischen Königin Margrethe (1387–1412) wurde 1397 die **Kalmarer Union,** ein Bündnis zwischen Dänemark, Norwegen und Schweden, geschlossen. Die innenpolitische Selbstständigkeit der Reiche blieb erhalten, außenpolitisch traten sie aber gemeinsam auf – zumindest theoretisch. Häufig jedoch kam es zwischen Schweden und Dänemark zu

Streitigkeiten und mehrmals stand die Union vor dem Auseinanderbrechen. Einmal setzten die Schweden sogar einen Gegenkönig ein. Trotzdem hielt das Bündnis bis 1523. Den meisten Nutzen aus dem Bündnis zog Dänemark und damit auch Kopenhagen, die größte Stadt des Landes. 5000 Menschen, darunter 1000 Deutsche, lebten hier in der Mitte des 14. Jahrhunderts.

Kopenhagen wird Hauptstadt

1416 machte König Erik VII. von Pommern (1412–1439) Kopenhagen zu seiner Residenz, 1443 schließlich wurde Kopenhagen Hauptstadt und beerbte damit Roskilde. 1449 wurde Christian I. (1448–1481) als erster dänischer König in Kopenhagen gekrönt, 1479 erfolgte die Gründung der Universität. Im Jahr 1500 lebten bereits 12.000 Menschen in Kopenhagen.

Der dänische König hatte nun auch eine **neue Einnahmequelle** entdeckt: Ausländische Schiffe, die die Meerenge zwischen Seeland und Schonen bei Helsingør passieren wollten, mussten eine Gebühr, den sogenannten **Öresundzoll**, entrichten. Das ärgerte zwar die Händler der Hanse, brachte aber Dänemark und seiner Hauptstadt einen weiteren wirtschaftlichen Aufschwung.

Die **Streitigkeiten innerhalb der Kalmarer Union** mit Schweden wurden zu Beginn des 16. Jahrhunderts immer heftiger. Schwedische Adelige planten einen Aufstand gegen König Christian II. (1513–1523), dem sie vorwarfen, allein die Interessen Dänemarks im Auge zu haben. Der König aber erfuhr von den Plänen und handelte entschlossen und brutal: 1520 wurden 80 vermeintliche Rädelsführer auf seinen Befehl hin enthauptet. Nach diesem Tag wurde Christian in Schweden nur noch „Christian der Tyrann" genannt, im heimischen Kopenhagen aber hieß er von Stund an „Christian der Gute".

Mit seinem brutalen Vorgehen gegen den schwedischen Adel erreichte Christian genau das Gegenteil dessen, was er beabsichtigte. Der Widerstand in Schweden wuchs weiter und nur drei Jahre später erfolgte die **Auflösung der Kalmarer Union.** Das bedeutete auch das Ende der Herrschaft von Christian II., der nun auch im eigenen Land in Ungnade fiel und abgesetzt wurde.

Im 16. Jahrhundert fegte die **Reformation** durch das Land und hinterließ ausgebrannte Kirchen und bürgerkriegsähnliche Zustände. Die Kämpfe endeten 1536 mit der Vertreibung der mächtigen katholischen Kirche, der Protestantismus wurde Staatsreligion. Dieses Jahr gilt auch als das Ende des Mittelalters in Skandinavien. Der Wohlstand nahm weiter zu, allerdings wurde Kopenhagen immer wieder von **Epidemien** (insbesondere der Pest) heimgesucht, die Tausende das Leben kostete.

Christian IV. baut das neue Kopenhagen

Christian IV. (1588–1648) war der König, der die Bautätigkeit in Kopenhagen am meisten förderte und damit den **größten Einfluss auf die Gestalt der Stadt** nahm. Er trat 1588 als Elfjähriger die Thronfolge seines Vaters an, wurde aber erst acht Jahre später gekrönt. Während seiner Regierungszeit wurden unzählige pompöse Bauten im Stil der Renaissance errichtet, Slotsholmen ausgebaut und auf der

Insel Amager ein neuer Stadtteil gegründet, dessen Bauten an Amsterdam erinnern: Christianshavn. Dort gibt es heute besonders viele alte Häuser. Das liegt daran, dass das Viertel im Gegensatz zu anderen Teilen Kopenhagens von großen Stadtbränden verschont blieb.

Christian IV. war aber nicht nur ein begeisterter Bauherr, sondern auch ein **König mit Großmachtsanspruch.** Er führte eine ganze Reihe von Kriegen, die er alle verlor. Am Ende seiner Regierungszeit hatte Dänemark große Gebiete verloren und war finanziell ruiniert. Kopenhagen jedoch hatte seine Einwohnerzahl auf 30.000 Menschen fast verdreifacht.

Aus den Fehlern seines Vorgängers hatte Frederik III. (1648–1670) offenbar nichts gelernt. Er erklärte 1657 Schweden den Krieg, den Dänemark wieder verlor und in Zuge dessen die Provinzen Schonen, Halland und Blekinge an Schweden abtreten musste.

Die Zeit des Absolutismus

Doch damit war der schwedische Hunger auf Eroberungen in Dänemark noch nicht gestillt, trotz eines Friedensvertrages ging der Krieg weiter. 1659 schließlich lagen die **schwedischen Truppen vor Kopenhagen** – und diesmal ging es um die Existenz Dänemarks. Die Kopenhagener leisteten heldenhaften Widerstand und konnten den Angriff zurückschlagen.

Obwohl er eigentlich die Probleme über das Land gebracht hatte, konnte Frederik III. nach der Abwehr des Schwedenangriffs seine Stellung auf Kosten des Adels stärken. Als erste europäische Monarchie Europas vollzog Dänemark den **Übergang zum Absolutismus,** der mit dem „Königsgesetz“ *(Lex Regia)* am 14.11.1665 auch formal beschlossen wurde. Unter der Regierung Frederiks verbesserte sich die Finanzlage Dänemarks, Landwirtschaft und Handel wurden gefördert und der Einfluss der Hanse zurückgedrängt.

Pest, Brände und der Angriff der Engländer

Der Wohlstand in Kopenhagen nahm immer weiter zu – bis zum Jahre 1711, als eine **Pestepidemie** in der Stadt wütete und ein Drittel der damals 60.000 Einwohner dahinraffte. Kaum hatte sich die Stadt von diesem Schicksalsschlag erholt, nahte schon die nächste Katastrophe.

Ein **Großfeuer** zerstörte 1728 große Teile der Stadt. Der Wiederaufbau erfolgte nach strengen Regeln, was die Höhe der Gebäude, das zu verwendende Baumaterial und den Baustil anging. Dadurch sollte u. a. weiteren Brandkatastrophen vorgebeugt werden. Wie sich bald zeigen sollte, gelang dies nicht. Auch Schloss Christiansborg 5 entstand in dieser Phase des Wiederaufbaus und unterstrich in seiner Pracht eindrucksvoll die Macht des Königs.

Die letzten Jahrzehnte des 18. Jahrhunderts wurden auch die **„unbeschwerten Jahre“** genannt: Die Stadt prosperierte, die Geschäftsleute machten riesige Profite und eine pompöse Stadtvilla nach der anderen entstand.

Auch den einfachen Leuten ging es zusehends besser. Ab 1784 lenkte Frederik VI. (1808–1839) als Kronprinzregent im Namen seines geisteskranken Vaters, Christian VII. (1766–1808), das Reich. Er leitete eine ganze Reihe von **Reformen** ein. So wurde zum Beispiel die Schollen-

Auf den Spuren von ...

... Sören Kierkegaard

- *Nytorv 29: Am 5. Mai 1813 wird Kierkegaard dort als jüngstes von sieben Kindern geboren.*
- *Heilig-Geist-Kirche/Helligåndskirke, Niels Hemmingsens Gade 5: Taufe am 3.6.1813.*
- *Vor Frue Kirche/Dom, Nørregade 22: Am 20.4.1828 wird Kierkegaard konfirmiert, ironischerweise von seinem späteren erbitterten Gegner Bischof Mynster.*
- *Hauptgebäude der Universität, Frue Plads 21: Hier beginnt Kierkegaard 1830 sein Studium der Theologie (später auch der Ästhetik und der Philosophie).*
- *Assistens Kirkegård, Kapelvej 53: Am 2. Oktober 1855 erleidet Kierkegaard einen Schlaganfall und bricht auf der Straße zusammen. Er wird ins Fredriks-Hospital gebracht, wo er am 11. November im Alter von 42 Jahren stirbt. Wenige Tage später wird er auf dem Assistens Kirkegård begraben (Grabfeld A 17).*

... Hans Christian Andersen

- *Vestergade 18: In der Pension Gardegården wohnt Andersen bei seinem ersten Kopenhagenaufenthalt 1819. Das Gebäude existiert nicht mehr.*
- *Dybensgade 20: Hier wohnte der Märchendichter ab 1822.*
- *Nyhavn 20: Andersens Wohnort 1834.*
- *Nyhavn 67: Hier wohnte Andersen von 1848 bis 1867.*
- *Hotel d'Angleterre (s. S. 164), Kongens Nytorv 34: Ab 1860 stieg er hier mehrmals ab, vorzugsweise in Zimmer 208.*
- *Nyhavn 18: Hier lebte Andersen 1861 für wenige Monate und dann wieder 1873.*
- *Assistens Kirkegård, Kapelvej 53: Andersen stirbt am 4. August 1875 und wird hier begraben.*

Gegenüber der Ostseite des Tivoli 1 auf dem H. C. Andersen Boulevard befindet sich eine der beiden Statuen des Schriftstellers. Die andere steht in Kongens Have, dem königlichen Garten neben Schloss Rosenborg 37.

gebundenheit der Bauern und damit faktisch deren **Leibeigenschaft abgeschafft.**

1794 brannte Schloss Christiansborg fast bis auf die Grundmauern nieder. Das war aber nur ein mahnender Vorbote für eine viel größere **Katastrophe,** die die Stadt ein Jahr später heimsuchte: Erneut wütete ein Großbrand in Kopenhagen, wieder wurden Hunderte von Gebäuden zerstört. Aber die Dänen ließen sich nicht entmutigen und machten sich an den Wiederaufbau. Es drohte jedoch bereits neues Ungemach. Dänemark hatte in jenen Tagen einen **Neutralitätspakt** mit Russland, Preußen und Schweden geschlossen. England, das im Krieg mit Frankreich lag, fühlte sich dadurch gefährdet, fürchtete, dass sich die Viererkoalition dem Feind anschließen könnte. Deswegen griffen die Engländer 1801 die vor Kopenhagen liegende dänische Flotte an und vernichteten sie nahezu völlig.

1807 tauchte die englische Flotte erneut vor Kopenhagen auf und belagerte die Stadt. Diesmal mussten die Hauptstädter ihre **Stadt dem Feind übergeben.** Kopenhagen wurde geplündert. Dänemark und seine Hauptstadt stürzten in die **schwerste Krise ihrer Geschichte.** Das Land stand vor dem Bankrott. 1814 musste Dänemark, das in den Napoleonischen Kriegen auf Seiten Frankreichs stand und erneut verlor, Norwegen an Schweden abtreten.

In den 1830er-Jahren ging es wirtschaftlich wieder langsam aufwärts. England, der einstige Feind, wurde zum wichtigen Handelspartner. Auch **kulturelle Veränderungen** fanden statt. Kunst, Philosophie und Literatur erlebten eine Blütezeit. Auf politischer Ebene wurden Forderungen nach mehr Demokratie laut, denen sich auf Dauer auch der König nicht entziehen konnte.

Der Weg in Richtung Demokratie

1848 unterzeichnete Christian VIII. (1839–1848) kurz vor seinem Tod ein Dekret, in dem er den Absolutismus für beendet erklärte. Ein Jahr später erhielt Dänemark eine neue Verfassung, in der die **konstitutionelle Monarchie** festgeschrieben wurde. Ein **Zweikammernparlament** mit dem Folketing, Organ der Bürger, und dem Landsting, in dem die Großgrundbesitzer vertreten waren, wurde eingeführt. Wahlberechtigt waren damals nur Männer. Auch auf lokaler Ebene brachte die neue Zeit Veränderungen mit sich. 1857 durfte der Kopenhagener Gemeinderat den **Bürgermeister erstmals selbst ernennen** – ein Privileg, das bis dahin der König innehatte. In diese Zeit fällt auch die große **Choleraepidemie.** 5000 Menschen starben auf Grund der damals hochgradig unhygienischen Zustände. Doch man zog seine Lehren: 1859 wurde die Frischwasserversorgung der Stadt verbessert. Im selben Jahr bekam Kopenhagen ein Gaswerk und mit ihm kam Licht in die bisher dunklen Straßen der Stadt.

Außenpolitisch kam es in den 1850er-Jahren zwischen dem Deutschen Staatenbund und Dänemark zum **Streit über die Herzogtümer Schleswig, Holstein und Lauenburg.** In Schleswig lebten zur Hälfte Deutsche, die anderen beiden Herzogtümer hatten eine rein deutsche Bevölkerung. Im Zuge des in ganz Europa erstarkenden Nationalismus forderten die Herzogtümer die Loslösung von Dänemark und die Eingliederung in den Deutschen Staatenbund. 1848 kam es darüber zu einem Krieg, in dem Dänemark ein letztes Mal die Oberhand behalten konnte. 1864 aber, als Preußen und Österreich auf der Seite Schleswigs, Holsteins und Lauenburgs gegen Dänemark in den Krieg zogen, war die dänische Niederlage schnell besiegelt.

Ende des 18. Jh. hielt die **Industrialisierung** Einzug. Fabrik wurde neben Fabrik gebaut. Werften, Brauereien, Zementfabriken – der Aufschwung war buchstäblich zu riechen. Von 1860 bis 1900 nahm die Einwohnerzahl von 155.000 auf über 400.000 zu. Vom Land strömten verarmte Bauern in die Stadt, die hier auch problemlos Arbeit fanden.

1884 wurden die ersten beiden sozialdemokratischen Mitglieder des dänischen Parlaments gewählt. Die **Sozialdemokratische Partei** machte außerdem kräftige Gewinne in der Ratsversammlung von Kopenhagen. In einer Koalition errangen die Sozialdemokraten 1903 eine knappe Mehrheit und gewannen dadurch eine bedeutende Position in der Ratsversammlung.

Erster und Zweiter Weltkrieg

Während des **Ersten Weltkriegs** blieb Dänemark **neutral** und handelte so dem Deutschen Reich die Zusicherung ab, nicht angegriffen zu werden. In der Folge des von Deutschland verlorenen Krieges kam es 1918 zu einer Abstimmung in Nordschleswig über die Staatszugehörigkeit des Gebiets. Da die Mehrheit für die Rückkehr zu Dänemark stimmte, wurden die Grenzen wieder neu gezogen. Innenpolitisch wurde 1915 ein demokratisches Grundgesetz beschlossen und das **Frauenwahlrecht** eingeführt.

Auch im **Zweiten Weltkrieg** wollte Dänemark neutral bleiben und unterzeichnete im Mai 1939 einen auf zehn Jahre festgelegten Nichtangriffspakt mit Hitler-Deutschland. Weniger als ein Jahr später im April 1940 **besetzten deutsche Truppen Dänemark.** Anders als in allen anderen Ländern, in denen die Nazis einmarschierten, erfolgte in Dänemark keine Nazifizierung, d. h., die dänische Regierung blieb weiter im Amt und konnte in vielen Fragen weiterhin selbstständig entscheiden. Der relativen Souveränität Dänemarks während der deutschen Besatzungszeit ist auch zu verdanken, dass hier die meisten Juden der Verfolgung entkamen und ins benachbarte Schweden fliehen konnten.

Nachkriegszeit

Als Konsequenz aus der gescheiterten Neutralitätspolitik während des Zweiten Weltkriegs wurde Dänemark 1949 **Mitglied der NATO.** 1973 trat das Land der EG (Europäische Gemeinschaft), der heutigen **Europäischen Union**, bei. Dem Beitritt zur Europäischen Währungsunion hat die Bevölkerung in einer Volksabstimmung im Jahr 2000 aber die Zustimmung verweigert. Deswegen ist nicht der Euro, sondern immer noch die dänische Krone Landeswährung.

Nach dem Krieg wurde Dänemark zunächst ausschließlich von sozialdemokratischen Regierungen geführt. Erst 1968 kam es zu einem ersten, wenn auch zunächst nur kurzen, politischen Richtungswechsel. Von 2001 bis 2011 regierte dann die rechtsliberale Venstre mit den Konservativen unter Duldung der rechtsaußen angesiedelten, ausländerfeindlichen Dänischen Volkspartei, die bis 2012 von der umstrittenen Pia Kjærsgaard geführt wurde. Von 2011 bis 2015 stand mit der Sozialdemokratin **Helle Thorning-Schmidt** erstmals eine Frau an der Spitze einer dänischen Regierung.

Von 2019 bis 2022 stand Mette Frederiksen an der Spitze einer sozialdemokratischen Minderheitsregierung. Bei den Wahlen im November 2022 wurden die Sozialdemokraten erneut stärkste Partei.

Als formelles Staatsoberhaupt in der konstitutionellen Monarchie Dänemarks fungiert schon seit dem Jahr 1972 Königin **Margrethe II.** Sie ist die zweite Frau auf dem dänischen Thron. Ihre Thronbesteigung war erst möglich geworden, weil das 1953 geänderte Thronfolgegesetz seitdem auch eine weibliche dänische Regentin zulässt.

Kopenhagens Oberbürgermeisterin ist seit 2021 die Sozialdemokratin **Sophie Hæstorp Andersen.** Sie folgte auf den langjährigen Bürgermeister Frank Jensen (ebenfalls Sozialdemokrat), der wegen des Vorwurfs zahlreicher sexueller Verfehlungen sein Amt niederlegen musste.

Umweltbewusstes Kopenhagen

Wer denkt, die Umweltbewegung sei von den Grünen in Deutschland erfunden worden, liegt nicht ganz falsch – obwohl es natürlich viele Vorläufer auch an anderen Orten gab. Auch wenn die skandinavischen Grünen in den Parlamenten nicht so etabliert sind wie ihre Schwesterpartei in Deutschland, ist der **Gedanke des Umweltschutzes** und der **Nachhaltigkeit** in den skandinavischen Ländern in allen gesellschaftlichen Bereichen so fest implantiert wie sonst wohl nirgends. Das schlägt sich in der **Stadtplanung**, der **nachhaltigen Architektur** und der **Verkehrsplanung** nieder. Es lässt sich aber auch an der Förderung des Radverkehrs, an der Sauberkeit des Wassers – im Inneren Hafen hat das Wasser stellenweise Badewasserqualität – sowie an vielen kleinen Alltagsdingen festmachen. Zum Beispiel wird man auf Kopenhagens Bürgersteigen überall auf Fußspuren stoßen, die aufs Pflaster gemalt sind: Sie führen als freundliche Mahnung einige Schritte zum nächsten Papierkorb. Und nirgends sonst gibt es so viele Restaurants und Cafés, die **„organic food"** anbieten. Während in Deutschland immer mehr Menschen zumindest teilweise auf ökologische Erzeugung von Lebensmitteln achten, erklärt immerhin ein Drittel der dänischen Bevölkerung, sich „organisch" zu ernähren. Der Anteil in Kopenhagen ist besonders hoch.

210kh-rk

◁ *Auf Kopenhagens Fahrradwegen ist viel los*

Die Stadt hat sich zum Ziel gesetzt, bis 2025 die weltweit erste **CO_2-neutrale Hauptstadt** zu sein. Schon in der jüngeren Vergangenheit wurde sie von der International Cycling Union (UCI) zur weltweit ersten **„Bike City"** erklärt und erhielt den Titel **„Grüne Hauptstadt Europas"**. Die Verleihung durch den EU-Umweltkommissar kommentierte Ayfer Baykal, damals Kopenhagens Bürgermeisterin für Technik und Umwelt (die Bezeichnung ihres Ressorts legt nahe, dass diese beiden scheinbar widersprüchlichen Bereiche durchaus zusammengehen können), stolz: „Wir wollen dem Rest Europas zeigen, wie man grüne Lösungen für Städte schaffen kann, die funktionieren." Mit einer Buslinie im Innenstadtbereich fing es an: Die Busse fuhren leise und CO_2-frei durch den Stadtverkehr. Seit 2021 werden nur noch emissionsfreie Busse angeschafft.

Der Gedanke der Nachhaltigkeit hat längst auch touristische Einrichtungen wie **Hotels** erfasst: Die kleine Kette der im Familienbesitz befindlichen Brøchner-Hotels (z. B. das Hotel SP34, s. S. 165) wirtschaftet schon seit 2008 CO_2-neutral und nimmt damit eine Vorreiterrolle weltweit ein. Die Familie initiierte auch das internationale Ökolabel „CO_2-neutrale Hotels“. Für ihr Engagement wurde allen vier Hotels der Gruppe der „Grüne Schlüssel“, das internationale Ökolabel der Tourismusindustrie, verliehen.

Wer sich für das nachhaltige Konzept Kopenhagens interessiert, kann sich auf einer dreistündigen **Green Bike Tour** von einem zertifizierten Guide alles zeigen und erklären lassen (auf Englisch).

› **Green Bike Tours**, https://greenbiketours.org

Fahrradhauptstadt Kopenhagen

Kostenlos Kajak fahren und Müll einsammeln

Wer Sightseeing im Hafen von Kopenhagen mit einer kleinen guten Tat für den Umweltschutz verbinden will, kann sich bei Kayak Republic/Green Kayak für 2 Stunden kostenlos ein Kajak ausleihen. Im Gegenzug verpflichtet man sich, allen Müll, der einem auf seiner Tour vors Boot kommt, einzusammeln. Außerdem soll man von der Sammelaktion Fotos machen und auf seinen sozialen Medien posten. Man kann auch Kajaks mieten, ohne an der Müllsammelaktion teilzunehmen. Das kostet dann 195 dkr/2 Std. Der Preis wird auch all denjenigen berechnet, die von der Müllsammeltour ohne eingesammelten Abfall zurückkommen.

› **Kayak Republic/Green Kayak** (s. S. 159), www.greenkayak.org, https://kayakrepublic.dk/diverse/greenkayak

212kh-rk

Radlerparadies

2019 wurde Kopenhagen zur **Welthauptstadt der Fahrradfahrer** gewählt. Fast 400 Kilometer Fahrradwege werden dort von 675.000 Radler genutzt. 44 % aller Fahrten zur Arbeitsstelle, zur Schule oder Uni legen die Kopenhagener auf zwei Rädern zurück. Ampeln werden in der Rushhour zugunsten der Radfahrer geschaltet und während die Autofahrer im Stau stehen, flitzen die Radfahrer unbehindert durch die Stadt. Beeindruckende Fakten, die einer Fahrradmetropole alle Ehre machen. Gut für Touristen: An jeder Straßenecke kann man per App Fahrräder von unterschiedlichen Anbietern leihen.

Der Radverkehr auf der Dronning Louises Bro, der Brücke, die die Innenstadt mit dem Stadtteil Nørrebro verbindet, ist zeitweise so dicht, dass man den Asphalt nicht mehr sieht. Mit Leihrad und öffentlichen Verkehrsmitteln lässt sich Kopenhagen wunderbar „er-fahren". Räder können in Zügen, den Hafen-Wasserbussen, Bussen und der Metro mitgenommen werden. Einzige Ausnahme fürs Ein- und Aussteigen ist die Nørreport Station – hier dürfen Räder im Berufsverkehr nicht verladen werden.

Filmstadt Kopenhagen

*Dänemark ist ein **Land mit langer Filmtradition.** Eine der ältesten Filmgesellschaften der Welt, Nordisk Film, 1906 unter dem Namen Ole Olsen's Filmstudio gegründet, kommt aus Kopenhagen, und zwischen 1968 und 1998 sorgte die „Olsenbande" international für dänischen Filmruhm. Die Komödien um drei Kleinkriminelle erlangten Kultstatus.*

*In Kopenhagen war es auch, wo im Frühling 1995 die **Dogma-Filme** als Gegenbild zum Hollywood-Kino „erfunden" wurden. Das Dogma-Gelübde sieht für Regisseure strenge Regeln vor: So soll das von ihnen verwendete Material aus nichts anderem als dem der vorgegebenen Wirklichkeit bestehen – keine Kostüme, keine Bauten, keine Schminke, kein künstliches Licht. Alles wird so abgefilmt, wie man es vorfindet. Thomas Vinterbergs preisgekrönter Film „Das Fest" war der erste Dogma-Film, dann folgten Lars von Triers „Idioten" und Søren Kragh Jacobsens „Mifune". Lone Scherfigs erhielt für „Italienisch für Anfänger" 2001 auf der Berlinale einen Silbernen Bären.*

*Weitere **bekannte dänische Regisseure** sind u. a. Bille August („Das Geisterhaus", „Fräulein Smillas Gespür für Schnee", „Goodbye Bafana"), Gabriel Axel („Babettes Fest") und Nicolas Winding Refn („Pusher I–III") sowie Anders Thomas Jensen („Ernst og Lyset").*

●159 ***Studios von Nordisk Film,** Mosedalvej 14 (in Valby bei Kopenhagen), www.nordiskfilm.com, Tel. 70202122. Ein „Blick hinter die Kulissen" von Nordisk Film ist auf einer rund 75 Minuten dauernden, geführten Tour möglich. Die Führung muss mindestens zwei Wochen im Voraus angemeldet werden und findet nur statt, wenn mindestens 10 Personen zusammenkommen. Ticket: 125 dkr, 6–17 Jahre 100 dkr (https://rundvisning.nordiskfilm.com).*

REISETIPPS KOPENHAGEN

131kh-jg

132kh-jg

Im Hauptbahnhof von Kopenhagen

Anreise

Mit dem Auto

Die Anfahrt mit den Fähren von Scandlines (www.scandlines.de) erfolgt über **Rostock–Gedser** (Überfahrtszeit: 105 Minuten, Preise in der Hochsaison ab 78 € bei vorheriger Buchung, bei spontaner Reise ab 140 € inkl. Insassen) und über die **Vogelfluglinie** von Puttgarden auf Fehmarn nach Rødby (Überfahrtszeit: 45 Minuten, Preis in der Hochsaison ab 105 €/Auto inkl. Insassen, bei frühzeitiger Onlinebuchung ab 59 €). Hier verkehren die Fähren in der Hochsaison im Halbstundentakt und rund um die Uhr. Von beiden Fährhäfen ist man dann nochmals mit dem Auto knapp zwei Stunden bis Kopenhagen unterwegs.

Die **Anreise über den schwedischen Teil** der Öresundregion erfolgt mit TT-Line (www.ttline.com) und Stena Line (www.stenaline.de) von Rostock nach Trelleborg (Preis in der Hochsaison ab 165 € pro Auto inkl. Insassen, außerhalb von Spitzenzeiten sind bei früher Buchung auch Preise ab 84 € zu bekommen). Stena Line verkehrt zusätzlich von Sassnitz nach Trelleborg und TT-Line von Travemünde nach Trelleborg. Die Fähren nach Schweden starten drei bis fünf Mal pro Tag.

Über die **Öresundbrücke** (s. S. 84) erreicht man von Trelleborg aus Kopenhagen via Malmö in weniger als einer Stunde.

Mit dem Flugzeug

Kopenhagen erreicht man von fast allen deutschen Flughäfen sowie von Wien, Zürich und Genf (mit SAS, www.flysas.de) direkt.

Easyjet fliegt von Berlin, Basel und Genf (www.easyjet.com). Mit Eurowings erreicht man die dänische Hauptstadt

Vorseite: Bei einer Rundfahrt mit dem Boot lernt man Kopenhagens Innenstadt auf entspannte Weise kennen

ebenfalls von den meisten deutschen Flughäfen aus, etwa Düsseldorf, München, Stuttgart, Nürnberg, Dresden oder Berlin (www.eurowings.com).

Der **Flughafen Kopenhagen-Kastrup** liegt auf der Insel Amager zwischen Kopenhagen und Malmö und ist von beiden Städten leicht mit dem Zug zu erreichen. Der **Bahnhof** befindet sich unterhalb des Terminals 3, der Ticketschalter ist bis 22.30 Uhr geöffnet. Natürlich kann man sein Ticket auch am Automaten ziehen.

Der Preis für eine einfache Zug- oder Metrofahrt **vom Flughafen ins Zentrum von Kopenhagen** beträgt 36 dkr. Man benötigt dafür ein 3-Zonen-Ticket und kann damit wahlweise Zug, Metro oder Bus nutzen.

Die einfache **Bahnfahrt nach Malmö** kostet 105 Skr, für ein Familienticket werden 189 Skr fällig.

Für eine **Taxifahrt ins Zentrum von Kopenhagen** muss man mit 250 bis 350 dkr rechnen.

- **160 Flughafen Kopenhagen-Kastrup,** Lufthavnsboulevarden 6, 2770 Kastrup, www.cph.dk

Mit der Bahn

Täglich verkehren über die Vogelfluglinie (Puttgarden–Rødby) und die Große-Belt-Verbindung mehrere Züge nach Kopenhagen.

› Informationen, Beratung und Buchung: Tel. 030 2970, www.bahn.de

Der **Berlin-Night-Express** verbindet von Juni bis Mitte Aug. dreimal pro Woche die deutsche Hauptstadt mit Malmö. Tickets (einfache Fahrt im Liegewagen) gibt es ab 45 €.

› Informationen, Buchung: www.snalltaget.se

Mit dem Bus

Mit **Fernbussen** kann man ab ca. 35 € von Berlin, Rostock, Hamburg und Lübeck nach Kopenhagen reisen. Auf der Strecke verkehren unter anderem Flixbus und Postbus. Eine Übersicht gibt das Portal www.busliniensuche.de.

Mit dem Fahrrad

Die Anreise mit dem Fahrrad nach Kopenhagen ist sicherlich eine etwas ungewöhnliche Alternative, aber von Berlin aus gibt es den 680 km langen, durchgehend markierten **Radfernweg Berlin–Kopenhagen,** der die beiden Hauptstädte miteinander verbindet. Literatur dazu gibt es von mehreren Verlagen, u. a. von bikeline („Radfernweg Berlin – Kopenhagen", 2020)

› Infos: www.bike-berlin-copenhagen.com

216kh-rk

Kopenhagener Hinweisschild auf den Radfernweg nach Berlin

Autofahren

Die **Höchstgeschwindigkeit** auf Autobahnen liegt in Dänemark bei 130 km/h bzw. 110 km/h, mit schweren Wohnmobilen (3,5 bis 7,5 t) 80 km/h. Auf Haupt- und Landstraßen darf 80 km/h gefahren werden und in geschlossenen Ortschaften wie gewohnt 50 km/h.

Die **Promillegrenze** beträgt 0,5 ‰. Achtung: Alkoholtest und Geschwindigkeitskontrollen sind häufig und die Strafen drastisch! Wie in allen anderen Ländern Nordeuropas auch müssen Autos und Motorräder **rund um die Uhr das Abblendlicht** einschalten. Gurtpflicht besteht auch auf den hinteren Sitzen.

Im Notfall bekommt man deutschsprachige Hilfe bei:

› **ADAC Auslandsnotruf:**
Tel. +49 (0)89 222222

In Kopenhagen sind **Parkplätze äußerst knapp.** Es gelten drei Parkzonen mit unterschiedlichen Tarifen, je näher dem Zentrum, umso teurer. Am besten lässt man den Wagen am Stadtrand oder auf dem Hotelparkplatz stehen und nutzt öffentliche Verkehrsmittel. Im ca. 5 km entfernten Viertel Amager Øst z. B. gibt es kostenlose Parkplätze am Krimsvej und Tovelillevej, von denen man in wenigen Gehminuten die Øresund-Metrostation erreicht. Mit der Linie M2 ist man in 15 Min. im Zentrum. Auch in der Nähe der meisten Bahnstationen im Umland findet man Parkplätze. Dort kann man sein Auto abstellen und mit dem Zug anreisen. In der Innenstadt kostenlos parken darf man – so man einen Parkplatz findet – Sa. ab 17 Uhr und So. ganztags.

Für eine Tagesgebühr von 25 bis 100 dkr (abhängig von der Entfernung zum Zentrum) kann man sein Fahrzeug auf folgenden **P+R-Plätzen** abstellen:

P161 **P+R-Platz (1),** Hedegaardsvej 50
P162 [gn] **P+R-Platz (2),** Njalsgade 83–99
P163 [bn] **P+R-Platz (3),** Vestergbrogade 147–149
P164 **P+R-Platz (4),** Finsensvej 15
P165 **P+R-Platz (5),** Amager Strandvej 390–402

Weitere **Infos und Hinweise zu anderen Parkplätzen** finden sich unter www.parkzone.dk.

Barrierefreies Reisen

Dänemark ist ein **sehr behindertenfreundliches Reiseziel.** Alle öffentlichen Neubauten müssen für Rollstuhlfahrer zugänglich sein. Die meisten öffentlichen Verkehrsmittel, städtische und staatliche Museen sind ebenfalls behindertengerecht ausgestattet. Eine **Website** mit Informationen für Behinderte gibt es bei VisitDenmark:

› www.visitdenmark.de („Reiseplanung“/ „Barrierefreies Reisen“)

Weitere Informationen zum Thema kann man beim **European Network for Accessible Tourism** einholen (www.accessibletourism.org). Nützlich ist auch das Portal **www.godadgang.dk.** Hier kann man nach barrierefreien Touristenzielen und Freizeitangeboten suchen. Eine Dachorganisation mit 35 Mitgliedsunternehmen ist **DH** (https://handicap.dk). Das Unternehmen **Sage Travelling** hat sich auf die Unterstützug von Reisenden mit Handicap spezialisiert und bietet auch in Kopenhagen Rollstühle zur Miete an (www.sagetraveling.com).

Diplomatische Vertretungen

- •**166 Deutsche Botschaft (Tysklands Ambassade),** Göteborg Plads 1, 2150 Kopenhagen/Nordhavn, Tel. +45 35459900, www.kopenhagen.diplo.de
- •**167 Österreichische Botschaft,** Sølundsvej 1, 2100 Kopenhagen Ø, Tel. +45 39294141, www.bmeia.gv.at/botschaft/kopenhagen.html
- •**168 Schweizer Botschaft,** Richelieus Allé 14, 2900 Hellerup, www.eda.admin.ch/copenhagen, Tel. +45 33141796, Hotline in der Schweiz: Tel. +41 (0) 800247365

Einreisebestimmungen

Trotz Dänemarks Mitgliedschaft im **Schengener Abkommen** werden stichprobenartig Ausweiskontrollen an den deutsch-dänischen Grenzen durchgeführt. Ein gültiger Personalausweis oder Reisepass muss mitgeführt werden.

Als **Richtwerte** für die Einfuhr von Waren gelten 10 l hochprozentiger Alkohol, 60 l Schaumwein, 90 l Wein und 100 l Bier sowie 800 Zigaretten, 400 Zigarillos und 200 Zigarren. Für Schweizer und andere Reisende aus Nicht-EU-Staaten gelten strengere Beschränkungen.

Fundbüro

- •**169 Fundbüro der Polizei (Kopenhagen),** Slotsherrensvej 113, Vanløse (S-Bahn-Station: Islev), Tel. 38748822, Mo., Mi., Fr. 9–14, Di., Do. 9–17.30 Uhr

› Für **Liegengelassenes in Bussen** kontaktiert man die Tel.-Nummer 70157000 (unter Angabe der Nummer des Busses), Verlorenes in S-Bahn-Zügen erfragt man unter Tel. 70151615.

› https://lost-found.org/denmark/copenhagen

Geldfragen

Dänemark gehört nicht zur Eurozone, die Währungseinheit ist die **Dänische Krone** (Abkürzung: dkr, DKK). Im Umlauf sind Banknoten zu 1000, 500, 200, 100 und 50 Kronen, Münzen zu 20, 10, 5, 2 und 1 Krone sowie zu 50 Øre.

Mit Debitkarten (Giro-, Maestro-, V-Pay-Card) und Kreditkarten kann man an **Geldautomaten** rund um die Uhr Geld abheben. Beim Abheben von Bargeld in Landeswährung wird manchmal angeboten, dass die Abrechnung mit dem eigenen Konto in Euro erfolgen kann. Das Verfahren ist als **Dynamic Currency Conversion (DCC)** bekannt. Wählt man diese Option, die ja sicherer erscheint, wird aber ein ungünstiger Wechselkurs zu-

Ein dänischer Geldautomat

214kh-rk ©manifeesto, stock.adobe.com

Kopenhagen preiswert

- *Dienstags erhält man freien Eintritt in der **Ny Carlsberg Glyptotek** 2.*
- *Die Aussicht vom **Turm des Schlosses Christiansborg** 5 ist famos und kostet nichts. Ein Aufzug bringt einen zur Aussichtsplattform.*
- *Für umgerechnet knapp 70 € kann man im **Danhostel Copenhagen City** (s. S. 167) im Doppelzimmer im Herzen der Stadt übernachten.*
- *Wenn man beim **Sightseeing** Müll aus dem Hafenbecken fischt, kann man die **Kanus** bei Green Kayak kostenlos leihen (s. S. 145).*

grunde gelegt, der erhebliche Kosten verursachen kann. Deshalb sollte man Abhebungen immer in der Landeswährung vom eigenen Konto abbuchen lassen. Dann legt die eigene Bank den offiziellen Devisenkurs zugrunde.

Debit- und Kreditkarten werden nahezu überall akzeptiert. Tatsächlich ist **bargeldloses Zahlen** in Dänemark, auch bei Kleinstbeträgen, so weit verbreitet, dass es inzwischen Geschäfte und Restaurants gibt, die nur noch Kartenzahlung akzeptieren. Die **Banken** sind 10–16 Uhr, donnerstags bis 18 Uhr geöffnet.

Wechselkurse

(Stand: Anfang 2023)

1 €	=	7,44 dkr
10 dkr	=	1,34 €
1 SFr	=	7,52 dkr
10 dkr	=	1,33 SFr

Trinkgeld

Wie in allen nordischen Ländern ist es auch in Dänemark **nicht üblich, Trinkgeld zu geben.** Natürlich hat niemand etwas gegen ein finanzielles Dankeschön. Wichtiger ist es aber, sich wirklich zu bedanken – kein Gast verlässt in Dänemark das Restaurant, ohne sich beim Personal mit einem „tak, tak“ freundlich zu verabschieden.

Haustiere

Hunde und Katzen müssen mindestens dreißig Tage und maximal zwölf Monate vor der Einreise gegen Tollwut geimpft werden. Als Nachweis ist der **internationale Impfausweis** (gelber Impfpass) erforderlich. Bei Tieren, die regelmäßig (d. h. einmal im Jahr) geimpft werden, entfällt die 30-Tage-Frist.

Für Jungtiere bis zu einem Alter von drei Monaten muss ein tierärztliches Gesundheitszeugnis vorliegen, das zum Zeitpunkt der Einreise nicht älter als 10 Tage sein darf. Kampfhunde dürfen nicht eingeführt werden.

Außerdem müssen die Tiere laut EU-Regelung **eindeutig identifiziert** werden können. Das kann durch eine Tätowierung oder einen Chip geschehen.

Hundebesitzer sollten wissen, dass ihre Vierbeiner am Strand vom 1. April bis 30. September und im Wald ganzjährig **an der Leine geführt** werden müssen.

Kopenhagen ist auf Touristen eingestellt, die Sehenswürdigkeiten sind gut ausgeschildert

Informationsquellen

Infostellen

170 [A6] **Copenhagen Visitor Centre,** Vesterbrogade 4, 1620 Copenhagen V, Tel. +45 70222442, https://visitorservice.dk, Kernöffnungszeiten: Mo.-Fr. 9-16, Sa., So. 10-16 Uhr. Ein Touristeninformationszentrum befindet sich auch im Hauptbahnhof [A6], Kernöffnungszeiten tgl. 9-15 Uhr.

Kopenhagen im Internet

- **www.visitdenmark.de:** offizielle Website von Visit Denmark, dem dänischen Fremdenverkehrsbüro
- **www.visitcopenhagen.dk:** Website der Touristinfo der Stadt Kopenhagen
- **www.alt.dk/emner/kobenhavn:** „Alt om København" – die Website gibt (auf Dänisch) Tipps über aktuelle Veranstaltungen, Restaurants, Filme etc.
- **www.tyskland.um.dk:** Website der dänischen Botschaft in Deutschland mit offiziellen Hinweisen zu Reiseregelungen, aber auch Hintergrundinfos zu Dänemark
- **http://denmark.dk/de:** Website des dänischen Außenministeriums
- **www.kk.dk, https://international.kk.dk:** offizielle Websites der Stadt Kopenhagen
- **www.kunstonline.dk:** Eine Fundgrube für alle, die sich für die Biografien dänischer Künstler interessieren. Nur auf Dänisch.

Kopenhagen-Apps

- **Copenhagen Card City Guide:** offizielle Begleit-App zur Kopenhagenkarte (s. S. 169) mit Informationen zu Sehenswürdigkeiten (u. a. Öffnungszeiten) und Touren (kostenlos für Android und iOS)
- **Copenhagen Gay Guide:** Die App informiert über Bars und Discos für ein schwules Publikum (kostenlos für iOS).
- **DOT Billetter:** Fahrplan- und Ticketapp der Kopenhagener Verkehrsbetriebe (kostenlos für iOS und Android)

Zeitungen und Zeitschriften

Deutsche Zeitungen und Zeitschriften bekommt man an den meisten Kiosken und in vielen Hotels. Eine große Auswahl an ausländischen Zeitungen gibt es im Hauptbahnhof, am Zeitungskiosk im Magasin du Nord (s. S. 123) und am Kongens Nytorv 14.

Meine Literaturtipps

Geschichte

- *Knauer, Claudia:* ***Dänemark. Ein Länderporträt.*** *Berlin 2015. Leicht lesbare Einführung in die die Geschichte, Politik und Kultur Dänemarks.*

Krimis

- *Was Hennig Mankell mit seinem Kommissar Wallander für Ystad ist, ist Dan Turèll für Kopenhagen. Die meisten Krimis des leider schon 1993 im Alter von nur 47 Jahren verstorbenen Schriftstellers spielen in der dänischen Hauptstadt. Heute sind viele von ihnen aber nur noch antiquarisch erhältlich: zum Beispiel* ***Mord am Rondell und Mord in Rodby.***
- *Der in Kopenhagen geborene Jussi Adler-Olsen ist auch in Deutschland in den Bestsellerlisten zu finden. Seine Romane um den Ermittler Carl Mørck vom Sonderdezernat Q (u. a.* ***Erbarmen, Schändung, Erlösung, Verachtung, Erwartung****) und deren Verfilmungen machten ihn zum bestverkauften Krimiautor Dänemarks.*

074kh-rk

Biografien, Literarisches

- *Enquist, Per Olof:* ***Der Besuch des Leibarztes.*** *Packender Roman, in dem der schwedische Schriftsteller das Leben von Johann Friedrich Struensee nachzeichnet. Auch als hervorragend gemachtes Hörbuch 2002 beim Hörbuchverlag erschienen.*
- *Das Ansehen der neueren dänischen Literatur hat Tania (eigentlich: Karen) Blixen mit dem Roman* ***Jenseits von Afrika*** *begründet, der ihr Leben als Kaffeefarmerin in Afrika beschreibt (1937 unter Pseudonym veröffentlicht). 1985 wurde er mit Meryl Streep und Robert Redford verfilmt.*
- *Ebenfalls erfolgreich verfilmt wurde* ***Fräulein Smillas Gespür für Schnee*** *von Peter Høeg. Der Thriller beschäftigt sich u. a. kritisch mit der Diskriminierung der grönländischen Bevölkerung in Dänemark.*
- *Mylius, Johan de (Hrsg.):* ***Kierkegaard für Gestresste.*** *Dank dieses Buchs können auch Laien den dänischen Philosophen verstehen.*

› *In der 2021 auf deutsch erschienenen autobiographischen* ***Kopenhagen-Trilogie*** *(„Kindheit“, „Jugend“, „Abhängigkeit“) von Tove Ditlevsen erhält man nicht nur intime Einblicke in das Leben der Schriftstellerin, sondern erfährt auch einiges über die dänische Hauptstadt.*

Sprache

› *Hoffmann, Roland:* ***Dänisch – Wort für Wort (Kauderwelsch-Band 43),*** *Reise Know-How Verlag, Bielefeld. Vermittelt auf einfache Weise das für die Reise Notwendige.*

› *Hoffmann, Roland:* ***Dänisch Aussprache-Trainer (Audio-CD/Download),*** *Reise Know-How Verlag, Bielefeld. Dänisch nur durchs Lesen zu lernen, ist nahezu unmöglich – der AusspracheTrainer aus dem Reise Know-How Verlag hilft beim Sprechenlernen.*

Märchen

› ***Andersens Märchen,*** *Hans Christian Andersen, Ravensburg 2017. Sehr schönes Vorlesebuch für Kinder.*

› ***H. C. Andersen Märchen,*** *Weinheim 2005. Zum Andersen-Jubiläum erschien dieser Prachtband mit 43 der bekanntesten Andersen-Märchen (mit 120 Bildern).*

‹ Dänischer Nationaldichter: H. C. Andersen

Die wichtigsten **dänischen Zeitungen**, die allesamt in Kopenhagen erscheinen, sind die konservative Berlingske Tidende (www.berlingske.dk), die liberale Politiken (http://politiken.dk) und die Boulevardblätter B.T. (www.bt.dk) und Ekstrabladet (http://ekstrabladet.dk).

„The Copenhagen Post“ ist eine englischsprachige Wochenzeitung mit nationalen, regionalen und lokalen Nachrichten (http://cphpost.dk). Für Besucher ist außerdem die Veranstaltungsbeilage der Zeitung **„In&Out“** von Interesse.

Sehr lesenswert (leider jedoch ausschließlich auf Dänisch) ist das Monatsmagazin **KBH** (www.magasinetkbh.dk). Das Blatt befasst sich auf sehr anspruchsvolle Weise mit der Kultur, dem Design und der Architektur der Stadt. Aktuelle politische und soziale Probleme kommen hier ebenso zur Sprache wie die neusten städtebaulichen Entwicklungen.

Eine Übersicht über die meisten dänischen Tageszeitungen findet man unter www.onlinenewspapers.com/denmark.htm.

LGBT+

Die Gleichberechtigung von Schwulen und Lesben wurde in Dänemark schon früh vorangetrieben. Ab 1989 war die Eintragung gleichgeschlechtlicher Lebenspartnerschaften möglich. Seit 2012 gibt es das Recht auf die gleichgeschlechtliche Ehe, in der auch Kinder adoptiert werden können.

Mitte August findet Kopenhagens Version des **Christopher Street Day** statt. Bei der überregional bekannten **Copenhagen Pride Parade** sind rund 10.000 Teilnehmer und zehnmal so viele Zuschauer dabei (www.copenhagenpride.dk). Seit 2015 gibt es auch eine „Winter Pride" im Februar.

Im Oktober wird die **MIX Copenhagen** veranstaltet, eines der ältesten LGBT-Filmfestivals weltweit (www.mixcopenhagen.dk).

171 [B5] **Centralhjørnet,** Kattesundet 18, Tel. 33118549, www.centralhjornet.dk, So.-Do. 12-2, Fr., Sa. bis 4 Uhr. Die älteste Schwulenkneipe der Stadt öffnete bereits vor über 100 Jahren ihre Pforten.

172 [A5] **Jailhouse CPH,** Studiestræde 12, www.jailhousecph.dk, Tel. 33152255, 14-2 Uhr, Fr., Sa. bis 5 Uhr. In der Nähe des Rathauses. Hier herrscht Gefängnisatmosphäre, die Getränke servieren Männer in Polizistenuniform.

173 [A5] **Masken,** Studiestræde 33, Tel. 33910937, www.maskenbar.dk, 14-3 Uhr, Fr., Sa. 14-5 Uhr. Das Masken ist eine der ältesten Schwulendiscos und -bars der Stadt. Auch lesbisches Publikum ist hier sehr willkommen.

174 [A4] **Never Mind,** Nørre Voldgade 2, www.nevermindbar.dk, ab 22 Uhr. Hier ist wirklich jede Nacht Party angesagt. Dresscode: Alles ist erlaubt. Die Bar schließt nie vor sechs Uhr morgens.

175 [B5] **Oscar Bar & Café,** Regnbupladsen 9, Tel. 33120999, https://oscarbarcafe.dk 11-23 Uhr, Fra. bis 2 Uhr. Gelungene Mischung aus Bar, Café und Lounge, freitags legen DJs auf.

176 [dm] **Vela Gay Club,** Viktoriagade 2-4, www.velagayclub.dk, Tel. 26302318, Do. 9-2 Uhr, Fr., Sa. 9-5 Uhr. Stammkneipe für Lesben und ihre Freunde.

Kioske sind oft auch sonntags geöffnet

Medizinische Versorgung

Alle Touristen haben **Anspruch auf kostenlose Behandlung** in dänischen Krankenhäusern im Falle plötzlicher Krankheit, Unfall, Geburt oder unerwarteter Verschlimmerung eines chronischen Leidens. Ein eventueller **Krankentransport** in die Heimat muss jedoch selbst bezahlt werden.

Kosten, die für Arzt- bzw. Zahnarztbesuche sowie Medikamente entstehen, werden in der Regel von der Krankenkasse zurückerstattet (Quittungen aufbewahren!). Genauere Infos sollte man sich jedoch vor der Abreise bei der eigenen Krankenkasse einholen. Es kann sich lohnen, im Vorfeld eine **Reisekrankenversicherung** abzuschließen.

Für akute Notfälle gilt in Dänemark wie bei uns die **Notrufnummer 112.**

177 Amager Hospital, Italiensvej 1, Tel. 32343500

178 Bispebjerg Hospital, Bispebjerg Bakke 23, Tel. 35312373

179 [ak] **Frederiksberg Hospital,** Nordre Fasanvej 57, Tel. 38163816

180 [D1] **Tandlægevagten,** Oslo Plads 14, Tel. 35380251, tgl. 20-21.30, Sa., So. auch 10-12 Uhr, www.tandvagt.dk. Zahnärztliche Notfallversorgung. Die Behandlung muss sofort in bar bezahlt werden.

181 [A6] **Steno Apotek,** Vesterbrogade 6c. Die Apotheke in der Nähe des Hauptbahnhofs ist rund um die Uhr geöffnet.

Den **ärztlichen Bereitschaftsdienst** erreicht man in Kopenhagen zwischen 16 und 8 Uhr unter der Telefonnummer 70130041, im Umland wählt man hingegen die Telefonnummer 44534400.

Notfälle

Notruf

Bei akuter Gefahr oder jedwedem Notfall wählt man dänemarkweit die **Notruf-Nummer Tel. 112.**

Sperrnotruf

Bei **Verlust der Debit-(Giro-), Kredit- oder SIM-Karte** gibt es für Kartensperrungen eine **deutsche Zentralnummer** (unbedingt vor der Reise klären, ob die eigene Bank bzw. der jeweilige Mobilfunkanbieter diesem Notrufsystem angeschlossen ist). **Aber Achtung:** Mit der telefonischen Sperrung sind die Bezahlkarten zwar für die Bezahlung/Geldabhebung mit der PIN gesperrt, nicht jedoch für das **Lastschriftverfahren mit Unterschrift.** Man sollte daher auf jeden Fall den Verlust zusätzlich **bei der Polizei zur Anzeige bringen,** um gegebenenfalls auftretende Ansprüche zurückweisen zu können.

In **Österreich** und der **Schweiz** gibt es keine zentrale Sperrnummer, daher sollten sich Besitzer von in diesen Ländern ausgestellten Debit-(EC-) oder Kreditkarten vor der Abreise bei ihrem Kreditinstitut über den zuständigen Sperrnotruf informieren.

Generell sollte man sich immer die **wichtigsten Daten** wie die Kartennummer und das Ausstellungsdatum **separat notieren,** da diese unter Umständen während der Verlustmeldung abgefragt werden.

› **Deutscher Sperrnotruf:** Tel. +49 116116 oder Tel. +49 3040504050
› **Weitere Infos:** www.kartensicherheit.de, www.sperr-notruf.de

152kh-fm

Öffnungszeiten

Einzelhandelsgeschäfte sind meist Mo.–Fr. von 9/10 bis 17.30, 18 oder 19 Uhr geöffnet, Do. teilweise auch bis 20 Uhr, Sa. bis 12, 14 oder 16 Uhr. Die Öffnungszeiten stehen im Ermessen des Ladeninhabers und sind deswegen von Ort zu Ort sehr unterschiedlich.

Samstagnachmittags und an Sonn- und Feiertagen sind **Bäckereien, Kioske und Blumenläden** in der Regel geöffnet.

Die meisten **Kaufhäuser** haben am jeweils ersten Sonntag des Monats geöffnet.

Postdienstleitungen werden in der Regel von Kiosken und kleinen Ladengeschäften übernommen.

Die Öffnungszeiten von **Banken** sind Mo.–Mi., Fr. 10–16 und Do. 10–18 Uhr.

Preise und Kosten

Kopenhagen ist **kein billiges Reiseziel.** Besonders **Essen** in Restaurants und Unterkünfte sind vergleichsweise teuer. Mit umgerechnet 25 € für ein Hauptgericht muss man rechnen, ein kleines Bier schlägt mit etwa 4 € zu Buche. Auch ein Snack an einer Imbissbude geht schnell ins Geld: 6 bis 7 € für ein Würstchen im Brot ist ein durchaus normaler Preis.

Die **Übernachtung** im Doppelzimmer eines Dreisternehotels kostet ca. 160 €, in einem Viersternehaus zahlt man im Schnitt noch mal 50 bis 100 € mehr. Eine Bus- oder Bahnfahrt im **öffentlichen Nahverkehr** kostet im Stadtbereich etwas mehr als 3 €. Der Eintritt in staatliche Museen ist preisgünstig (s. S. 104). An folgenden Tagen gibt es hier sogar f**reien Eintritt:**

- Dienstag: Ny Carlsberg Glyptotek 2
- Mittwoch: Thorvaldsens Museum 6, Hirschsprungsche Sammlungen 33

Generell kostenlos sind u. a. Nationalmuseum 4, Statens Museum for Kunst 32, und Rathaus 26.

217kh-rk

Das **Porto** für einen Standardbrief bis 50 g oder eine **Postkarte** nach Deutschland, Österreich und in die Schweiz kostet 36 dkr. Die gute alte Ansichtskarte aus dem Urlaub ist also ein teures Vergnügen.

Radfahren

Kopenhagen ist **„die" Stadt für Fahrradfahrer,** sowohl was die Rücksichtnahme der Autofahrer als auch das hervorragende Netz an Radwegen betrifft.

Es stehen ca. 2000 Fahrräder an weit über 100 Fahrradparkplätzen im Zentrum **zur Leihe** bereit, darunter viele E-Bikes. Räder können auch in Zügen, Hafen-Wasserbussen, Bussen und der Metro mitgenommen werden. Es gibt wie bei uns unzählige kommerzielle Vermieter, außerdem vermieten viele Hotels, Hostels und Fahrradläden Räder.

Diverse Veranstalter bieten in jeder Jahreszeit **geführte Sightseeingtouren** mit dem Fahrrad an, z. B.:

S182 [cm] **Cycling Copenhagen,** Bryghusgade 16, Tel. 91527560, www.cycling-copenhagen.dk

Die kostenlose **Cykelkort København** weist die reinen Radwege wie auch andere zum Radfahren geeigneten Strecken aus.

- **Download:** www.kk.dk/borger/parkering-trafik-og-veje/cyklist-i-koebenhavn/find-vej-paa-cykel

◁ *Wenn die schmackhaften dänischen Zimtschnecken im Angebot sind, sollte man zugreifen*

Besucher, die zu Hause wenig Rad fahren, müssen sich an den **dichteren Radverkehr** vielleicht erst einmal gewöhnen. Und eine Regel ist wichtig zu kennen: Will man anhalten, zeigt man das an, indem man **die Hand senkrecht nach oben** hält.

Sicherheit

Kopenhagen ist eine sehr sichere Stadt. Das hat „The Economist" 2021 offiziell bestätigt, indem er Kopenhagen in seinem „Safe Cities Index" als sicherste Stadt der Welt auszeichnete. Es gibt keine Gebiete in der Stadt, die man besser nicht betritt. Normale Vorsicht ist aber angebracht, denn Langfinger im Gedränge gibt es auch hier. Wertsachen deponiert man wie überall am besten im Hotelsafe.

Sport und Erholung

Golf

Sehr populär und auch im Vergleich zu Deutschland **sehr preisgünstig** ist Golf. Allein in Kopenhagen und Nordseeland gibt es mehr als 30 Golfclubs. Ein ausführliches Verzeichnis findet man auf der Homepage des Dänischen Golfverbandes: www.dgu.org.

Kajak

Wer die dänische Hauptstadt einmal aus einer anderen Perspektive kennenlernen will, mietet sich an der Knippelsbro [D6] sein „Schiff" und legt los – entweder allein oder in einem Zweierkajak mit Guide.

S183 [D6] **Kayak Republic/Green Kayak,** Børskaj 12, 1221 Kopenhagen, Tel. 22884989, http://kayakrepublic.dk, Einer-Kajak ab 195 dkr, Zweier ab 295 dkr, Seekajak ab 165 dkr, je nach Dauer. Schwimmen muss man natürlich können.

Marathon

Seit 1980 findet jedes Jahr Mitte Mai der **Kopenhagen-Marathon** statt. Ausdauernde, die mitmachen wollen, finden im Internet nähere Infos:

› https://copenhagenmarathon.dk

Segeln

Nummer eins in Fragen Segelsport in Kopenhagen ist der **Kongelig Dansk Yachtklub.** Der Club ist auch für all diejenigen

Kopenhagen lässt sich auch per Kajak erkunden

EXTRATIPP

Wellness in besonderer Umgebung

In einem ehemaligen Fabrikgebäude der Carlsberg Brauerei, erbaut 1882, liegt dieses **exklusive Spa.** Massagen jeder Art, Entspannung im Whirlpool oder in unterschiedlichen Bädern – auch in Wein oder Bier – versprechen Erholung pur.

- •191 [bn] **Aire/Ancient baths,** Ny Carlsberg Vej 101, Tel. 80830610, https://beaire.com/en/aire-ancient-baths-copenhagen, je nach Anwendung ab ca. 1200 dkr, Reservierung wird empfohlen

der erste Ansprechpartner, die mit dem eigenen Boot nach Kopenhagen kommen wollen.

- •184 **Tuborg Havn,** Tuborg Havnepark 15, 2900 Hellerup, Tel. 33148787, www.kdy.dk

Strände, Surfen

In der Umgebung von Kopenhagen findet man **ideale Bedingungen für Wassersport** aller Art.

- •185 **Amager Strandpark,** Amager Strandvej 246, Metro: Øresund, Amager Strand, Femøren. Einrichtungen: Grill auf dem Strand, kaum Autoparkplätze. Hier finden im Sommer Open-Air-Konzerte, bekannt als „5-Øren“, statt. Hinweise für Surfer: Gut für fortgeschrittene Anfänger, im Sommer sehr voll. Knietiefes Wasser bis zu 200 Meter, Sandboden.
- •186 **Bellevue Strandpark,** Strandvejen 340 in Klampenborg, S-Bahn: Klampenborg. Im Sommer immer voll, kleiner FKK-Abschnitt. Einrichtungen: Kiosk im Sommer. Hundeverbot. Surfen ist hier nicht erlaubt.
- •187 **Brøndby Strandpark,** Einrichtungen: Parkplatz in der Nähe, Rettungsschwimmer während der Hochsaison, Toiletten.
- •188 **Ishøj Strand,** Køge Bugt Strandpark, S-Bahn: Ishøj, dann weiter mit Bus 128. Einer der besten Strände in Dänemark mit besonders schönen Dünen. Einrichtungen: Kiosk, Parkplatz in der Nähe, Rettungsschwimmer während der Hochsaison, Toiletten. Perfekt für Surf-Anfänger, aber mit vielen Badegästen im Sommer. Sandboden und niedriges Wasser.
- •189 **Vallensbæk Strand,** Einrichtungen: Kiosk, Parkplatz in der Nähe, Rettungsschwimmer während der Hochsaison, Toiletten.

Zuschauersport

Fußball

In und um Kopenhagen gibt es drei große Vereine: FC København und Brøndby Idrætsforening spielen dauerhaft in der höchsten dänischen Spielklasse, der Superliga, die „Fahrstuhlmannschaft“ Lyngby BK nur gelegentlich. Am erfolgreichsten spielt gegenwärtig der **FC København,** der 2022 zum vierzehnten Mal die dänische Meisterschaft gewann und sich regelmäßig für internationale Wettbewerbe wie die Champions League qualifiziert (zuletzt 2022/2023).

- •190 [ei] **Parken,** Øster Allé 50, 2100 København Ø, Tel. 35433131, www.parken.dk, www.fck.dk, 42.000 Zuschauer, Metro 3, Trianglen Station

Brøndby Idrætsforening („Sportverein von Brøndby“) ist der andere erfolgreiche Verein Dänemarks. Während der FC København 14 Meisterschaften zu verbuchen hat, haben es die Kopenhagener Vorstädter in den letzten 20 Jahren auf nur zwei Meisterschaften gebracht – ihre große Zeit lag in den 1980er- und 1990er-Jahren. Die Betonung liegt übrigens auf „Vorstädter“, denn niemand im Club will mit dem FC København verwechselt werden. Daher sieht man es auch gar nicht gern, dass man in ausländischen Medien immer wieder fälschlicherweise mit „Brøndby Kopenhagen“ tituliert wird.

●**192 Brøndby-Stadion,** 30, 2605 Brøndby, Tel. 43630810, www.brondby.com, 29.000 Zuschauer, S-Bahn: Glostrup

Die **Dänische Nationalmannschaft** trägt in der Regel ihre Heimspiele im Nationalstadion „Parken“ aus. Infos über die Spieltermine und den Kartenvorverkauf findet man auf der Seite des Dänischen Fußballverbandes:

› www.dbu.dk

Sprache

Dänisch gehört – wie das Deutsche – zu den **germanischen Sprachen** und wird weltweit von etwa 5,3 Millionen Menschen gesprochen. Es bestehen große Ähnlichkeiten zum Schwedischen und vor allem zum Norwegischen. Für Sprachwissenschaftler sind diese drei Sprachen Dialekte einer gemeinsamen skandinavischen Sprache. Deswegen kann auch jeder, der des Norwegischen mächtig ist, problemlos dänische Texte lesen. Der gemeinsame Wortschatz zwischen beiden Sprachen beträgt etwa 95 %! Aber auch wer Deutsch und Englisch spricht und über etwas sprachliche Fantasie verfügt, kann ebenfalls schnell das Nötigste entziffern.

Ob man aber auch die **gesprochene Sprache verstehen** kann, ist eine ganz andere Frage. Denn Dänisch klingt immer ein wenig so, als hätte der Sprecher einen Klops im Hals, und ist selbst für die übrigen Skandinavier nicht immer leicht zu verstehen. Kommunikationsprobleme hat man aber so oder so nicht, denn viele Dänen sprechen Deutsch und fast alle Englisch.

133kh-jg

Der FC København spielt im Nationalstadion Parken

218kh-rk

Stadttouren

Stadtrundfahrten mit dem Hop-on-hop-off-Doppeldeckerbus durch Kopenhagen veranstaltet zum Beispiel **Stromma.**
› www.stromma.com

Geführte Stadtspaziergänge zu unterschiedlichen Themen findet man auf der Internetplattform Get Your Guide. Dort gibt es zum Beispiel eine geführte Segway-Tour in der Kleingruppe (ab 47 €). **Mit dem Fahrrad** geht es u. a. bei Cycling Copenhagen (s. S. 158) durch die Stadt.
› www.getyourguide.com

An verschiedenen Tagen finden ca. einstündige **Architekturspaziergänge** des Dänischen Architekturzentrums statt. Interessant ist z. B. die 2-Std.-Tour „Capital of Cool" zum Thema „neue Architektur" in der Innenstadt. Der Preis von 150 dkr beinhaltet den freien Zugang zum **Dansk Arkitektur Center** 8.
› www.getyourguide.com

Auf einen **kulinarischen Streifzug durch die Stadt** lädt Food Tours Copenhagen ein. Viel gehen muss man dabei nicht (nur etwa 1 km), dafür gibt es auf der knapp drei- bis vierstündigen Tour viel zu probieren, z B. typisch dänisches Gebäck, Marmelade, Käse, Wein und Bier aus einer Mikrobrauerei. Die Touren (950 dkr) starten Mo.–Fr. um 14.30 Uhr an der Frederiksborggade 21 [B3].
› https://foodtours.eu/city/copenhagen

Kopenhagen vom Wasser aus lernt man bei Rundfahrten von Stromma (einstündige Tour 99 dkr, Kinder 50 dkr, verschiedene Thementouren, Abfahrt Nyhavn und Gammel Strand) und **Netto-Bådene** (50/20 dkr, Abfahrt Nyhavn oder Kronometertrappen bei der Holmes kirke) kennen. Wer es sportlich angehen möchte, findet eventuell an einer geführten **Kajak-Tour** (395–450 dkr) Gefallen.
› www.stromma.com
› www.havnerundfart.dk
› www.kayakrepublic.dk, Tel. 20884989

Telefonieren und Internet

Roaminggebühren, wie sie früher üblich waren, gibt es nicht mehr. Das Telefonieren und Surfen mit dem **Handy** ist im EU-Ausland also so günstig wie zu Hause – es sei denn, man nutzt das Handy im Ausland über einen längeren Zeitraum hinweg, dann können je nach Anbieter Nutzungsobergrenzen gelten. Fast alle **Hotels** und viele **Cafés** in Kopenhagen bieten zudem kostenloses **WLAN.**

Bei nationalen Gesprächen innerhalb Dänemarks, egal ob zu Mobil- oder zu Festnetzanschlüssen, wählt man einfach die achtstellige Rufnummer **ohne weitere Vorwahlnummern** – im Königreich Dänemark gibt es solche nämlich nicht!

- Anrufe aus Deutschland, Österreich oder der Schweiz **nach Dänemark:** 0045 plus achtstellige Teilnehmernummer
- Anrufe **aus Dänemark** nach Deutschland, Österreich oder in die Schweiz: 0049 (D) bzw. 0043 (A) bzw. 0041 (CH) plus Vorwahl ohne Null und Teilnehmernummer

Unterkunft

In Kopenhagen ist es **nicht immer leicht, ein Zimmer zu bekommen.** Nachdem während der Coronapandemie und der strengen dänischen Lockdowns die Hotels fast leer standen, haben sich die Zahlen wieder erholt. In der Hauptsaison und zu Messe- bzw. Kongresszeiten erntet man ohne Vorausbuchung oft ein bedauerndes Kopfschütteln an der Rezeption.

Auf einer Bootstour lernt man die Stadt auf entspannte Weise kennen

Fast alle Hotels kann man **online buchen,** entweder direkt auf der jeweiligen Hotel-Website oder über eines der zahlreichen Buchungsportale.

In etlichen Hotels werden **Hunde** nicht akzeptiert. Bei der Buchung bitte anfragen.

Hotels

193 [dm] **Absalon Hotel** €€, Helgolandsgade 15, Tel. 33314344, www.absalon-hotel.dk. **Frisches, helles Design von der Designer Guild:** Zentral gelegenes, familiengeführtes Dreisternehotel in Vesterbro nahe Hauptbahnhof und Tivoli (1).

194 [A5] **Ascot Hotel** €€, Studiestræde 61, Tel. 33126000, www.ascot-hotel.dk. **Übernachten in historischer Badeanstalt:** „Badeanstalten København" steht an der Fassade und in der Eingangshalle sieht man Reliefbilder von Badenden. Erbaut wurde das Ascot zu Beginn des 20. Jh. als Schwimmbad. Die historische Hülle wurde erhalten, im Inneren ist heute jedoch ein modernes Stadthotel mit 120 Zimmern untergebracht. Man kann auch Apartments mieten. Frühstück ist nicht inbegriffen. Zentrale, aber doch ruhige Lage in einer Nebenstraße.

195 [A7] **CABINN City** €, Mitchellsgade 14, Tel. 33461600, www.cabinn.com. **Klein und zweckmäßig:** Die Zimmer dieser Hotelkette

Preiskategorien

Die Preiskategorien beziehen sich auf eine Übernachtung für zwei Personen im Doppelzimmer.

€	bis 1200 dkr
€€	1200–2000 dkr
€€€	ab 2000 dkr

EXTRAINFO

Buchungsportale

Neben Buchungsportalen für **Hotels** (z. B. www.booking.com, www.hrs.de oder www.trivago.de) bzw. für **Hostels** (z. B. www.hostelworld.com) gibt es auch Anbieter, bei denen man **Privatunterkünfte** buchen kann. Portale wie www.airbnb.de, www.wimdu.de oder www.9flats.com vermitteln Wohnungen, Zimmer oder auch nur einen Schlafplatz auf einer Couch. Diese oft recht günstigen Übernachtungsmöglichkeiten sind nicht unumstritten, weil manchmal normale Wohnungen gewerblich missbraucht werden. Einige Städte greifen deshalb regulierend ein.

ähneln Schiffskabinen, denn so kann man platzsparend möglichst viele Gäste unterbringen. Luxus ist Fehlanzeige, dafür sind die Preise niedrig und Frühstück inklusive. Vier weitere Hotels dieser Kette stehen in Kopenhagen zur Wahl.

196 [dm] **Carlton – 66 Guldsmeden** €€, http://guldsmedenhotels.com, Vesterbrogade 66, Tel. 33221500. **Leicht exotischer Touch:** „Nordisch trifft Bali" nennt das Hotel sein Designkonzept mit dunklem Teakholz. Besonders originell sind die mit Doppelbett, Bad, Kitchenette und Minibar ausgestatteten Caravans, die im Innenhof stehen. Bioprodukte in Bad und Küche sind selbstverständlich.

197 [E4] **Copenhagen Admiral Hotel** €€€, Toldbodgade 24–28, Tel. 33741424, www.admiralhotel.dk. **In einem alten Lagerhaus von 1780:** eines der stimmungsvollsten Hotels der Stadt. Alle Zimmer sind unterschiedlich geschnitten und eingerichtet, in den meisten sorgen offene Balken für eine besondere Atmosphäre. Große Schiffsmodelle in Schaukästen in der Lobby tragen zum maritimen Flair ebenso bei wie die Lage am Wasser. Vom Hotelfenster aus genießt man einen herrlichen Blick auf Schloss Amalienborg 29. Auf der Wasserseite bietet sich ein Blick aufs Opernhaus. Hoch gelobt ist das Hotelrestaurant Salt. Der Kontrast zwischen der modernen Einrichtung und dem Gebäude von 1780, in dem sich das Restaurant befindet, trägt zur Atmosphäre bei.

198 [C7] **CPH Living** €, Langebrogade 1c, Tel. 61608546, www.cphliving.com. **Boutiquehotel auf einem umgebauten Schiff:** Der etwas sperrige Name täuscht darüber hinweg, dass dieses Hotel in zentraler Lage etwas ganz Besonderes ist. Auf der Panoramaterrasse auf dem Oberdeck kann man nach dem Stadtrundgang perfekt im Liegestuhl entspannen.

199 [A5] **Hotel Alexandra** €€, H.C. Andersen Boulevard 8, Tel. 33744444, www.hotel-alexandra.dk. **Charmantes Designhotel in Gründerzeithaus von 1910:** Die Zimmer sind mit ausgesuchten Stücken berühmter dänischer Designer wie Arne Jacobsen oder Finn Juhl ausgestattet.

200 [D4] **Hotel D'Angleterre** €€€, Kongens Nytorv 34, Tel. 33120095, www.dangleterre.com. **Die Grande Dame der Kopenhagener Hotels:** In einem alten königlichen Palais aus dem 17. Jahrhundert untergebracht, wurde es bereits 1795 zu einem Hotel umfunktioniert. Es bietet 5-Sterne-Luxus pur. Kein Wunder, dass sich die Liste der Hotelgäste wie ein Eintrag ins Lexikon berühmter Persönlichkeiten liest: Angefangen von H. C. Andersen über Roald Amundsen und Winston Churchill bis zu Michael Jackson waren schon Hunderte von Stars hier. Das Hotel verfügt zudem über eines der besten Fitnessstudios der Stadt und einen stimmungsvollen Indoor-Swimmingpool. Mehrfach ausgezeichnet, u. a. mit dem „World Travel Award".

055kh-rk

Das Restaurant Marchal mit Chefkoch Jacob de Neergård trägt einen Michelin-Stern.

201 [A3] **Hotel Kong Arthur** €€-€€€, Nørre Søgade 11, Tel. 33457777, www.arthurhotels.dk/hotel-kong-arthur. **Ein Haus mit Tradition:** In dem Gebäude von 1882 werden schon seit mehreren Generationen Gäste begrüßt. Es spricht für sich, dass viele von ihnen immer wieder zurückkehren. Das Frühstück nimmt man am besten im begrünten Atrium ein. Für Kopenhagen ein Luxus ist der hauseigene kostenlose Parkplatz.

202 [A6] **Hotel Nimb** €€€, Bernstorffsgade 5, im Tivoli 1, Tel. 88700000, www.nimb.dk. **Luxushotel im Tivoli:** Einen Tick exklusiver und teurer ist das kleine Luxushotel Nimb, das in einem maurischen Märchenpalast im Tivoli liegt. Mit seinen nur 38 Zimmern und Suiten, die alle individuell und geschmackvoll möbliert sind, ist das Nimb kaum zu übertreffen. Man ist mittendrin im Geschehen, zugleich aber auch zurückgezogen in einer edlen Luxuswelt. Zur Unterhaltung draußen kommt das kulinarische Erlebnis drinnen mit exzellentem Restaurant, Brasserie und Bar 'n' Grill. Die Rooftop-Bar bietet ausgezeichnete Cocktails und einen – allerdings nicht sehr weit reichenden – Blick von oben. Gäste des Hauses können im Pool auf dem Dach ihre Runden drehen. Die Mitgliedschaft in der exklusiven Vereinigung „Small Luxury Hotels of the World" ist angemessen, die Preise sind es auch.

203 [cm] **Hotel Sct. Thomas** €-€€ Frederiksberg Allé 7, Tel. 33216464, www.hotelsctthomas.dk. **Kleines Hotel in einem alten Mietshaus in Frederiksberg:** Die Zimmer sind einfach und sauber. Das Frühstücksbuffet bietet zwar keine riesige Auswahl, ist aber durchaus schmackhaft. Das ideale Hotel für Reisende mit nicht so großem Budget, teilweise Dusche und WC auf dem Gang, Internet inklusive. Fahrradvermietung.

204 [A5] **Hotel SP34** €€, Sankt Peders Stræde 34, Tel. 33133000, www.brochner-hotels.dk. **Boutiquehotel in perfekter Citylage:** Tivoli, Rathausplatz und die Shoppingmeile Strøget – all das ist nur einen Katzen-

Im altehrwürdigen Hotel D'Angleterre logierte schon so manche Berühmtheit

091kp-mw

sprung entfernt. Aber auch mit seinem Interieur kann das Hotel punkten: Die 118 Zimmer sind behaglich und doch stylish, dabei wurde auf Naturmaterialien gesetzt. Es gibt eine angenehme Lounge, eine Dachterrasse und einen Fitnessraum. Nicht zu vergessen das Frühstücksbuffet mit allerlei Bio-Lebensmitteln. Und jeden Tag zwischen 17 und18 Uhr lädt das Hotel auf ein (oder auch zwei) Gläschen Wein ein.

205 [dm] **Hotel Tiffany** €, Colbjørnsensgade 28, Tel. 33218050, www.hoteltiffany.dk. **In einem ruhigen Viertel im Zentrum von Kopenhagen:** Das kleine Hotel mit nur 30 Zimmern liegt nur wenige Gehminuten vom Tivoli entfernt. Kontinentales Frühstück.

206 [B6] **Hotel Twentyseven** €/€€, Løngangsstræde 27, Tel. 45 70275627, www.firsthotels.com. **Unscheinbares Äußeres, aber komfortabel und im Innern sehr trendy:** Hotel in zentraler Lage gegenüber dem Rathaus mit sehr gutem Preis-Leistungs-Verhältnis. Große Zimmer in frischem, farbenfrohem skandinavischen Stil, tolles Frühstücksbuffet.

207 [A3] **Ibsens Hotel** €€, Vendersgade 23, www.arthurhotels.dk/ibsens-hotel, Tel. 33131913. **3-Sterne-Stadthotel mit Nachhaltigkeitszertifikat:** Ruhige Lage in der Nähe der Stadtkanäle „Vier Seen". Schnörkellos modern eingerichtete Zimmer mit manchmal arg knarzenden Fußböden. Häufig bietet das Hotel Sonderaktionen an.

208 **Skovshoved Hotel** €€, Strandvejen 267, Charlottenlund, Tel. 39640028, www.skovshovedhotel.com. **Nur sieben Kilometer von Kopenhagen und einen Steinwurf vom Meer entfernt:** Das Skovshoved Hotel verfügt über 22 Zimmer, ist umgeben von alten Fischerhäusern und wirkt selbst ein wenig wie ein romantisches Berghotel. Bekannt ist es aufgrund seines hervorragenden Restaurants, das mehrfach im Guide Michelin empfohlen wurde.

209 [B4] **Skt. Petri** €€€, Krystalgade 22, Tel. 33459100, http://sktpetri.com. **Eines der**

Das Danhostel Copenhagen City ist die größte City-Jugendherberge Europas

führenden Designhotels im Königreich: Das 288-Zimmer-Haus macht mit seiner modern-klassischen Einrichtung, für die der dänische Künstler Per Arnoldi verantwortlich zeichnet, auf sich aufmerksam.

210 [E5] **Sømandshjemmet Bethel** €, Nyhavn 22, Tel. 33130370, www.hotel-bethel.dk. **Beste Lage direkt am Nyhavn:** Um im Seemannsheim Bethel zu übernachten, muss man nicht notwendigerweise mit dem Schiff nach Kopenhagen kommen. In dem stattlichen Gebäude am Nyhavn 17 finden alle Reisenden eine günstige Unterkunft. Die Zimmer sind sauber, das Frühstück ordentlich. Der Aufschlag für die Zimmer mit Wasserblick lohnt.

Hostels

211 [B7] **Danhostel Copenhagen City** €, H.C. Andersens Boulevard 50, Tel. 33118585, www.danhostel.dk. **5-Sterne-Jugendherberge im Hochhaus:** Das ehemalige Hotel Langebro wurde umgebaut und zur Jugendherberge umfunktioniert. Dort gibt es knapp 200 Zimmer (Doppel- bis 8-Bett-Zimmer) mit eigenem Bad und Toilette. Insgesamt können sich in dem Hostel über 1000 müde Häupter zur Ruhe betten. Die zentrale Lage im Gehabstand zum Hauptbahnhof und zum Vergnügungspark Tivoli 1 ist ein weiteres Plus dieser Herberge.

212 [dk] **Globalhagen** €, Ravnsborggade 11, Tel. 7731 0077, www.globalhagen.dk. **Kleines Non-Profit-Hostel in perfekter Lage in Nørrebro:** Die Erlöse aus Hostel- und Cafébetrieb werden für soziale Projekte gespendet. Von Doppelzimmern bis zum Mehrbettzimmer für bis zu 8 Personen hat man hier alles im Angebot. Wer auf jede Krone achten muss, ist hier gut aufgehoben. Das Hostel liegt im Obergeschoss. Das gemütliche **Café Mellemrummet** im Erdgeschoss bietet nicht nur Hotelgästen günstige Snacks und ausgezeichneten Kaffee. Hier finden mitunter auch kleine Konzerte, Podiumsdiskussionen oder Kunstausstellungen statt. Das Globalhagen ist nicht nur Hostel, sondern ein Ort, an dem sich Menschen aus aller Welt treffen, um Ideen auszutauschen.

213 [ck] **Sleep in Heaven** €, Struenseegade 7, Tel. 41444236, www.sleepinheaven.dk. **Hostel mit Schlafsaalbetten und einer Hochzeitssuite:** nahezu ausschließlich internationales Publikum, mit kostenlosem Internetzugang.

Bed and Breakfast/Apartments

Die **Buchung von Bed-and-Breakfast-Unterkünften** ist auf folgenden Websites möglich:

- www.citilet.dk (für Kopenhagen): vermietet Cityapartments für 2 bis 3 Personen ab 100 € pro Tag.
- www.net-bb.dk (für ganz Dänemark): Gästehäuser, kleine Hotels und Privatunterkünfte. Die übersichtliche Auswahlmaske macht auch Ortsfremden die Buchung leicht, ein DZ kostet ca. 700 dkr.
- www.bedandbreakfast.dk vermittelt günstige B&B-Unterkünfte in allen Teilen der Stadt (und anderswo in Dänemark). DZ zwischen 60 und 130 €.

Camping

Eine Möglichkeit, preisgünstig in der Nähe von Kopenhagen zu übernachten, sind Campingplätze. Die meisten bieten auch **einfache Hütten** zur Übernachtung an, Bettzeug muss man hierfür jedoch selber mitbringen.

Bei der ersten Übernachtung in Dänemark wird eine Gebühr von 90 dkr für den obligatorischen (und ein Jahr gültigen) dänischen **Campingpass** fällig. Ist man nicht anderweitig versichert, schließt der Pass auch eine Haftpflichtversicherug ein. Für Einzelübernachtungen kann ein Transitpass für 25 dkr gekauft werden.

⚠**214 Absalon Camping,** Korsdalsvej 132, Rødovre, www.camping-absalon.dk, Tel. 36410600. Nach Bischof Absalon, dem Gründer Kopenhagens benannt, liegt der Großstadtcampingplatz mit der Bahn nur etwa 15 Minuten vom Zentrum entfernt. Der Platz ist nichts für einen geruhsamen Urlaub und nichts für Gäste, die sich tagsüber viel auf dem Platz aufhalten wollen, aber ein ideales Standquartier für Kopenhagenbesucher. Guter Anschluss an öffentliche Verkehrsmittel, auf dem Platz befinden sich ein. Kosten: 109 dkr/Tag pro Person, Kinder bis 11 Jahre 61 dkr, 12 bis 17 Jahre 82 dkr, Chalet 725–990 dkr/Tag. Ganzjährig geöffnet.

⚠**215 Hundige Camping,** Hundigestrandvej 72, Greve, Tel. 20218584, www.camping-koebenhavn.dk. Strandnahe Lage, knapp 30 Minuten bis zum Zentrum, Hütten für 4/6 Pers. kosten 650–684 dkr/Tag. Ausleih von Kanus und Kajaks ist möglich, Preis: 420 dkr/Tag. Ganzjährig geöffnet, fünf Minuten von der S-Bahn-Station Hundige entfernt.

⚠**216 Tangloppen Camping,** Tangloppen 2, Ishøj, https://tangloppen.dk, Tel. 22903321. Auf einer Halbinsel im Køge-Bucht-Strandpark gelegener Campingplatz mit Sandstrand in unmittelbarer Nähe. Etwa 18 km vom Zentrum Kopenhagens entfernt und in unmittelbarer Nähe des Kunstmuseums Arken 59 gelegen. Die Hütten für fünf Personen kosten in der Hochsaison ab 995 dkr/Tag. Geöffnet ist der Campingplatz von April bis Mitte Oktober, eine S-Bahn-Verbindung nach Kopenhagen-Zentrum gibt es ab Ishøj.

Verkehrsmittel

Öffentliche Verkehrsmittel

Kopenhagen verfügt über **ausgezeichnete öffentliche Verkehrsmittel.** Mit Metro (U-Bahn), S-Bahn oder Bus kommt man zu jedem Punkt der Stadt. Die meisten Linien fahren bis spätabends, danach – zwischen 1 und 5 Uhr – bewegt man sich mit Nachtbussen und an Wochenenden auch mit der U-Bahn durch die Stadt.

Die **Busse**, die Nachtschwärmer in die Vororte bringen, fahren vom Rathausplatz 26 ab.

Das **S-Bahn-Netz** reicht von Helsingør und Hillerød im Norden, Frederikslund und Roskilde im Westen bis Køge im Süden. Die **Metro**, deren Netz erweitert wird, ist für bestimmte Strecken – im Wesentlichen Südost-Nordwest-Verbindungen – die beste Option. Die Wagen verkehren fahrerlos, in den Außenbezirken auch oberirdisch. Als wichtigste Haltepunkte werden Christianshavn, Kongens Nytorv 14 und Nørreport angefahren und auch der Flughafen ist angebunden.

Ticketautomaten sind in Kopenhagen – wie eigentlich in allen Metropolen der Welt – eine Wissenschaft für sich. Mit Geduld kann man aber das richtige Ticket und den Preis finden und mit Münzen oder Kreditkarte bezahlen. Einfacher ist es, das Ticket, das übrigens entwertet werden muss, an **Schaltern** zu kaufen, die in einigen Stationen und im Hauptbahnhof zu finden sind. Auch viele Seven-Eleven-Kioske verkaufen Tickets. In aller Ruhe kann man seine Tickets auch vorab in der **App** „DOT Billetter“ (kostenlos für iOS und Android) kaufen.

Das Netz der öffentlichen Verkehrsmittel ist in **Zonen** eingeteilt. Je mehr man davon durchfährt, desto teurer wird es. Ein **Zwei-Zonen-Ticket (Kontantbillet)** kostet für Erwachsene 24 dkr und für Kinder 12 dkr und berechtigt zu Fahrten im Innenstadtbereich. 108 dkr sind fällig, wenn man alle Zonen durchqueren will, Kinder zahlen 54 dkr.

Ein **24-Stunden-Ticket (24-timers billet)** für den Großraum Kopenhagen kostet für Erwachsene z. Zt. 150 dkr und für Kinder 75 dkr. Wer innerhalb der Zonen 1 bis 4 bleibt, zahlt für die 24-Stunden-Karte (CityPass) 80 dkr (Kinder 40 dkr) und für die 72-Stunden-Karte 200 dkr (100 dkr). Bis zu zwei Kinder, die jünger als 12 Jahre alt sind, fahren in Begleitung eines voll zahlenden Erwachsenen kostenlos.

› Infos zum öffentlichen Nahverkehr: https://dinoffentligetransport.dk, Tel. 36131415

Copenhagen Card

Die **Copenhagen Card** berechtigt zum kostenlosen Eintritt in fast alle Museen und Sehenswürdigkeiten der Stadt und beinhaltet zusätzlich freie Fahrt im öffentlichen Nahverkehr im gesamten Großraum Kopenhagen. In einigen Restaurants werden Rabatte gewährt. Eine Karte mit 24 Stunden Gültigkeit kostet 59 €, für Kinder bis 15 Jahre 32 €, die 48-Stunden-Karte gibt es für 88/47 €, 72 Stunden kosten 108/58 € und 120 Stunden Gültigkeitsdauer 141/76 €. Ein Erwachsener kann bis zu zwei Kinder unter zehn Jahren auf seiner Karte gratis mitnehmen.

Die Copenhagen Card erhält man in den Touristenbüros, beispielsweise gegenüber dem Tivoli-Haupteingang, am Hauptbahnhof und in größeren Bahnstationen, am Flughafen sowie in vielen Hotels, sie kann aber auch vor der Reise unter https://copenhagencard.com per Post angefordert werden. Der Deal lohnt sich unbedingt, wenn man

Die fahrerlose Metro verkehrt in den Außenbezirken auch oberirdisch

092kp ©nasko, stock.adobe.com

sich in der Stadt viel ansehen möchte. Eine 148 Seiten starke, sehr nützliche Broschüre (auf Dänisch, Englisch und Deutsch), die ebenfalls an den genannten Punkten erhältlich ist, listet detailliert auf, wo welche Vergünstigungen gewährt werden, und macht auch zahlreiche Tourenvorschläge.

Taxis

Taxis gibt es in Kopenhagen mehr als genug und sind in der Regel überall leicht zu bekommen. Sie sind frei, wenn das gelbe „Taxa"-Schild leuchtet. Soweit die gute Nachricht. Die schlechte folgt sogleich: Taxifahren in Kopenhagen ist **extrem teuer.** Der Taxameter beginnt bei 24 dkr (bzw. 37 dkr, wenn man das Taxi telefonisch bestellt) zu laufen und für jeden Kilometer kommen je nach Tageszeit bzw. Wochentag weitere 15 bis 18 dkr hinzu. Immerhin: Trinkgeld erwarten dänische Taxifahrer keines.

- **Københavns Taxa-Zentrale:** Tel. 35353535, www.taxa.dk
- **Taxi 4X27:** Tel. 27272727, www.4x27.dk

Auch der Fahrdienstanbieter **Uber** ist in Kopenhagen und Malmö aktiv.

Wetter und Reisezeit

Kopenhagen ist mit seinen vielen Sehenswürdigkeiten zweifelsohne ein **Ganzjahresreiseziel.** Trotzdem sind auch hier wie in allen Regionen Mittel- und Nordeuropas die Sommermonate die klimatisch angenehmeren. Dann spielt sich das Leben größtenteils im Freien ab, die Menschen sitzen in Open-Air-Cafés und man erlebt das „lachende Gesicht" der dänischen Hauptstadt. Allerdings ist Kopenhagen im Hochsommer auch ziemlich überlaufen, ideal für Besucher sind deswegen die Monate **Mai, Juni und September.**

Kopenhagen weist ein ausgeprägtes **Meeresklima** mit warmen, selten heißen Sommern und milden Wintern auf. Typisch für Kopenhagen ist der **häufige und schnelle Wetterwechsel.** Außerdem weht meist eine frische Meeresbrise. **Regen- und Windschutzbekleidung** dabeizuhaben, kann nicht schaden – auch im Sommer.

Die Mitternachtssonne scheint zwar nicht – dafür liegt Kopenhagen zu weit südlich –, trotzdem sind auch hier die Nächte im Sommer lang: Am 1. Juli geht die Sonne beispielsweise um 4.40 Uhr auf und erst um 22.06 Uhr wieder unter.

Durchschnitt	Wetter in Kopenhagen											
Maximale Temperatur	2°	2°	5°	10°	16°	19°	22°	21°	18°	12°	7°	4°
Minimale Temperatur	–2°	–3°	–1°	3°	8°	11°	14°	14°	11°	7°	3°	1°
Regentage	10	8	9	8	8	8	10	10	10	9	12	11
	Jan	Febr	März	Apr	Mai	Juni	Juli	Aug	Sept	Okt	Nov	Dez

MALMÖ UND UMGEBUNG

137kh ©ultrakreativ, stock.adobe.com

Malmö

Mit mehr als 350.000 Einwohnern ist Malmö die größte Stadt Südschwedens, nach Stockholm und Göteborg die drittgrößte Stadt im Land und Hauptstadt der Provinz Skåne (Schonen). Seit der Eröffnung der Öresundbrücke ist sie mit Kopenhagen zu einem großstädtischen Ballungsraum zusammengewachsen, in dem rund 4 Millionen Menschen leben. Allerdings ist Malmö die kleinere und ruhigere der beiden Schwestern ... und zudem jene, in der es sich preiswerter leben lässt. Deswegen gibt es viele Menschen, die auf der schwedischen Seite des Sundes wohnen und in Kopenhagen arbeiten.

Blick über den inneren Hafen von Malmö

Vorseite: Der Turning Torso 92 *(links im Bild) ist das Wahrzeichen Malmös*

Geschichte

Erstmals erwähnt wurde Malmö 1170 in einer Handschrift, aber damals ist noch nicht von einer Stadt die Rede, sondern von einem Anwesen, das der Erzbischof verschenkte. Erst im 13. Jh. wuchs in der Nähe des Gutes ein Fischerdorf, das seine Gründung der Tatsache verdankt, dass es damals im Öresund Unmengen von Heringen gab. **Fischerei und Handel** sorgten für einen schnellen Aufschwung. Die Anfangsjahre waren deswegen auch äußerst erfolgreich und bereits 1353 wurden Malmö die Stadtrechte verliehen.

Mehr und mehr übernahm der Ort an der Küste Lunds Rolle als wichtigste Stadt in Schonen. Lange Zeit warfen sowohl Dänemark als auch Schweden begehrliche Blicke auf Malmö. Immer wieder kam es zu **kriegerischen Auseinandersetzungen**, aber bis auf eine kurze Zwischenphase im 14. Jahrhundert blieb die Stadt dänisch. Schließlich musste Dänemark 1658 im Ersten Nordischen

Krieg die Provinzen Schonen, Halland und Blekinge an Schweden abtreten und verlor damit auch Malmö.

Mit der Angliederung an Schweden setzte ein 200 Jahre lang andauernder **Niedergang** ein, denn Malmö war jetzt nicht länger die Schwesterstadt der dänischen Hauptstadt Kopenhagen, sondern eine weit entlegene Provinzstadt am äußersten Zipfel des riesigen Schwedenreiches. Erst als im 19. Jahrhundert die Bedeutung des Hafens wuchs und eine Eisenbahnverbindung nach Stockholm geschaffen wurde, ging es mit Malmö wieder bergauf.

Im 20. Jahrhundert siedelten sich große **Werften** in der Stadt an. Mit ihnen kam der große Aufschwung – und mit ihnen kam in den 1980er-Jahren auch der erneute Niedergang. Die Werftenkrise traf die Stadt in ihren Grundpfeilern und die Region um Malmö wurde zum Armenhaus Schwedens.

Inzwischen sieht man aber mit Gelassenheit auf diese noch gar nicht allzu lang zurückliegende Zeit zurück. Malmö vollzog einen schnellen Wandel von einer Industriestadt zu einer **Stadt für Bildung und Hochtechnologie.** An der Hochschule in Malmö, die erst 1998 ihre Türen öffnete, lernen inzwischen fast 25.000 Studierende. Einen weiteren Schritt nach vorne bedeutete der Bau der **Öresundbrücke**, der dazu führte, dass Malmö damals die am schnellsten wachsende Stadt Schwedens war.

Mit dem Wachstum ist in diesem Fall aber keine Zunahme von Umweltbelastungen verbunden. Wie Kopenhagen auf der anderen Seite des Sunds setzt Malmö ganz auf **nachhaltige Entwicklung.** Die Ökostandards bei den vielen neuen Bauvorhaben sind vorbildlich gut.

Ein besonderes Merkmal Malmös ist außerdem die **multikulturelle Vielfalt.** Die Stadt rühmt sich ihrer 183 Nationalitäten: Mehr als 40 % der Einwohner haben einen Migrationshintergrund. Wegen der in den Einwanderervierteln leider zunehmenden Bandenkriminalität hat Malmö in den letzten Jahren jedoch auch international negative Schlagzeilen gemacht.

Rundgang durch Malmö

Die meisten Sehenswürdigkeiten Malmös befinden sich im Zentrum und sind bequem zu erreichen. Einen Rundgang beginnt man am besten am **Bahnhof** am nördlichen Rand des Zentrums. Auch für Besucher mit Auto ist dies ein guter Ausgangspunkt, denn in Bahnhofsnähe findet man relativ leicht einen Parkplatz.

Spaziergang durch die Innenstadt

Vom Bahnhof aus erreicht man über die Mälarbro und die Hamngata in wenigen Metern den 76 **Stortorg** ★★ [I C2], das Zentrum der Stadt. In seiner Mitte erhebt sich das Denkmal von König Karl X. Gustav, der Malmö und Schonen 1658 von Dänemark eroberte. Auf der Ostseite des Platzes befindet sich das 77 **Rathaus** ★ [I C2] von 1546. Allerdings stammt die Außenfassade „nur" aus dem 19. Jahrhundert. Sie wurde damals von Helgo Zettervall (1831–1907) im Stil der holländischen Renaissance umgestaltet. Im Rathauskeller („Rådhuskällaren", s. S. 185), auch heute noch eines der bekanntesten Restaurants der Stadt, werden schon seit dem 16. Jahrhundert Gäste bewirtet.

Im ersten Stock liegt der **Knutsaal**, einst Versammlungsraum der einflussreichen Knutsgilde, und der **Landstingsaal** mit Porträts der dänischen und schwedischen Könige. Als Vorbild für Ersteren, der nach dem dänischen König Knut dem Heiligen (1080–1086) benannt ist, diente der Spiegelsaal von Versailles.

Auf der Nordseite des Platzes ist das 78 **Residenzgebäude** ★ [I C2] einen Blick wert. Ursprünglich im 15. Jahrhundert erbaut, hat es sein heutiges Äußeres ebenso wie das Rathaus erst in der Mitte des 19. Jahrhunderts erhalten. Heute ist es **Sitz des Regierungspräsidenten** der Region Schonen, der schwedischen Entsprechung des deutschen Ministerpräsidenten.

Am südöstlichen Ende des Platzes steht die sehenswerte **Löwenapotheke** *(Apoteket Lejonet)*, die bis zum heutigen Tag in gotischem Stil eingerichtet ist.

Etwas zurückversetzt, nur einige Schritte vom Stortorg entfernt und direkt hinter dem Rathaus, steht die 79 **St.-Petri-Kirche** ★ [I C2]. Diese wurde Anfang des 14. Jahrhunderts im Stil der Backsteingotik erbaut und ist das älteste Gebäude der Stadt. Das schlichte Innere, Resultat einer „Tünchaktion" während der Reformationszeit im 16. Jahrhundert, verführt viele Besucher dazu, mit den Worten „Hab alles schon gesehen" schnell wieder kehrtzumachen und auf eine genaue Besichtigung zu verzichten. Das ist jedoch ein schwerer Fehler, denn so versäumen sie die kleine **Krämarkapelle** im Nordteil des Gotteshauses (links neben dem Eingang), die durch ihre lebhaften **Wand- und Deckenmalereien** besticht. Diese stammen aus der Zeit um 1520 und wurden bei Restaurierungsarbeiten zu Beginn des 20. Jahrhunderts wiederentdeckt und freigelegt. Genauer ansehen sollte man sich zudem die Kanzel aus dem Jahr 1599, das Taufbecken von 1601 und den wuchtigen Barockal-

In der Reformationszeit wurden die Wandmalereien der St.-Petri-Kirche übertüncht

tar. Jeden Mittwoch um 12.10 und oft auch am Freitag um 17 Uhr kann man in der Kirche kostenlos einem halbstündigen **Orgelkonzert** lauschen.

Malmös kleinstes Museum liegt nur knapp 50 m entfernt. Einige Schritte die Djäknegatan hinab, erreicht man linker Hand die Snapperupsgatan und in Hausnummer 10 findet man **80 Ebbas Hus** ★ [I C2]. Dort wurde eine Wohnung aus den 1910er-Jahren originalgetreu erhalten und wer mag, kann Familie Olsen, so hießen die einstigen Bewohner, einen Besuch abstatten (zur Zeit **wegen Renovierung geschlossen**).

Das **81 Malmöer Moderna museet** ★ [I D2] veranstaltet in Zusammenarbeit mit dem Modernen Museum in Stockholm Wechselausstellungen internationaler Spitzenkünstler. Die sechs Meter hohe und eine Tonne schwere Skulptur vor dem Eingang nennt sich „Pulsierendes Ko-

Rundfahrboot „Rundan"

Nicht nur in Amsterdam oder Berlin kann man vom Boot aus die Stadt erkunden, sondern auch in Malmö. Ein kleiner Nachteil ist allerdings, dass die Fahrt nicht mitten durch die Stadt führt, sondern nur am Rande des Zentrums entlang. Trotzdem: Für einen ersten Überblick ist die Fahrt mit „Rundan" - der „Runde" - gut geeignet. Die Boote legen gegenüber dem Hauptbahnhof ab und fahren zunächst zum Hafengebiet ***Nyhamnen*** *(s. S. 182). Von dort führt der Weg zurück in die* ***Stadtkanäle,*** *auf denen man zunächst das* ***Malmöhus Schloss*** *89 mit den ältesten Teilen aus dem 16. Jh. passiert. Heute sind in dem Gebäude die wichtigsten Museen der Stadt untergebracht. Links und rechts tun sich die Parkanlagen des* ***Schloss- und Königsparks*** *88 auf. Am Ufer sieht man Paare flanieren, Jogger ihre Runden drehen und Familien picknicken. Der Park um das Schloss herum ist die grüne Lunge der Stadt und wird vor allem im Sommer viel genutzt. Das Boot gleitet weiter unter der Parkbrücke hindurch, linker Hand sieht man das Kasino, in dem man sein Glück versuchen oder aber auch edel speisen kann. Auf der rechten Seite passiert man etwas später die* ***Stadtbibliothek,*** *1997 nach den Plänen des bekannten dänischen Architekten Henning Larsen erbaut.*

Die Fahrt geht weiter und wer den Kopf reckt, erblickt rechter Hand die ***St. Pauls Kirche*** *von 1881. Dann biegt das Boot schon in die Zielgerade ein und unter der Caroli-, der Schougens- und Schleusenbrücke hindurch erreicht man den Ausgangspunkt der Rundfahrt. Kurz vor der Anlegestelle kann man links die* ***St. Petri Kirche*** *79 sehen, die aus dem 14. Jahrhundert stammt und damit das älteste Gebäude der Stadt ist.*

› *www.stromma.se/de/malmo, Mitte April-Ende Sept., Dauer ca. 50 Min, 185 Skr (6-15 Jahre die Hälfte)*

Wer sein Tempo selbst bestimmen will, kann ein ***Tretboot*** *mieten und den Kanal entlangschippern. Die Boote liegen an der Amiralsbrücke in der Nähe des Gustav Adolfs torg [I C2].*

› *Mai, Sept. 12-18 Uhr, Juni-Aug. 11-19 Uhr*

ordinatensystem“ und stammt von dem schwedischen Bildhauer Leif Bolter. Das Gebäude selbst ist ebenfalls mehr als nur einen Blick wert. 1901 erbaut, diente es einst als Elektrizitätswerk. Das stylishe, in Orangetönen gehaltene Museumscafé lädt jedermann zum preisgünstigen „dagens lunch“ ein.

› **Moderna museet,** Ola Billgrens plats 2–4, www.modernamuseet.se/malmo, Di.–So. 11–17, Do. bis 20 Uhr, Eintritt frei

Über die Stora Kvarngata, die Baltzarsgata und die Skomakaregata erreicht man den 82 **Lilla torg** ★★ [I C2], den „Kleinen Platz“, der sich südwestlich an den Stortorg, den „Großen Platz“ anschließt. Hier geht es besonders im Sommer sehr lebhaft zu, denn ein Restaurant steht neben dem anderen.

In der nur ein paar Schritte entfernten 83 **Gustus Shop & Gallery** ★ [I C2] werden Werke von südschwedischen Künstlern ausgestellt. Äußerst sehenswerte Stücke gibt es hier zu sehen und wer das nötige Kleingeld hat, kann im Ausstellungsshop geschmackvolle Souvenirs erstehen.

› **Gustus Shop & Gallery,** Lilla torg 9, www.formdesigncenter.com, Di.–Sa. 11–17, So. 12–16 Uhr, Eintritt frei

Durch die **Einkaufsstraße Södergatan** erreicht man den **Gustavs Adolfs torg.** Wer mit öffentlichen Verkehrsmitteln unterwegs ist, wird hier öfter vorbeikommen, ist er doch der zentrale Knotenpunkt für die städtischen Busse. Nur ein paar Schritte vom Gustav Adolfs torg entfernt erreicht man über die Davidhallsbron das 84 **Disgusting Food Museum** ★ [I C2]. Gammelhai aus Island, Mäusewein aus China oder doch lieber gegrilltes Meerschweinchen aus Peru und Larvenkäse aus Italien – auf was haben Sie Lust? Im Disgusting Food Museum gibt es einige exotische Leckereien zu sehen, zu riechen und auch – für alle, die sich trauen – zu kosten. Gastgeber Schweden hat es mit dem Surströmming, einem fermentierten Hering, ins Museum der ekelhaftesten Lebensmittel geschafft. Ursprünglich nur vorübergehend geplant, ist dank des Erfolgs die Ausstellung inzwischen permanent.

› **Disgusting Food Museum,** Södra Förstadsgatan 2, https://disgustingfoodmuseum.com, Mi.–So. 11–17 Uhr, Eintritt: 195 Skr

Abstecher zum Möllevångstorg

Durch die Södra Förstadsgatan, den unteren Teil der Einkaufsstraße, erreicht man das große **Einkaufszentrum Triangeln** am gleichnamigen Platz [I C3]. Dort kann man in rund 100 Geschäften seine Shoppinggelüste befriedigen. Danach geht es weiter stadtauswärts durch die Rådmansgatan. Nach wenigen Metern kreuzt man die St. Johannesgatan, wo sich rechter Hand die 85 **Kunsthalle** ★ [I C3] befindet, die 1975 eröffnet wurde. „Halle“ ist das richtige Wort für das spektakuläre Ausstellungsgebäude, das aus einem einzigen Raum besteht. Hier finden regelmäßig wechselnde Ausstellungen moderner Kunst statt.

› **Malmö Konsthall,** www.malmokonsthall.se, Di.–So. 11–17 Uhr, Mi. bis 19 Uhr, freier Eintritt

Wenige Schritte weiter erblickt man die 86 **St.-Johannes-Kirche** ★ [I C3], erbaut aus rotem Backstein. Sie ist eine der größten Kirchen der Stadt und wurde 1901–1907 von Axel Anderberg (1860–1937) im Jugendstil errichtet. Anderberg ist in Schweden vor allem für seine Oper in Stockholm bekannt. Gut 200 m südlich der Kirche biegt man links in die Smedjegatan ab und erreicht schließlich den 87 **Möllevångstorg** ★ [I C3, außerhalb]. Das Viertel um den Platz, Möllevången, gilt als eines der buntesten der Stadt, in dem auch viele Ausländer leben. Obwohl es in manchen Publikationen als das Kreuzberg Malmös beschrieben wird, sollte man aber nicht zu viel erwarten. Wer günstige Restaurants mit exotischer Küche sucht, wird hier aber durchaus fündig. Und der hier täglich stattfindende Markt bietet frisches Obst und Gemüse zu unschlagbaren Preisen.

Fortsetzung Innenstadtrundgang

Vom Gustav Adolfs torg sind es durch die Stora Nygatan oder über den Friedhof, der zum Spaziergang einlädt, nur wenige Schritte zum 88 **Kungsparken** ★ [I B2], dem Königspark. Er wurde 1872 als erster öffentlicher Park der Stadt von König Oscar II. (1872–1907) eingeweiht.

Auf der anderen Seite des Parkkanals befindet sich ein beliebter Treffpunkt, der **Slottsträdgarden.** Neben dem großen, rein ökologischen Gemüse- und dem Schnittblumengarten, wo eine helfende Hand immer willkommen ist, gibt es acht kleine Themengärten. So kann man zum Beispiel den Insektengarten, den Hängenden Garten oder den Japanischen Garten besuchen. Häufig finden Veranstaltungen wie Konzerte oder Gartenworkshops statt.

★217 [I B2] **Slottsträdgarden**,
www.slottstradgarden.se

Durch diese Parkanlagen erreicht man dann schließlich die Festung 89 **Malmöhus** ★★ [I B2], in der die wichtigsten Museen der Stadt untergebracht sind. Die ältesten Teile der Festung gehen auf König Erich von Pommern (1412–1439) zurück. Von 1444 an stand hier die Münzpresse des dänischen Reiches. 1524 war die Festung zudem Schauplatz eines politischen „Gipfeltreffens“: Hier trafen sich der dänische König Frederik I. und sein schwedischer Widerpart Gustav Wasa, um den Streit um Gotland beizulegen. Malmöhus in der heutigen Gestalt wurde aber erst zwischen 1536 und 1542 vom dänischen König Christian III. (1534–1559) erbaut.

Nur ein Gerücht, aber ein werbewirksames: Im 16. Jahrhundert saß hier angeblich der Earl of Bothwell, der dritte Ehemann Maria Stuarts, in Haft. Obwohl man diese Geschichte in Malmö – vermutlich aus Gründen des Tourismusmarketings – immer noch hört, gilt es inzwischen als gesichert, dass Bothwell im dänischen Schloss Dragsholm gefangen gehalten wurde und dort auch starb. Doch auch ohne Bothwell bleibt Malmöhus etwas Besonderes. Eines mit wechselvoller Geschichte allerdings: Das Schloss verfiel im 18. Jh. zusehends und wurde von 1828 bis 1909 als Gefängnis genutzt, bevor es schließlich einem Großbrand zum Opfer fiel. Erst seit den großen Um- und Wiederaufbauarbeiten in den 1930er-Jahren werden die Räume von Malmöhus als Museum genutzt.

Die **Museen im Malmöhus** präsentieren in verschiedenen Ausstellungen eine große Vielfalt an Themen: Naturkundliches ist ebenso zu sehen wie Darstellungen zur Stadtgeschichte und zur Geologie der Provinz Schonen. Es gibt lebende Gotland-Schafe und fleischfressende Piranhas (wohlweislich getrennt). Neben den Dauerausstellungen veranstaltet

Auf den Spuren des Fußballstars Zlatan Ibrahimovic

Zlatan Ibrahimovic ist als Sohn eines bosnischen Vaters und einer kroatischen Mutter in Malmö auf die Welt gekommen. Der großspurige Fußballprofi spaltet das Land. Die einen halten ihn für einen arroganten Schnösel, die anderen für ein Vorbild für die Jugend, das zeigt, dass man es auch zu etwas bringen kann, wenn man aus ärmsten Verhältnissen kommt. Er selbst hält sich - und das vielleicht nicht einmal zu Unrecht - für den besten Spieler der Welt.

Im Unterricht fiel der Schüler Zlatan vor allem als Ruhestörer auf, schließlich brach er die Schule ab und konzentrierte sich ganz auf den Fußball. Aber auch da eckte er an. In der Jugendmannschaft von Malmö FF war er zwar der Beste, die Eltern der anderen Kinder hielten ihn aber für egoistisch und rücksichtslos. Nach ersten Erfolgen im Männerteam von Malmö FF sorgte Ibrahimovic in Holland, Italien, Spanien, Frankreich und Großbritannien für Furore. Überall spielte er nur bei den besten Vereinen, gewann mit allen Teams nationale und internationale Meisterschaften. Mit 120 Spielen, in denen er 62 Tore schoss, avancierte er zum schwedischen Rekordnationalspieler.

Auf einem Rundweg auf Zlatans Spuren durch Malmö scheint die erste Station denjenigen Recht zu geben, die Ibrahimovic für einen Aufschneider halten. An der Ecke Limhamnsvägen [I A2]/Grönvångsgatan steht eine geschmacklose Neureichen-Villa in Strandnähe, das ***erste Haus, das sich Ibrahimovic von seinem Profigehalt gekauft hatte.*** *Dass er das Haus in „hässlich-rosa“ streichen ließ, mag man ihm verzeihen, dass er es - da er damals schon im Ausland spielte - nie bewohnte, vielleicht auch noch. Aber warum bezahlte er ganz bewusst mehr, als das Haus wert war? Einfach damit alle sehen können, dass er es sich leisten kann. Heute gehört die Villa einem bekannten schwe-*

223kh ©Charlotte, stock.adobe.com

dischen Eishockeyspieler, der das Haus sofort hat umstreichen lassen. In unauffälligem Grau steht das 13-Zimmer-Anwesen heute da. Aus dem Garten des Hauses sähe man, wäre da nicht eine Mauer, die das Haus einfasst, auf den anderen Star in Malmö - den Turning Torso 92*, das 190 m hohe Hochhaus, das in sich verdreht ist, so wie Zlatan bei seinem spektakulären Fallrückzieher, als er am 14. November 2012 im Länderspiel gegen England aus 25 Metern eins der spektakulärsten Tore der Fußballgeschichte erzielte.*

Weiter geht's zum ***Eleda Stadion*** *(Eric Perssons väg 31, südlich von Kronborg [I B3]), in dem auch Ibrahimovic schon gespielt hat. Allerdings nicht mehr für den heimischen Malmö FF - denn als das Stadion 2009 eröffnet wurde, kickte Ibrahimovic schon längst jenseits der Alpen bei Inter Mailand.*

Im Einwanderviertel ***Rosengård*** *südöstlich des Zentrums an der Amiralsgatan [I C2-D3] ist Ibrahimovic aufgewachsen. Die Fußgängerunterführung am Ende der Annelundsgatan ist so etwas wie das Eingangstor zum Stadtteil und für Fans von „Ibra" auch der einzige legitime Zugang. Über der Einfahrt zum Tunnel steht der Satz: „Man kann einen Jungen aus Rosengård herausnehmen, aber man kann nicht Rosengård aus dem Jungen herausnehmen" - ein Zitat von Zlatan Ibrahimovic. Im Tunnel grinst einen ein riesiger Mund an - kunstvoll aus Fliesen gelegt -, natürlich der von Zlatan.*

Am Ende der Unterführung beginnt Rosengård. Das Stadtviertel hat einen schlechten Ruf. Glaubte man den Gerüchten, so dürfte man hier nur mit kugelsicherer Weste unterwegs sein. Mich aber begrüßen vier neugierige kleine Mädchen, die mich zum Basketballmatch herausfordern. Nach der Korbjagd schießen wir stilecht noch ein paar Fußbälle hin und her - auf dem ***Zlatan Court*** *(Bennets väg, ganz nah beim Bahnhof Rosengård), einem Bolzplatz, den Ibrahimovic seinem Viertel geschenkt hat. Auf einer - inzwischen verwitterten - bronzefarbenen Plakette kann man lesen: „Hier ist mein Herz. Hier ist meine Geschichte. Hier ist mein Spiel. Bring' es weiter. Zlatan." Und daneben übergroß die Silhouette des Fußballhelden und Bolzplatzspenders. Vor dem Eingang ist dann auch noch der Abdruck von Ibrahimovics Füßen - in standesgemäßer Größe 47 - in Beton eingelassen. So hat der Superstar seinen eigenen „Walk of Fame" geschaffen, ansonsten aber wohl nicht viel für seinen Stadtteil getan. „Er hat uns vergessen", beschweren sich die Leute von Rosengård. Trotzdem kennt natürlich jeder hier das Fußballgenie. Selbst die kleinen Basketballerinnen, die erst auf die Welt kamen, als Ibrahimovic schon lange nicht mehr hier lebte, wissen, wo er früher gewohnt hat. Unisono drehen sie sich um und zeigen auf eine* ***Eckwohnung im 5. Stock eines Mietshauses*** *direkt hinter ihnen (Cronmans väg 5a). In* ***Törnrosen****, einem riesigen Sozialwohnungskomplex mit 1200 Wohnungen, ist Zlatan Ibrahimovic aufgewachsen.*

◁ „Zlatan Court" im von Plattenbauten geprägten Ortsteil Rosengård

man rund ein Dutzend Sonderausstellungen pro Jahr. Vor allem Familien mit Kindern können hier einen unterhaltsamen Nachmittag verbringen.

Direkt gegenüber dem Schloss steht das 90 **Museum für Technik und Seefahrt (Teknikens och Sjöfartens hus)** ★ [I B2]. Hier wird ein bunter Querschnitt durch die Geschichte der Technik geboten. Egal ob alte Autos oder Motorräder, das Modell eines Atomkraftwerks oder eines Frachtschiffs: Hier gibt es alles zu sehen.

Am interessantesten ist vielleicht das 1942 erbaute U-Boot U3. Der beklemmende und beengende Spaziergang durch dessen Inneres vermittelt einen ersten Eindruck von jener klaustrophobischen Situation, der U-Boot-Fahrer ausgesetzt waren. U-Boot-Veteranen, die mit diesem Boot einst unterwegs waren, sind häufig vor Ort und teilen mit den Besuchern ihre Erfahrungen. Ein Gespräch mit ihnen gehört mit Sicherheit zum Spannendsten, was ein Museumsbesuch in Malmö bieten kann.

Aber auch das Roboterorchester aus den 1930er-Jahren und der Kunskapstivoli, der spannende naturwissenschaftliche Experimente bietet, sind einen Blick wert. Im Eintrittspreis enthalten ist auch der Besuch im Kommandanthus sowie im Ebbas Hus 80. Kaffeepausen einlegen kann man im Café im Malmöhus oder im Ökocafé im Kommandanthus.

› Öffnungszeiten für Museen im Malmöhus und Technikmuseum: Di.–So. 11–17, Do. bis 19 Uhr, www.malmo.se/museer, Eintritt: 40 Skr, Studierende 20 Skr, bis 19 Jahre freier Eintritt

Festung Malmöhus 89

91 Västra Hamnen (Westhafen) ★★ [I B1]

Ursprünglich als Bauausstellung (Bo01) konzipiert, ist auf dem ehemaligen Industriegelände am Westhafen ein Stadtteil entstanden, der weltweit Vorbildcharakter hat, was **nachhaltige Stadtarchitektur** angeht. Innovative ökologische Ideen, das ehrgeizige Ziel, sich zu 100 Prozent aus erneuerbaren Energien zu versorgen (das teilt das Viertel mit dem neuen Projekt am Nyhamnen (s. S. 182), spannende Architektur wie das European Village, zahlreiche Innenhöfe, Grünflächen und Spielplätze sowie die tolle Lage am Wasser: Diese Ingredienzien machen Västra Hamnen zum wohl **begehrtesten Wohnviertel Malmös** – leider aber auch zu einem der teuersten. Im Sommer scheint hier die ganze Stadt unterwegs zu sein und durch den Scaniapark am Meer zu flanieren, auf einem der hölzernen Sonnendecks oder einer Sitztreppe zu pausieren und das Treiben und die Sonne zu genießen. Ein Meerbad, Beachvolleyball- und Picknickplätze sowie der Skatepark Stapelbädden machen das Viertel attraktiv für Ältere, Junge und ganz Junge. In den (meist teuren) Restaurants genießt man neben dem Essen auch wunderbare Ausblicke auf den Sund.

Hier steht auch die sicher spektakulärste Sehenswürdigkeit der Stadt. Der **92 Turning Torso** ★★★ [I A1], das nach einem Entwurf des spanischen Architekten Santiago Calatrava erbaute Hochhaus, ist mit seinen beeindruckenden 190 m Höhe eine Pilgerstätte für

☒ *Verdrehtes Hochhaus: Turning Torso* 92

Freunde moderner Architektur. Der Turning Torso reckt sich einem verdrehten Körper gleich in die Höhe und ist **ebenso sehr Kunstwerk wie Zweckgebäude.** Die Inspiration, ein in sich „verdrehtes" Hochhaus zu bauen, kam Calatrava beim Betrachten einer Skulptur, die die Drehbewegung des menschlichen Körpers darstellte.

Von der Basis bis zur Spitze dreht sich der Turm um 90 Prozent. Nur in den untersten beiden der insgesamt neun Kuben sind Büros untergebracht, ab dem dritten Kubus schließt sich der Wohnbereich mit insgesamt 150 Apartments an. Damit gehört der 54-geschossige Turning Torso, was die Höhe betrifft, zu den Top-10 in Europa.

Eine Besichtigung ist leider nicht möglich, trotzdem sollte man sich nicht mit einem Blick aus der Ferne begnügen. Besonders faszinierend sind die Lichtreflexionen in den Fensterfronten, die sich je nach Tageszeit und Standpunkt des Betrachters immer wieder ändern.

› Lilla Varvsgatan 14

KURZ & KNAPP

Nyhamnen – von der Werft zum Vorzeigeviertel

An der Stelle alter Fabrikanlagen ist in Nyhamnen [I C1] ein **komplettes Stadtviertel** mit Wohn- und Büroraum entstanden, das als **grünes Vorzeigeviertel** vollständig mit nachhaltiger Energie versorgt werden soll. Bis zu ihrem Konkurs im Jahr 1987 war hier die **Kockums-Werft** beheimatet. Einst war Kockums mit 6000 Beschäftigten der größte Arbeitgeber der Stadt und der 135 m hohe Kran das Wahrzeichen Malmös. Der Kran wurde 1992 erstmals verkauft, doch da die Käuferfirma ebenfalls in Konkurs ging, blieb er bis 2002 hier stehen. Dann wurde er ein weiteres Mal und diesmal endgültig verkauft, abgebaut und steht nun in der Hyundai-Werft in Südkorea.

Am Strand von Ribersborg

Unmittelbar westlich an den Schlosspark schließt sich der eher langweilige Stadtteil Ribersborg an, der aber mit etwas Einmaligem aufwarten kann: Wenn die Temperaturen im Sommer mal mitspielen, kann man am **langen, weißen Sandstrand** echtes Karibik-Feeling entwickeln. Der Stadtstrand wurde vor mehr als einhundert Jahren mit ausgebaggertem Sand aus dem Öresund aufgeschüttet, seither ist er bevorzugtes Naherholungsziel für die Einheimischen.

Ein Highlight ist die **Seebrücke**, die weit ins Wasser ragt und an ihrem Ende das nostalgische **Kallbadhus** trägt. Rund 160.000 Besucher pro Jahr entspannen hier beim Schwimmen im geschützten 25-Meter-Becken, bei Wasseraktivitäten aller Art (gern auch beim Winterschwimmen) und in der Sauna, lassen sich im Spa eine Massage verpassen oder genießen ein romantisches Dinner mit Blick in den Sonnenuntergang.

› www.ribersborgskallbadhus.se

Einkaufen in Malmö

Malmö ist die ideale Stadt zum Einkaufen. Hier kann man in Ruhe bummeln. Die Auswahl ist groß, der Service ausgezeichnet. Außerdem ist alles preisgünstiger als im benachbarten Kopenhagen.

[›] Das Kaufhaus Emporia besticht auch durch außergewöhnliche Architektur

Einkaufsstraßen und -zentren

Die **Fußgängerzone** reicht vom Stortorg über den Gustav Adolfs torg bis zum Platz Triangeln. Am Triangeln befindet sich auch das gleichnamige große **Einkaufszentrum.** Weitere Einkaufszentren sind Hansa und Caroli City. Außerhalb, im Stadtteil Hyllie, steht zudem das **Einkaufszentrum Emporia,** das zu den größten Shoppingmalls Nordeuropas zählt.

218 [I D2] **Caroli City,** Östergatan 12, http://caroli.se

219 **Emporia,** Hyllie Boulevard 19, https://emporia.steenstrom.se

220 [I C2] **Hansa,** Stora Nygatan 50–56, http://hansamalmo.se

221 [I C3] **Triangeln,** Södra Förstadsgatan 41, www.triangeln.com

In der **Östergatan** gibt es noch eine ganze Reihe interessanter, kleiner Geschäfte. Rund um den **Davidshallstorg** hat sich außerdem eine hippe, sehr trendige Shoppingszene mit zahllosen Läden für Secondhandbekleidung und auch kleinen Designershops entwickelt. Einen **Obst- und Gemüsemarkt** gibt es am Möllevångstorg und am Drottningtorg (So. 10–16 Uhr) sowie am Folkets Park (Sa., So. 8–15 Uhr).

Design in Malmö

Manchen mag es überraschen, aber Malmö ist nicht nur im schwedischen Vergleich, sondern auch europaweit ein wichtiges **Zentrum des Designs.** Entsprechend viele Designläden und -ausstellungen gibt es hier.

222 [I C2] **Formargruppen,** Engelbrektsgatan 8. Junge Künstler und Designer aus der Region mit aufregenden Kreationen betreiben dieses Studio mit Shop.

219kh ©Bits and Splits, stock.adobe.com

83 [I C2] **Gustus Shop & Gallery.** Verkaufsausstellung von (süd-)schwedischem Design (Glas, Textilien). Kleines Café (s. S. 176).

223 [I C2] **Norrgavel,** Södergatan 26. Hier gibt es Designermöbel, Glas, Keramik und Textilien. Im Sommer ist das Geschäft auch sonntags geöffnet.

Essen und Trinken

Wer überall Köttbullar erwartet, sieht sich enttäuscht: Malmös typischstes Gericht sind **Falafel!** Sehr gute bekommt man z. B. bei Badrans Super Falafel (s. S. 185).

Restaurants konzentrieren sich um den Lilla Torg, Möllevången sowie entlang der Davidshallsgatan.

Übrigens: In einigen Kneipen und Restaurants gibt es freitagnachmittags/-abends eine „After work Party“: Man kauft ein Getränk an der Bar und kann dafür kostenlos vom Buffet naschen.

Der Schweden liebstes Hobby, das *fika* (**Kaffeetrinken** ist nur eine unzulängliche Übersetzung) macht sich auch im Stadtbild bemerkbar: An jeder Ecke finden sich Filialen von Barista, Espresso House und Co., dazu kommen zahlreiche selbstständige Cafés.

Restaurants

224 [I C3] **Atmosfär** €€€, Fersens väg 4, Tel. 040 125077, www.atmosfar.com, Mo.–Fr. 12–23, Sa. 13–24, So. 13–21 Uhr. Mehrfach ausgezeichnetes Gourmetrestaurant.

225 [I C2] **Årstiderna** €€€, Frans Suellsgatan 3 (am Stortorg), Tel. 040 230910, https://arstiderna.pieplowsrestauranger.se, Mo.–Fr. 11.30–24 Uhr, Sa. 17–24 Uhr, Küche schließt zwei Stunden früher. Nobles Restaurant im historischen Kockskahuset von 1520. Hervorragende schwedische Küche, Hauptgerichte um 250–350 Skr.

226 [I C2] **Bullen** €€-€€€, Storgatan 35, www.bullen.nu, Tel. 040 121241, Mo.–Fr. 11.30–1 Uhr, Sa. 12–1 Uhr, So. 12–23 Uhr. Das Restaurant bietet gute Hausmannskost. Früher ein Treffpunkt hauptsächlich für Einheimische, wird das Haus mit seiner großen Tradition heute auch gern von Touristen und Geschäftsleuten besucht.

EXTRATIPP

Zwei Sterne über Malmö

Lange stand Malmö in punkto Spitzenküche im Schatten der schwedischen Metropole Stockholm. Aber seit 2015 leuchtet es auch hier am Gastronomiehimmel: Das **Restaurant Vollmers** trägt inzwischen zwei Sterne und ist damit das einzige gekrönte Restaurant in Malmö.

Serviert wird im Vollmers kreative Küche auf Basis regionaler Traditionen, verwendet werden nur beste Zutaten aus der Region. Edle Weine, eine intime Atmosphäre in einem schönen Haus aus dem 19. Jh. – wer nicht aufs Geld achten muss, kann hier einen paradiesischen Abend verleben.

231 [I C2] **Vollmers** €€€, Tegelgårdsgatan 5, Tel. 040 579750, www.vollmers.nu, Di.–Sa. ab 18 Uhr, nur nach Reservierung

Preiskategorien

Die angegebenen Preiskategorien beziehen sich auf ein Hauptgericht ohne Getränke:

€	unter 150 Skr
€€	150–250 Skr
€€€	über 250 Skr

227 [I C3] **Di Penco** €, Roskildevägen 3, Tel. 040 396655, www.penco.se, Mo. 10–15, Di.–Do. 10–20, Fr. 10–22, Sa. 16–22 Uhr. Nettes und bei Einheimischen beliebtes italienisches Restaurant – Pasta, Pizza & Co.

228 [I C3] **Hummusson** € ✿, Södra Förstadsgata 43, Tel. 072 3372123, www.hummusson.se, Mo.–Fr. 11–20, Sa., So. 11–18 Uhr. Eigentlich ist Hummus ein Nationalgericht im Nahen und Mittleren Osten. Wie gut, dass das leckere und sättigende Kichererbsenpüree in verschiedenen Variationen auch in Malmö die Gaumen erfreut. Das Essen ist streng vegan, alles drumherum ökologisch, papier- und plastikfrei sowie bargeldlos. Und sehr preiswert ist es obendrein.

229 [I C1] **Johan P** €€€, Hjulhamnsgata 5, Tel. 040 971818, www.johanp.nu, Mo.–Fr. ab 11.30 Uhr, Sa. ab12 Uhr, So. 13–16 Uhr. Hervorragendes Fischrestaurant in der Nähe des Lilla Torg. Im Laden kann man sich mit Frischfisch eindecken.

230 **Krua Thai** €, Möllevångstorget 14, Tel. 040 122287, www.kruathai.se, Di.–Fr. 17–20.45, Sa., So. ab 13 Uhr. Thailändisches Restaurant in Familienbesitz, freundliche Atmosphäre und gutes Essen zu äußerst günstigen Preisen. Ein Hauptgericht bekommt man hier schon ab 110 Skr.

Kaffeepause im Café Slottsträdgården

232 [I C2] **Rådhuskällaren** €€€, Stortorg 2, Tel. 040 79020, www.radhuskallaren.gastrogate.com, Mo.–Mi. 11.30–14, Do., Fr. 11.30–14, 17–22, Sa. 17–22, So. 15–20 Uhr. Das Restaurant liegt in den historischen Kellergewölben des Rathauses von 1546. Traditionelles schwedisches Essen. Im Februar und März kann man sich das Nobelpreismenü des Vorjahres munden lassen. Das Lokal ist im November wegen seiner Gans und im Dezember wegen seines Weihnachtsbuffets bekannt. Die festlichen Hauptgerichte kosten um die 250–300 Skr, gut zu Mittag essen kann man aber schon für etwa 150 skr.

233 [I C2] **Sankt Markus Vinkällare** €€€, Stadt Hamburgsgatan 2, Tel. 040 306820, https://stmarkusvinkallare.nu, Mi., Do. 17–23, Fr. 17–24, Sa. 16–24 Uhr. Restaurant in historischem Keller. Üppiges Buffet 298 Skr, Hauptgerichte ab 300 Skr. Der Nachtclub **Swing Inn** im selben Haus öffnet ab 23 Uhr und ist nur für Gäste ab 28 Jahren geöffnet.

234 [I C3] **Star** €, Södra Skolgatan 30B, Tel. 040 454519, https://restaurangstar.se, tgl. 13–1 Uhr. Hamburger & Co., Fischgerichte, Salate: alles gut und unprätentiös, zum Sattwerden zu fairen Preisen. Entspannter Platz auf der Terrasse.

Cafés und Imbisse

235 [I C2] **Badrans Super Falafel,** Regementsgatan 20, tgl. 10–22 Uhr. Imbissbude am Rande des Kungsparken, stadtbekannt für seine guten Falafel.

236 **Beijers Parks Café,** Norra Bulltoftavägen 34, tägl. 10–17 Uhr. Das kleine Café mit Blick auf den malerischen See im Beijers Park im Stadtteil Kirseberg sollte eigentlich wegen Baufälligkeit geschlossen werden. Doch das Parks Café ist Kult und entsprechend groß waren die Proteste. Die Stadt ließ sich umstimmen und renovierte das Lokal.

160kh-rk

237 [I B2] **Café Slottsträdgården,** Slottsträdgården (hinter Schloss Malmöhus), Tel. 040 304034, www.slottstradgardenskafe.se, Sommersaison Mo.–Fr. 11–16, Sa., So. 10–18 Uhr, Winteröffnungszeiten s. Website. Ein Parkcafé und der ideale Ort, um sich nach der Besichtigung von Malmöhus in schöner Umgebung zu erholen. Bekannt für den ausgezeichneten Möhrenkuchen. Oft wird sogar Parkmusik geboten. Im Winterhalbjahr wird man im beheizten Gewächshaus bedient.

238 [I C2] **Konditori Hollandia,** Södra Förstadsgatan 8, www.hollandia.se, Mo.–Fr. 8–19, Sa., So. 9–19 Uhr. Die altehrwürdige Konditorei besticht mit ihrem Charme, zu dem rote Plüschsofas, feinste Torten und Kakao aus richtiger Schokolade gehören.

Karte I: Malmö

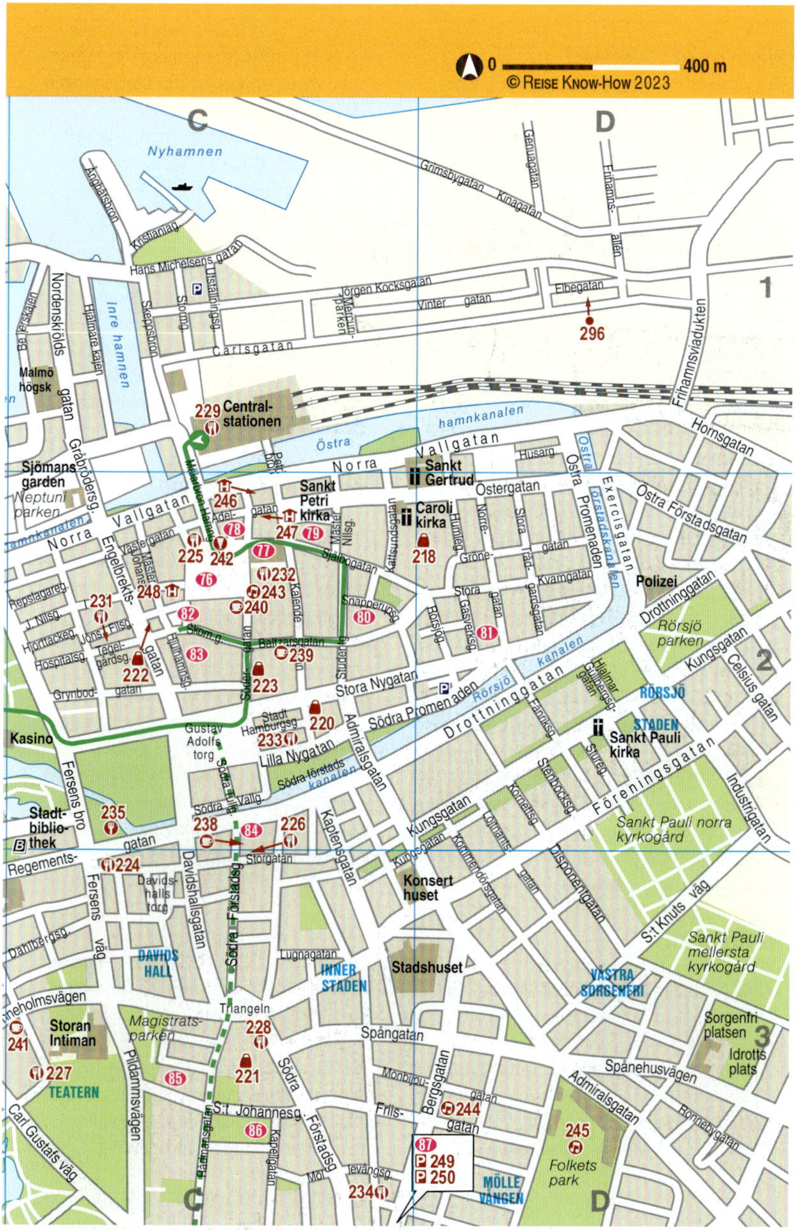

0 400 m
© Reise Know-How 2023
C
D
1
2
3
Nyhamnen
Ångbåtsbron
Kristianiag.
Hans Michelsens gatan
Grimsbygatan
Kinagatan
Genuagatan
Frihamns-allén
Jörgen Kocksgatan
Vinter gatan
Elbegatan
296
Friihamnsviadukten
Mercuri-parken
Utställningsg.
Stormg.
Skeppsbron
Inre hamnen
Hjälmare kajen
Nordenskiölds gatan
Bejerskajen
Carlsgatan
Malmö högsk
229 Central-stationen
hamnkanalen
Östra
Norra Vallgatan
Sankt Gertrud
Husarg.
Östergatan
Östra Promenaden
Östra förstadskanalen
Exercisgatan
Hornsgatan
Östra Förstadsgatan
Sjömansgården
Neptuniparken
Gråbrödersg.
Petri bron
Mälarbron
246
Adelgatan
247
Sankt Petri kirka
Caroli kirka
218
Norra Vallgatan
Västergatan
Engelbrektsgatan
Mäster Johansg.
Mäster Nilsg.
Kattsundsgatan
Humleg.
Norregatan
Stora Trädgårdsgatan
Grönegatan
Kvarngatan
78
79
77
225
242
Själbogatan
Snapperupsg.
80
Stora Gasverksg.
Rörsjög.
81
76
232
243
240
248
231
Repslagareg.
J. Nilsg.
Hjortackeg.
Jöns Filsg.
Hospitalsg.
Tegelgårdsg.
222
Grynbodgatan
82
Skomg.
83
Hjulhamnsg.
Södergatan
Baltzarsgatan
239
Kalendeg.
Studentg.
223
Stora Nygatan
Södra Promenaden
Rörsjö kanalen
Polizei
Drottninggatan
Rörsjöparken
Kungsgatan
Celsiusgatan
Hjalmar Gullbergsg.
RÖRSJÖ STADEN
Kasino
Gustav Adolfs torg
Stadt Hamburgsg.
220
233
Admiralsgatan
Drottninggatan
Fabriksg.
Sankt Pauli kirka
Sturegatan
Föreningsgatan
Industrigatan
Lilla Nygatan
Södra förstadskanalen
Södra Tullg.
Södra Vallg.
Fersens bro
235
Stadtbibliothek
238
84
226
Storgatan
Kaptensgatan
Kungsgatan
Kometsg.
Lojtnantsg.
Stenbocksg.
Sankt Pauli norra kyrkogård
Regementsgatan
224
Davidshalls torg
Davidshallsgatan
Södra Förstadsg.
Fersens väg
Dahlbergsg.
Kommendörsgatan
Disponentgatan
Konserthuset
S:t Knuts väg
DAVIDS HALL
Lugnagatan
INNER STADEN
Stadshuset
VÄSTRA SORGENFRI
Sankt Pauli mellersta kyrkogård
Slottsholmsvägen
Storan Intiman
241
Triangeln
Magistratsparken
228
Spångatan
Sorgenfri platsen
Idrotts plats
227
TEATERN
Pildammsvägen
221
85
Södra Förstadsg.
Spånehusvägen
Monbijougatan
Bergsgatan
244
Admiralsgatan
Bonnebygatan
Carl Gustafs väg
Rådmansgatan
S:t Johannesg.
86
Kapellgatan
Friisgatan
245
87
249
250
Folkets park
Möllevångsg.
234
MÖLLE VÅNGEN

EXTRAINFOS

Wann ist was geöffnet?

Wer während der Woche in Malmö tanzen gehen will, sollte sich vorab über die Öffnungszeiten erkundigen. Viele Clubs haben nämlich nur am Wochenende geöffnet.

Smoker's Guide

In Schweden herrscht **Rauchverbot in allen öffentlichen Einrichtungen** inkl. Bars, Cafés und Restaurants. Separate Raucherräume sind erlaubt, allerdings darf man dort weder essen noch trinken.

239 [I C2] **Lilla Kafferosteriet,** Baltzarsgatan 24, www.lillakafferosteriet.se. Den angeblich besten Kaffee Malmös kann man wahlweise im Wohnzimmer des ehemaligen Appartements oder auf der hübschen Terrasse genießen.

240 [I C2] **Pronto,** Lilla Torg 2, www.cafepronto.se. Cheesecakes New-York-Style, leckere Sandwiches, guter Kaffee, und das alles zu akzeptablen Preisen.

241 [I C3] **Systrar & Bröder,** Östra Rönneholmsvägen 26, Tel. 040 973470, https://systrarbroder.se, Mo., Di. 7.30–16, Mi.–Fr. 7.30–18, Sa. 8–16, So. 9–16 Uhr. Altes Malmöer Café mit dem Charme der 1950er-Jahre. Gutes Frühstücksbuffet, am Samstagmorgen wird es daher schnell voll – dann muss man reservieren oder früh aufstehen.

Nachtleben

242 [I C2] **Centiliter & Gram,** Stortorg 17, https://etagegruppen.se, tgl. 21–3 Uhr. Beliebte Bar in der Stadtmitte. Es geht laut und lustig zu und bei den wenigsten Gästen bleibt es hier bei nur einem Bier.

243 [I C2] **Étage,** Stortorg 6, Tel. 040 232060, www.etagegruppen.se, Mi.–Fr. 23.30–4, Sa. bis 5 Uhr. Zwei Tanzflächen, drei Bars. Am Montag ist hier eher junges Publikum unterwegs, an den übrigen Tagen Gäste ab Mitte 20.

244 [I D3] **Kulturbolaget,** Bergsgatan 18, Tel. 040 302011, www.kulturbolaget.se. Rock- und Bluesclub, in dem regelmäßig Konzerte und Vorstellungen mit Picknick stattfinden.

245 [I D3] **Moriska Paviljongen,** Norra Parkgatan 2, im Folkets Park, www.moriskapaviljongen.se. Was wie ein türkischer Palast aussieht, ist ein kultureller Treffpunkt. Hier findet von Lesungen und Debatten über Theater und Tanz bis hin zu Konzerten und Clubabenden so ziemlich alles statt.

Übernachten in Malmö

246 [I C2] **Elite Savoy** €€-€€€, Norra Vallgatan 62, Tel. 040 6644800, https://elite.se/en/hotels/malmo/hotel-savoy. **Eine Hotellegende der Stadt:** Das Traditionshaus liegt perfekt gegenüber dem Bahnhof direkt am Hamnkanalen. Da die Fenster den Lärm ausgezeichnet abhalten, kann man durchaus ein Zimmer zur Straßenseite hin – mit deutlich besserer Aussicht – buchen. Extrem freundlicher Service und ausgezeichnetes Frühstücksbuffet in noblem Ambiente. Kleines Manko: Die Zimmer sind von unterschiedlicher Qualität, will man sicher gehen, sollte man sich das Zimmer vorher zeigen lassen.

247 [I C2] **Hotel Mayfair** €€€, Adelgatan 4, Tel. 040 40101620, www.mayfairtunneln.com. **Haus mit 70 Zimmern, dessen Geschichte bis ins 14. Jahrhundert zurückreicht:** Einst Sitz des Generalgouverneurs, deswegen waren hier auch schon mehrere schwedische und dänische Könige zu Gast. Zentrale Lage, guter Service – das Mayfair wurde mehrfach zum besten Hotel der Stadt gewählt.

Legende für Karte I Malmö auf Seite 186

248 [I C2] **Scandic Stortorget** €€€, Stortorg 15, Tel. 040 6934900, www.scandichotels.se. **Bekannt für sein gutes Frühstücksbuffet:** Das Hotel liegt sehr zentral zwischen Lilla torg und Stortorg. Für ein Stadthotel sehr guter Fitnessraum und Sauna.

Preiskategorien Unterkünfte

Zwei Personen im DZ/Nacht:

€	unter 750 Skr
€€	750–1500 Skr
€€€	1500–2250 Skr
€€€€	ab 2250 Skr

Praktische Informationen

Festivals

- **Malmö Festivalen.** Mit mehr als 1,5 Millionen Besuchern ist das Malmö-Festival im August das größte Straßenfestival Skandinaviens. Die Innenstadt verwandelt sich eine Woche lang in eine große Feierzone mit einem bunten Mix aus Theater, Kunst, Konzerten, Debatten und verschiedenen Aktionen, auch das Essen und Trinken kommt natürlich nicht zu kurz. Das Programm ist kostenlos und zudem für einen guten Zweck: Es geht um Umweltschutz und Nachhaltigkeit. Für diesen Ansatz ist das Festival mehrfach ausgezeichnet worden (www.malmofestivalen.se).
- **SommarScen Malmö.** Alljährlich im Sommer organisiert die Stadt Malmö eine Art permanentes Festival: SommarScen Malmö bietet über zwei Monate rund 150 Open-Air-Veranstaltungen – Theater, Konzerte, Performances, Filme – an 40 bis 50 Orten in der ganzen Stadt. Alle Veranstaltungen sind kostenlos (www.malmo.se/sommarscen).
- **Konstrundan.** An jedem Osterwochenende öffnen in ganz Skåne Künstler ihre Galerien und Ateliers zur „Kunstrunde" und laden Besucher ein, ihre Arbeiten kennenzulernen und ihnen dabei auch über die Schulter zu schauen (https://konstrundan.se).

Informationsquellen

- **Touristeninformation Malmö Town,** Tel. 0046 (0)40 3412 00, www.malmotown.com. Es gibt in der Stadt zahlreiche Infopoints, in denen man Broschüren erhalten kann, z. B. am Flughafen, im Moderna museet 81 und in den Shoppingcentern Emporia (s. S. 183) und Triangeln (s. S. 183). Alle Infopoints unter https://malmo.se/Uppleva-och-gora/Besoka-Malmo/InfoPoints.html.
- Veranstaltungshinweise und Ausgehtipps findet man im kostenlosen Monatsmagazin Nöjesguiden, das allerdings nur in schwedischer Sprache erhältlich ist, online unter: https://ng.se/malmo.

Öffentlicher Nahverkehr

Der ÖPNV in Malmö beschränkt sich auf **Busse.** Tram oder Metro gibt es nicht. Der Fahrpreis für ein **Normalticket** im Stadtgebiet beträgt 28 Skr (Erw.).

Seit einer Verkehrsreform im Jahr 2020 ist das Fahren mit dem öffentlichen Nahverkehr in Malmö einfacher geworden – zumindest für die Einheimischen. Touristen müssen sich erst einmal ins System einarbeiten, außer sie kaufen sich ein **Einzelticket.** Das geht nämlich wirklich einfach. Man hält seine **Kreditkarte** an den Kartenleser im Bus und schon geht es los. Mit **Bargeld** kann man sein Ticket nur noch im Kundenzentrum im Malmöer Bahnhof und an ausgewählten Ticketautomaten bezahlen. Ansonsten kauft man die Fahrkarten über die **App Skanetrafiken** (kostenlos für Android und iOS). Der Preis eines 24-Stunden-Tickets wird nicht mehr pauschal berechnet, sondern danach, in welchem Bereich man es nutzen will. Generell kostet es so viel wie zwei Einzeltickets.

Ein Sonderangebot ist das Ticket **Öresund-rundt,** das in Schweden die Region Schonen sowie in Dänemark Kopenhagen und die Küstenregion beinhaltet. Zwei Tage gültig, kostet es für Erwachsene 299 Skr und für Jugendliche unter 16 Jahre 149 Skr (Kinder bis 7 Jahre frei).

- www.skanetrafiken.se

Die grünen Busse verkehren im Malmöer Stadtgebiet

Der Bus zum etwa 30 km östlich von Malmö gelegenen **Flughafen Sturup** (www.swedavia.com/malmo) fährt vom Hauptbahnhof ab, die Fahrzeit beträgt etwa 40 Minuten (Preis: 129 Skr, www.flygbussarna.se). Zum Flughafen Kopenhagen-Kastrup und nach Kopenhagen Zentrum kommt man am schnellsten mit dem **Öresundzug** (Fahrpreis zum Flughafen und nach Kopenhagen gleichermaßen ab 11 €, www.skanetrafiken.se).

Parken

Pkw-Parkplätze in Malmö sind rar und können überall nur mit Kreditkarte bezahlt werden. Parkhäuser in der Innenstadt:

P249 [I D3] **Aimo Park (1),** Bangatan 2
P250 [I D3] **Aimo Park (2),** Smedjegatan 16/Carl Gustafs väg
P251 **P-Huset Hyllie,** Arenagatan 10

Radfahren

Hauptverkehrsmittel in Malmö ist das Fahrrad. Fahrräder kann man an zahlreichen **Stationen** in der Stadt leihen. Dafür kauft man online eine Karte bzw. erhält eine User-ID, mit deren Hilfe man die Räder freischalten kann und über die abgerechnet wird. Die Website oder die **App Malmö by bike** (kostenlos für iOS und Android) zeigen die nächste Leihstation an.

› www.malmobybike.se, 24 Stunden 80 Skr, 72 Stunden 165 Skr

Stellplätze und Luftpumpen findet man überall in der Stadt, **Fahrradparkhäuser** gibt es beispielsweise an den Stationen Central, Triangeln und Hyllie. Natürlich muss man aber auch hier sein Rad stets gut abschließen, denn Langfinger gibt es schließlich überall.

Stadttouren

Kulturcentralen ist die perfekte Anlaufstelle für diejenigen, die etwas andere Stadtspaziergänge suchen. Hier bietet man u. a. Brauereiführungen, Touren auf den Spuren von Flüchtlingen, Kunsttouren oder solche über Friedhöfe und ins Umland. Sogar eine Bienentour durch Malmö kann man buchen.

Da die Stadtwanderungen nicht regelmäßig an bestimmten Tagen stattfinden, sondern oft nur einmal im Monat oder zu bestimmten Anlässen, lohnt vor einer Reise nach Malmö ein Blick auf die Website des Unternehmens

› www.kulturcentralen.nu/kalendarium/guidad-tur.

Taxi

Einige Taxiunternehmen bieten innerhalb Malmös und zum Flughafen Fahrten zu Festpreisen an – also vor Fahrtbeginn erkundigen.

› **Taxi Skåne,** Tel. 040 330330
› **Taxi 97,** Tel. 040 979797
› **Taxi Kurir,** Tel. 040 70000
› **Limhamns Taxi,** Tel. 040 150000

Umgebung von Malmö

Innerhalb von nur einer Fahrstunde erreicht man von Malmö aus Schlösser, Herrenhäuser und spannende Museen, Natur- und Nationalparks und die traumhafte Insel Ven. Außerdem bieten sich drei reizvolle Städte nördlich von Malmö als Ziele für einen Tagesausflug an: die Universitätsstadt Lund, Landskrona und Helsingborg. Und im Südosten lockt die Fachwerk- und „Wallander-Stadt" Ystad.

93 Foteviken Wikingerzentrum ★★

Unweit von Malmö kann man eine tolle Rekonstruktion einer alten Wikingersiedlung besuchen.

Trotzdem ist das Wikingerzentrum Foteviken kein Museum, denn hier leben und arbeiten Menschen unter den gleichen Bedingungen, unter denen dies einst die Wikinger taten. Zwar sind alle Häuser Nachbauten, das Wikingerdorf Foteviken gab es an dieser Stelle jedoch wirklich. Es wurde aber unglücklicherweise 1134 in der „Schlacht von Foteviken", als hier dänische und schonische Krieger aufeinanderprallten, zerstört. Foteviken hat den Status eines Archäologischen Open-Air-Museums, der von der Museumsorganisation ICOM kontrolliert wird.

› **Fotevikens Museum,** Museivägen 24, Höllviken, Tel. 040 330800, www.foteviken.se, Mitte Juni–Ende Aug. tgl. 10–16, Mai–Mitte Juni, Ende Aug.–Sept. Do.–So. 10–16 Uhr, Eintritt: 130 Skr, Rentner 100 Skr, Kinder bis 15 Jahre 50 Skr. Außerhalb der Saison steht das Gelände offen und die Bauten können zumindest von außen besichtigt werden.

Nachgebaute Wikingerhäuser im Wikingerzentrum Foteviken 93

063kh-rk

089kh ©Dagmar Richardt, stock.adobe.com

94 Smygehuk ★

Der südlichste Punkt Schwedens – und damit der gesamten skandinavischen Halbinsel – liegt 15 km von Trelleborg entfernt. Von 1883 bis 1975 wurde hier ein **Leuchtturm** betrieben, heute befindet sich in der ehemaligen Wohnung des Leuchtturmwärters eine Jugendherberge. Neben dem Leuchtturm findet man ein Café, eine Fischräucherei und eine Touristeninformation.

252 STF Smygehuk Vandrarhem €€, Smygehuk fyr Pl 314, Smygehamn, Tel. 073 5449302, www.smygehuklighthousehostel.se. Neun Doppel- und Familienzimmer.

Urlaubsfeeling: Badehäuschen am Strand von Skanör

95 Skanör/Falsterbo ★★

Skanör ist eine **landschaftlich besonders reizvolle Halbinsel** zwischen Trelleborg und Malmö mit beliebten Badestränden. Besonders fotogen sind die alten bunten Badehäuschen entlang der Strände. Zudem findet der Besucher hier ein Vogelschutzgebiet und einen Golfplatz. Von Malmö bestehen gute Busverbindungen.

96 Svaneholms Slott ★

Das Schloss liegt 35 km südöstlich von Malmö an der Straße nach Ystad in der Gemeinde Skurup. Es wurde 1530 **im Stil der Renaissance erbaut** und um 1700 um einen Barockflügel erweitert. Der berühmteste Schlossherr war Rutger Macklean, der von 1782 bis 1816 hier lebte und sich in Schweden als Bodenreformer einen Namen machte. Heute beherbergt das Schloss ein Museum, das sich mit der Kulturgeschichte der Region beschäftigt.

› Mai u. Sept. Sa., So. 11–16 Uhr, Juni–Aug. Di.–So. 11–16 Uhr, Eintritt: 100 Skr, bis 15 Jahre frei, www.svaneholm.com

97 Torups Slott ★

15 km von Malmö entfernt liegt Schloss Torup, eines der besterhaltenen Schlösser des Nordens, dessen älteste Teile aus dem 14. Jahrhundert stammen.

Das Gebäude, wie man es heute sieht, wurde aber erst 1537 erbaut und erhielt sein endgültiges Aussehen zwischen 1602 und 1630. Kunstfreunde seien auf die beiden im Schloss ausgestellten Gemälde des berühmten deutsch-schwedischen Künstlers David Klöcker Ehrenstrahl (1628–1698) hingewiesen, welche die Könige Karl X. und Karl XI. darstellen.

Das Schloss kann nur im Mai und Juni und auch dann nur im Rahmen der sonntäglichen Führungen (jeweils 13 und 14.45 Uhr) besichtigt werden. Der **ganzjährig geöffnete Park** mit den ausgedehnten Buchenwäldern lohnt aber auch in der übrigen Zeit einen Ausflug.

› Torup Gård, Bara, www.kulturcentralen.nu, Eintritt 80 Skr

98 Alnarp ★

Nördlich von Malmö, kurz vor Lomma, befindet sich Alnarp, einer der vier Sitze der Landwirtschaftsuniversität von Schweden. Die Hochschule verfügt über einen sehr schönen, öffentlich zugänglichen **Park mit botanischem Garten,** in dem rund 2500 verschiedene Pflanzenarten zu bewundern sind. Mitten im Park steht das efeubewachsene **Schloss Alnarp** aus dem 19. Jahrhundert, das im Stil der Neorenaissance erbaut wurde. Es wird heute von einer Universität genutzt. Der Park lohnt einen Ausflug mit dem Fahrrad.

99 Trelleborg ★

Ein städtebauliches Kleinod ist der 30.000 Einwohner zählende Ort mit dem Fährhafen sicherlich nicht. Trotzdem gibt es in der 1257 gegründeten Stadt ein paar interessante Dinge zu sehen. Vor allem ist da die **Trelleborg:** eine mehr als 1000 Jahre alte Wikingerburg mit Palisaden aus Eichenstämmen. In den 1990er-Jahren wurden die Überreste der riesigen Befestigungsanlage wiederentdeckt und zum Teil nachgebaut. Die Trelleborg ist knapp zehn Minuten Fußmarsch vom Stadtzentrum entfernt. Die Anlage kann ganzjährig kostenlos besichtigt werden, die Gebäude aber nur im Sommer. Ein kleines Museum am Eingang vertieft den Eindruck.

Die Skulpturen des Bildhauers Axel Ebbe (1868–1941) kann man in der nach ihm benannten **Kunsthalle** besichtigen, die aber wegen Umbaus bis mindestens **Frühjahr 2024 geschlossen** ist.

Im **Trelleborg Museum** bietet sich dem Besucher ein buntes Allerlei an. Besonders interessant sind die Teile der Ausstellung, die sich mit dem Wikingerleben befassen und Ausgrabungen aus einem 7000 Jahre alten Fischerort zeigen. Das kleine **Trelleborgs Sjöfartsmuseum** dokumentiert die Geschichte der Seefahrt in der Großgemeinde Trelleborg.

› **Touristeninformation,** Tel. 0410 733320, erreichbar tgl. 10–16 Uhr. Es gibt mehrere Infopoints in der Stadt, unter anderem im Trelleborg Museum (s. S. 195).

253 Axel Ebbes konsthall, Hesekillegatan 1, www.trelleborg.se/sv/uppleva-gora/kultur/axel-ebbes-konsthall, **bis mind. 2024 wegen Umbaus geschlossen**

★**254 Trelleborg,** Västra Vallgatan 6, Museum Mitte Juni–Ende Aug. tgl. 10–17, April–

Mitte Juni, Ende Aug.-Okt. Sa., So. 12-16 Uhr, Eintritt: 40 Skr (Hochsaison 60 Skr), unter 20 Jahren frei

255 Trelleborg Museum, Stortorget 1, www.trelleborg.se/museum, Di.-So. 12-16 Uhr, Eintritt: 40 Skr, unter 20 Jahren frei

256 Trelleborgs Sjöfartsmuseum, Gråbrödersgatan 12, www.trelleborgssjofartsmuseum.se, März.-Ende Nov. Sa., So. 13-16 Uhr, Eintritt 40 Skr

100 Ystad ★★

Ystad ist wegen seiner vielen gut erhaltenen Fachwerkhäuser bekannt, etwa 300 gibt es davon in der Stadt.

Besonders schön sind das Änglahus aus dem frühen 16. Jahrhundert und das Brahehus aus dem späten 15. Jahrhundert, beide in der Stora Norregatan gelegen, sowie das Pilgrändshus in der Stora Östergatan, erbaut 1480. Letztgenanntes ist angeblich das älteste noch erhaltene Fachwerkhaus Nordeuropas.

Am **Stortorg** verdient das **Alte Rathaus** Beachtung. Sein heutiges Aussehen erhielt es nach Umbauarbeiten im Jahre 1840. Der Ratskeller ist aber viel älter und wurde im 15. Jahrhundert errichtet. Heute ist hier ein stimmungsvolles Restaurant untergebracht.

Am Stortorg steht auch die **Marienkirche**, deren älteste Gebäudeteile aus dem 13. Jahrhundert stammen. Damals war sie aber nur zwölf Meter lang. Ihr heutiges Aussehen bekam sie erst durch An- und Umbauarbeiten im 15. und 16. Jahrhundert. Die Barockkanzel aus dem 17. Jahrhundert und der Altaraufsatz aus dem 18. Jahrhundert lohnen einen genaueren Blick. Bei letzterem sollte man sogar zweimal hinsehen, denn er besteht nicht, wie man zunächst vermuten könnte, aus Marmor, sondern aus Holz. Das Kruzifix, das gegenüber der Kanzel hängt, ist kein künstlerisches Juwel. Dafür rankt sich um seine Entstehung eine schöne Geschichte. Das Haupthaar der Christusfigur stammt nämlich vom Spender des Kruzifixes. Der hatte sich kahl scheren lassen und seine Haare geopfert, damit die Figur ein lebensechteres Aussehen bekommt. Vom Turm der Kirche ertönt noch heute Nacht für Nacht ab 21.15 bis 1 Uhr alle fünfzehn Minuten das Hornsignal des Stadtwächters.

Das **Franziskanerkloster** von 1267 ist neben dem Kloster Vadstena im gleichnamigen Ort die besterhaltene Klosteranlage Schwedens. Der Klostergarten ist jederzeit geöffnet. Angeschlossen an

Ystad hat eine pittoreske Altstadt zu bieten

Ystad, die Heimat des Kommissars

2015 ist der Romanautor ***Henning Mankell*** *im Alter von 67 Jahren gestorben. Mit seinen Krimis hat er die Figur* ***Kommissar Wallander*** *und mit ihm* ***Ystad*** *berühmt gemacht. Die südschwedische Stadt hat sich ihren Ruhm als „Hauptstadt des Verbrechens" zu Nutze gemacht und bewirbt Ystad als „Wallander-Town".*

Krimilesern scheint es, als seien im verschlafenen Ystad so viele Mörder unterwegs wie nirgendwo sonst. Junge Frauen werden in den Dünen erdrosselt und alte Männer von Holzstangen durchbohrt. In Mankells Büchern kämpft Kommissar Wallander einen nicht enden wollenden Kampf gegen das Verbrechen. Viele Wallander-Fans pilgern an die Orte des mörderischen Geschehens und bescheren Ystad damit hohe Besucherzahlen.

Filmstudios am Stadtrand

Eine ehemalige Kaserne am Stadtrand ist zu ***Skandinaviens größtem Filmstudio*** *und zu Schwedens Hollywood geworden. In einer riesigen Halle, in der einst Luftabwehrgeschütze und andere Waffen lagerten, sind heute Filmcrews unterwegs. Mit der Verfilmung der Wallander-Krimis ab 2004 hat alles angefangen. Damals wurden die Filmstudios eröffnet und weil man hier (fast) ausschließlich Wallander-Filme drehte, hießen sie zunächst auch Wallander-Studios.*

Viele Szenen der dänisch-schwedisch-deutschen Krimiserie „Die Brücke" (swe. „Bron") wurden hier gedreht. Sie entstand zwischen 2011 und 2018. Namensgebend für die Serie war die Öresundbrücke, die die Hauptschauplätze Malmö und Kopenhagen miteinander verbindet. Obwohl „Die Brücke" extrem populär war, hat sie die Beliebtheit der Wallander-Filme nicht erreichen können.

Zu Besuch bei Wallander

Die größte Sehenswürdigkeit Ystads ist das ***Besucherzentrum des Filmstudios,*** *in dem bekannte Filmsettings nachgestellt wurden. Auch Wallanders Schreibtisch steht hier. Wer will, kann dahinter Platz nehmen und sich fotografieren lassen. Die Polizeistation – zumindest die aus den Filmen der BBC, mit Kenneth Brannagh in der Hauptrolle – und Wallanders Wohnung liegen gleich nebenan. Die leicht zerschlissenen, gediegenen Möbel, den Fernsehapparat, die ausgebleichten Gardinen und das große Bücherregal an der Wand kennt man aus den Filmen.*

Auch in den ***engen Gassen der Stadt*** *lohnt es sich, auf Spurensuche zu gehen. Fast an jeder Straßenecke liegt ein Ort, der in den Büchern Erwähnung findet oder an dem eine Filmszene gedreht wurde. Buchvorlage und Drehort stimmen dabei nicht notwendigerweise überein. Im Roman wohnt Wallander beispielsweise im Erdgeschoss in der* ***Mariagata 10,*** *gefilmt wurde aber auf der anderen Straßenseite im Haus 13c. Die* ***Sjömansgata*** *liegt in einer feinen Gegend mit Häusern aus dem 19. Jahrhundert – der richtige Ort, um eine Anwaltskanzlei zu eröffnen. Im Roman taten Gustaf und Sten Torstensson genau das – und beide überlebten den „Mann, der lächelte" nicht. Sogar die Polizei hatte schon Opfer zu beklagen: In der* ***Lilla Norregata*** *wurde Wallanders* *sympathischer Kollege Svedberg mit zwei Schüssen niedergestreckt.*

***Fridolfs Konditori** ist durch die Erwähnung in den Wallanderromanen zu einem Kultort für Mankellfans geworden. Hier hat der Kommissar gerne eine Kaffeepause eingelegt. Kaum jemand verlässt die Stadt, ohne das „Wallanderbakelse" probiert zu haben. Im **Bröderna M.** gönnte sich Wallander ab und an eine Pizza. Die Preise sind trotz der Berühmtheit maßvoll geblieben - die Margherita kann man immer noch für 84 Kronen kaufen.*

257 ***Visitor Center Filmstudio Ystad,*** *Elis Nilssons väg 14, Ystad, www.ystad.se/ysvc, Mo.-Fr. 10-16, Sa. 11-15 Uhr, Eintritt: 120 Skr*

258 ***Fridolfs Konditori,*** *Lingsgatan 3, 27142 Ystad, Mo.-Fr. 6.30-18, Sa., So. 8-17 Uhr*

259 ***Bröderna M.,*** *Hamngatan 11, 27143 Ystad, Tel. 0411 19199, www.brodernam.com*

Übernachten im Drehort

*Die **Polizeistation von Ystad** entsprach in den Büchern und zunächst auch in den deutschen Verfilmungen der echten im **Kristianstadvägen 51.** Später zog die Film-Polizeistation dann in den alten Bahnhof. Für eingefleischte Fans hat das den Vorteil, dass sie jetzt sogar in einer Filmkulisse übernachten können, denn inzwischen ist aus dem Bahnhof das Bed and Breakfast **Stationen** geworden. Apropos: Auch im **Anno 1793 Sekelgården** kann man übernachten. Das Boutiquehotel liegt in einem der ältesten und schönsten Fachwerkhäuser der Stadt und wäre auch ohne Wallanderbezug einen Fotostopp oder einen Aufenthalt wert. Es spielt aber in vielen von Mankells Büchern eine Rolle. Wallander hat hier nämlich immer wieder Besucher untergebracht. Auch die Hauptzeugin aus „Die fünfte Frau" hat hier übernachtet. Und noch ein Übernachtungstipp für Wallanderfans: Im Hotel Ystad Saltsjöbad wurde im Film „Tod im Paradies" ein Millionär ermordet. Mit seiner Lage direkt am Meer ist das Hotel sicher eine Empfehlung, wie im Film übernachtet hier aber auch im richtigen Leben eine eher wohlhabende Klientel.*

260 ***Stationen Ystad,*** *Hamntorget 1 A, Ystad, Tel. 0411 45090, https://ystadstation.com*

261 ***Anno 1793 Sekelgården*** *€€-€€€, Ystad, Långgatan 18, www.sekelgarden.se, Tel. 0411 73900*

065kh-rk

Kommissar Wallander ist in Ystad omnipräsent

das Klostergebäude ist die **St. Petri Kirche** aus dem 13. Jahrhundert.

Das nette **Charlotte-Berlins-Museum** zeigt ein voll erhaltenes Bürgerhaus aus dem 19. Jahrhundert. Und im **Kunstmuseum**, nur wenige Schritte davon entfernt, sind Werke von südschwedischen und dänischen Künstlern vom 19. Jahrhundert bis zur Gegenwart zu entdecken.

262 Tourismusbüro Ystad, St.Knuts torg, Tel. 0411 577681, www.ystad.se/turism, Mo.–Fr. 9–17, Sa. 10–14 Uhr

263 Charlotte-Berlins-Museum, Dammgatan 23, Juni–Anfang Sept. tgl. 11 bis 16 Uhr geführte Besichtigungen, jeweils zur vollen Stunde ab, Eintritt 50 Skr

264 Ystads konstmuseum, St. Knuts torg, www.konstmuseet.ystad.se, Di.–Fr. 12–17 Uhr, Sa., So. 12–16 Uhr, Mitte Juni–Aug. Mo.–Fr. 10–17 Uhr, Sa., So. 12–16 Uhr, Eintritt: 50 Skr, unter 19 Jahren frei, im Winter ist der Eintritt für alle frei

101 Ales stenar ★★★

Über tausend Jahre ist es her, dass die Wikinger hier ein Monument aus 59 Steinen errichteten, platziert in der Form eines Schiffes.

Die Schiffssetzung hat **gigantische Ausmaße:** Stolze 67 Meter misst das Monument vom ersten bis zum letzen Stein, 19 Meter ist es breit. Und jeder Stein wiegt zwischen 500 und 1800 Kilo! Selbst die Wikinger, die in Geschichtsbüchern oft als kraftstrotzende Muskelmänner beschrieben werden, dürften bei solchen Maßen arg ins Schwitzen gekommen sein. Die meisten Steine kamen zwar aus der unmittelbaren Umgebung, einige aber wurden aus 20 bis 30 Kilometer Entfernung herangeschleppt. Man nimmt an, dass die Wikinger dazu den Winter nutzten und die Steinkolosse über das Eis hierher zogen.

Den **Beweggrund** der Wikinger für die Errichtung eines solch riesigen Steinmonuments kennt bis heute niemand. Auch die Wissenschaftler tappen im Dunkeln und können bislang nur Theorien anbieten. Die einen halten Schiffssetzungen für Kultplätze, die anderen für Gräber – Knochen fand man hier aber keine. Dritte wiederum interpretieren den Ort als einen riesigen Sonnenkalender. Wer immer auch Recht hat: Heute ist Ales stenar die meistbesuchte Sehenswürdigkeit im Süden Schwedens. 300.000 Menschen zieht es jährlich hierher und trotzdem ist es ein Ort geblieben, der Geheimnisse birgt und Rätsel aufgibt.

Lage ist alles – diese Maxime eines jeden Immobilienmaklers beherzigten schon die alten Wikinger. Ales stenar, das riesige Boot aus Stein, **liegt direkt am Meer**, gerade so als wollten die Seeleute mit ihm jeden Augenblick in See stechen und in die Welt hinaussegeln. Heute ist das zwar nicht mehr möglich, denn das Land hat sich gehoben und die Steinsetzung thront inzwischen 35 m über dem Meeresspiegel. Doch dadurch liegt sie nur noch exponierter, die 360°-Aussicht ist noch grandioser geworden.

Kåseberga, der nächstgelegene Ort, ist ein nettes kleines Dorf am Meer. Wirklich lecker ist der frisch geräucherte Fisch, den man am dortigen Hafen kaufen kann.

› **Anfahrt:** Straße Nr. 9 von Ystad aus Richtung Osten. Nach zirka 10 km abbiegen in Richtung Kåseberga. Am Ortsrand parken. Zu Fuß auf dem beschilderten Weg sind es dann noch etwa zehn Minuten zur Schiffssetzung. Im Sommer fährt auch ein Bus von Ystad aus.

102 Dag Hammarskjölds Backåkra ★

Nur wenige Kilometer von Ales stenar entfernt befindet sich das ehemalige **Haus des UNO-Generalsekretärs und Friedensnobelpreisträgers** Dag Hammarskjöld (1905–1961), der 1961 bei einem Flugzeugabsturz unter mysteriösen Begleitumständen ums Leben kam. Im Museum sind Teile seiner Kunstsammlung und sein Arbeitszimmer zu sehen. Zudem gibt es Wechselausstellungen.

› Backåkravägen 73, 271 77 Löderup, www.dhbackakra.se, Juli, Aug. Mi.–So. 11–17, Juni und Sept. Fr.–So. 11–17 Uhr

103 Glimmingehus ★★

Glimmingehus, südwestlich von Simrishamn etwas landeinwärts gelegen, wurde 1499, also in der Übergangszeit zwischen Mittelalter und Renaissance, errichtet und ist der **älteste unverändert erhaltene Profanbau** des Landes. Die spartanische Burg wurde durch ein ausgeklügeltes Verteidigungssystem geschützt. Trotzdem waren die Bewohner dem Luxus nicht abgeneigt. Bei Ausgrabungen fand man teures Geschirr und zur damaligen Zeit fast unbezahlbares venezianisches Glas.

› Glimminge 1, Hammenhög, Tel. 072 7025990, www.raa.se/glimmingehus, Juli–Mitte Aug. tgl. 10–18, Mai–Juni, Mitte Aug.–Sept. tgl. 10–16 Uhr, Eintritt: 90 Skr, bis 18 Jahre frei, abweichende Öffnungszeiten und Preise (während des Mittelaltermarktes) siehe Website

◁ *Wikingersteinsetzung Ales Stenar*

104 Marsvinsholm Slott ★

Das 1644–1648 erbaute Privatschloss liegt etwa 8 km nordwestlich von Ystad und kann nur nach Voranmeldung (Tel. 070 621 3054) besichtigt werden. Der **große Park**, in dem im Sommer Freilichttheaterveranstaltungen stattfinden, ist ideal geeignet für Spaziergänge.

105 Valleberga ★

Knapp 17 km östlich von Ystad steht in Valleberga die einzige erhaltene **Rundkirche** der Region Skåne, erbaut zwischen 1130 und 1140. Da aber im 18. Jahrhundert ein hässliches Langhaus angefügt wurde, hat das Gotteshaus viel von seinem originalen Charakter verloren – obwohl der damalige An- und Umbau unter der Regie eines der großen Architekten der damaligen Zeit entstand: Carl Fredrik Adelcrantz (1716–1796). Dieser entwarf u. a. das Theater im Schloss Drottningsholm und die königliche Oper in Stockholm. Im Inneren der Kirche ist vor allen Dingen der Taufstein sehenswert, eine gotländische Arbeit aus dem 12. Jh.

› Valleberga, Löderup, Tel. 0411 524546, Mai–Aug. Mo.–Fr. 8–16, Sa., So. 10–18 Uhr

106 Lund ★★★

Nur wenige Kilometer von Malmö entfernt liegt die alte Universitätsstadt Lund. Zwischen dem 12. und 14. Jahrhundert gehörte Lund zu den wichtigsten Städten im dänischen Königreich.

Sie wurde um 960 unter der Regentschaft des dänischen Königs Harald Blauzahn gegründet und bereits 100 Jahre später zum Bischofssitz ernannt. Ab 1103 residierte hier sogar der Erzbischof. Die **Bedeutung Lunds** kam unter anderem durch die enorme Zahl von 27 Kirchen und Klöstern zum Ausdruck, die es damals in der Stadt gab. 1438 wurde ein Priesterkolleg, die erste „höhere Bildungseinrichtung" des Nordens, gegründet. Nach der Reformation 1536 wurden alle kirchlichen Einrichtungen zerstört und die Stadt verlor an Bedeutung.

Erst ab 1658 nahm Lund einen neuen Aufschwung. Damals eroberte Schweden die Provinz Schonen und damit kam auch Lund unter schwedische Herrschaft. Um den dänischen Einfluss zurückzudrängen und zu verhindern, dass die jungen Gelehrten nach Kopenhagen abwanderten, wurde 1666 die **Universität** gegründet. Einzig Uppsala hatte zu diesem Zeitpunkt in Schweden bereits eine Universität.

Auch heute wird das Leben der Stadt noch weitgehend von Studenten geprägt: ein Drittel der ca. 95.000 Einwohner sind an der Uni eingeschrieben. Während des Studienjahres bietet Lund deswegen wesentlich mehr **Kultur, Unterhaltung und Nachtleben**, als man von einer Stadt dieser Größe erwarten würde. In den Semesterferien hingegen wirkt sie manchmal etwas ausgestorben.

Der ideale Ausgangspunkt für einen Stadtrundgang ist der **Domplatz** im Stadtzentrum. Der romanische **Dom** 107 ist größte Sehenswürdigkeit der Stadt. Im **Domkyrkoforum** gibt es Informationen über den Dom und außerdem – nicht uninteressant bei einem längeren Stadtspaziergang – kostenlose Toiletten.

› **Touristeninformation**, Tel. 046 131415 (erreichbar Mo.–Fr. 11–15 Uhr), www.visitlund.se. In der Stadt gibt es rund ein Dutzend Infopoints, an denen man Broschüren, Karten etc. bekommen kann, u. a. im Domkirchenforum (s. S. 204).

Karte II: Lund

0 1cm = 150 m 200 m

© Reise Know-How 2023

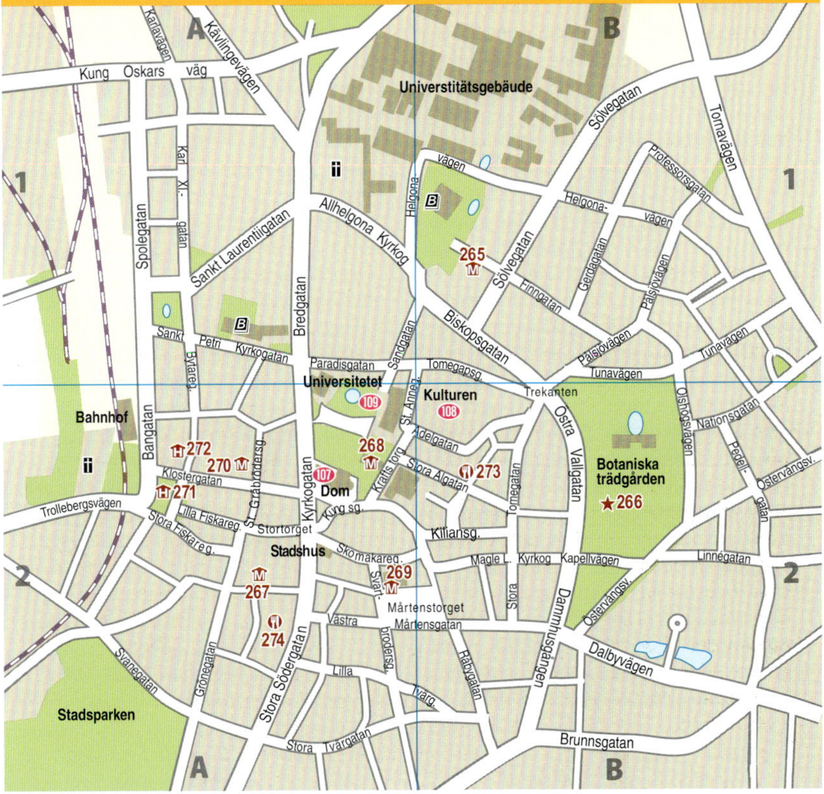

- 107 [II A2] Dom S. 202
- 108 [II B2] Kulturhistorisches Museum „Kulturen" S. 204
- 109 [II A2] Universität Lund S. 204

- 265 [II B1] Skissernas Museum S. 204
- ★266 [II B2] Botanischer Garten Lund S. 204
- 267 [II A2] Drottens Museum S. 205
- 268 [II A2] Historisches Museum und Dommuseum S. 205
- 269 [II A2] Kunsthalle S. 205
- 270 [II A2] Tegnérmuseum S. 205
- 271 [II A2] Grand Hotel S. 205
- 272 [II A2] Hotel Oskar S. 205
- 273 [II B2] Rauhrackel S. 205
- 274 [II A2] Stäket S. 205

107 Dom ★★★ [II A2]

Nachdem Lund um 1060 Bischofssitz wurde, stellte sich natürlich bald die Frage nach einem repräsentativen Kirchenbau. Angeregt und gefördert durch den dänischen König Knut den Heiligen begann man schließlich um 1080 mit dem Bau, der 1145 beendet wurde. Vom damaligen Dom ist heute allerdings nur noch die Krypta zu sehen, denn bei einem **Großbrand** im Jahre 1234 wurde er so schwer beschädigt, dass er zu großen Teilen neu errichtet werden musste. Die Wiederauf- und Umbauten zogen sich über mehrere Jahrhunderte hin und wurden erst im 19. Jahrhundert beendet. Aus dieser Zeit stammen auch die beiden 55 m hohen Türme, die zwischen 1860 und 1880 nach den Plänen des berühmten schwedischen Architekten Helgo Zettervall (1831–1907) errichtet wurden.

Bevor man den Dom betritt, sollte man sich unbedingt die Zeit nehmen, um das **Eingangsportal** näher anzusehen. Obwohl man zunächst vermuten möchte, dass es älteren Datums ist, wurde es ebenfalls erst im 19. Jahrhundert eingebaut. In dem aus Zement gegossenen Tympanon sieht man Jesus mit den Heiligen Laurentius und Knut. Ersterer ist der Schutzpatron des Doms, Letzterer förderte dessen Bau. Die schwere Bronzetür von 1888/89 ist das Werk von Karl Johan Dyfverman (1844–1892). Die Reliefs an der Tür zeigen im Ganzen 24 biblische Motive und Symbole.

Links neben dem Hauptportal befindet sich die berühmte **astronomische Uhr** aus dem Jahre 1380, **Horologium mirabile Lundense** genannt. Ganz dem mittelalterlichen Weltbild entsprechend ist in ihrer Mitte die Erde abgebildet, um die sich die anderen Himmelskörper bewe-

Die astronomische Uhr

Auf der ersten Etage der astronomischen Uhr im Dom von Lund 107 *befindet sich das sogenannte Kalendarium, ein mittelalterlicher Kalender. Die Figur in der Mitte stellt den heiligen Laurentius, den Schutzpatron des Doms, dar. Der Engel, der Adler, der Ochse und der Löwe an den Ecken sind die Symbole für die vier Evangelisten Matthäus, Johannes, Lukas und Markus. Der „Herr“ am linken Rand, der den Zeiger hält, ist der griechische Gott Kronos, der in der Mythologie als Herrscher über die Zeit auftritt.*

Die Figuren über dem Kalendarium, also auf der zweiten Etage, stellen die sogenannte „Anbetung der Könige“ dar. Täglich um 12 und 15 Uhr (So. 13 und 15 Uhr) öffnet sich eine Türe und drei Holzfiguren erscheinen, die Melchior, Kaspar und Balthasar, die Könige aus dem Morgenland, darstellen. Sie setzen sich in Bewegung und „umrunden“ die Figur der Maria mit dem Jesuskind. Gleichzeitig spielen zwei Holztrompeter die bekannte Hymne „In dulci jubilo“.

Auf der dritten Etage befindet sich die eigentliche astronomische Uhr. Die Personen, die hier in den Ecken dargestellt sind, sind (im Uhrzeigersinn und links oben beginnend): Ptolemäus (griechischer Mathematiker und Astronom aus dem 2. Jh. n. Chr.), Alfons X. von Kastilien (König und Astronom aus dem 13. Jh.), Al-Bumasar (persischer Astronom aus dem 9. Jh.) und Ali-Ben Isa (arabischer Astronom aus dem 9. Jh.). Die Ritter, die die Uhr krönen, symbolisieren die Wächter über die Zeit und kreuzen jeweils zum Stundenschlag ihre Schwerter.

- **Baustil:** romanisch
- **Baubeginn:** um 1080
- **Baujahr der Türme:** 1860–1880
- **Höhe der Türme:** 55 m
- **Höhe des Innenraumes:** 22 m
- **Länge:** 86 m
- **Breite:** 37 m

gen. Allerdings: Die Uhr, wie man sie heute sieht, ist in großen Teilen eine Rekonstruktion aus dem Jahre 1923. Das Original war im Laufe der Jahrhunderte fast völlig zerstört worden.

Einige Schritte weiter in das Kircheninnere hinein kommt man zu einer reich verzierten **Kanzel** im Stil der Renaissance, die 1592 von Johannes Ganssog (1555–ca. 1592) aus Frankfurt/Oder geschaffen wurde. Weiter im nördlichen Seitenschiff lohnt sich ein Blick auf den Sarkophag von Erzbischof Andreas Sunesen (†1228). Die dort aufgestellte dänische Flagge ist ein Hinweis auf jene Legende, nach der Sunesen die Fahne von Gott selbst erhalten hat. Solange er sie auf dem Schlachtfeld aufrecht halten würde, würde Dänemark nie mehr einen Krieg verlieren. Wenige Schritte entfernt steht ein Taufbecken aus dem 13. Jahrhundert, das aus gotländischem Sandstein gefertigt ist. Beachtenswert ist auch das imposante **Chorgestühl** im hochgotischen Stil von 1370 mit 78 kunstvoll verzierten Stühlen.

Neueren Datums sind die **Glasmalereien.** Sie stammen vom Norweger Emanuel Vigeland (1875–1948), das große Mosaik am Apsisgewölbe vom Dänen Joakim Skovgaard (1856–1933). Beide Kunstwerke entstanden am Ende der 1920er-Jahre.

066kh-rk

Die **Krypta** ist der älteste Teil der Kirche und mit ihren reich verzierten Säulen und Grabplatten auf jeden Fall einen Besuch wert. Besonders interessant, weil mit einer Legende verbunden, ist die Skulptur des Riesen Finn, der in der Krypta wütend eine Säule umklammert. Finn, so weiß es der Volksmund zu berichten, war nämlich einst vom heiligen Laurentius mit dem Bau des Domes beauftragt worden. Seinen Lohn sollte der Riese aber nur dann

Horologium mirabile Lundense – ein Wunder der Uhrmacherkunst

bekommen, wenn der Heilige bis zum Ende des Baus seinen Namen nicht herausbekommen würde. Dieser aber belauschte ein Gute-Nacht-Lied der Frau des Riesen für dessen Sohn und hörte dabei den Namen „Finn". Finn, der gerade den Kirchturm vollendete, wurde so wütend, dass er vom Turm sprang und an den Grundfundamenten der Kirche rüttelte, um sie zum Einsturz zu bringen. Bevor er aber seine Tat vollenden konnte, erstarrte er zu Stein. Rechts des Kryptaeingangs sind außerdem Finns Frau und Kind zu sehen – ebenfalls an einer Säule zu Stein erstarrt.

› http://lundsdomkyrka.se, Mo.–Fr. 8–18 Uhr, Sa. 9.30–17 Uhr, So. 9.30–18 Uhr, Orgelkonzerte jeden Sa. um 10 Uhr (freier Eintritt), **Domkyrkoforum** Mo.–Fr. 10–17, Sa. 10.30–15 Uhr

108 Kulturhistorisches Museum „Kulturen" ★★ [II B2]

Fast alle Sehenswürdigkeiten Lunds liegen nur einen Steinwurf vom Dom entfernt, so auch „Kulturen". Es ist eine Mischung aus einem kulturhistorischen Museum und einem Freilichtmuseum mit fast 40 Gebäuden. Hier kann man 20 verschiedene Ausstellungen besuchen, ob über das Leben des Bauernstandes in Skåne oder über Kunsthandwerk und Design aus der ganzen Welt. Außerdem werden häufig Sonderausstellungen gezeigt. Es gibt auch ein Restaurant und ein Café.

› Tegnérplatsen, Tel. 046 350400, www.kulturen.com, Mai–Mitte Sept. tgl. 10–17, Do. 10–20 Uhr, Eintritt: 130 Skr, Studierende 65 Skr, bis 18 Jahre frei, Mitte Sept.–April Di.–Fr. 12–16, Do. bis 20, Sa., So. 10–16 Uhr, Eintritt: 90 Skr, Studierende 45 Skr, bis 18 Jahre frei

109 Universität Lund ★ [II A2]

Am Universitätsplatsen, gegenüber von „Kulturen", erhebt sich das strahlend weiße **Hauptgebäude der Universität**. Es wurde nach Plänen von Helgo Zettervall (1831–1907), einem der bekanntesten nordeuropäischen Architekten seiner Zeit, erbaut und 1882 eingeweiht. Von Zettervall stammen unter anderem auch die Pläne für die beiden Türme des Doms.

Obwohl die Universität nicht offiziell besichtigt werden kann, sollte man es sich doch nicht nehmen lassen, einen Blick ins beeindruckende Auditorium Maximum werfen, das man über einige Stufen direkt hinter dem Eingang erreicht – so darin keine Vorlesung stattfindet. Neben dem Universitätsgebäude steht das zwischen 1578 und 1584 errichtete **Kungshuset**, auch **Lundagårdshus** genannt und eine ehemalige Residenz des dänischen Königs Frederik II. (1559–1588), das heute Teil der Universität ist.

› Paradisgatan, www.lu.se

Einige Schritte weiter steht das **Skissernas Museum**, also das **Skizzenmuseum**. Es wurde 1934 gegründet und beherbergt eine Ausstellung von Skizzen und Modellen großer Kunstwerke.

265 [II B1] **Skissernas Museum,** Finngatan 2, https://skissernasmuseum.se, Di.–Fr. 11–17, Do. 11–21, Sa., So. 12–17 Uhr, Eintritt: 100 Skr, Senioren 75 Skr, Studierende und Jugendliche bis 25 Jahre frei

Weitere Sehenswürdigkeiten in Lund

★266 [II B2] **Botanischer Garten Lund,** Östra Vallgatan 20, www.botan.lu.se, Mitte Mai–Mitte Sept. tgl. 6–21.30, Mitte Sept.–Mitte Mai 6–20 Uhr, Gewächshäuser tgl. 11/12–

15 Uhr, Café tgl. 11–17 Uhr (im Winterhalbjahr nur an Wochenenden). Beherbergt mehr als 7000 Pflanzenarten.

267 [II A2] **Drottens Museum,** Zugang entweder durch eine grüne Tür neben dem Restaurant Gattostretto oder durch das Restaurant selbst, Kattesund 6, Tel. 046 320777, Mo.–Fr. 11.30–15, Sa. 11–15 Uhr, Eintritt frei. Etwas versteckt, nämlich in einem Restaurant, liegt der Eingang zu einem bemerkenswerten kleinen Museum, das sich unter dem Pflaster der Innenstadt erstreckt: Hier sind die Fundamente der Drotten-Kirche aus dem 11. Jahrhundert zu besichtigen. Eine kleine Ausstellung mit Wachsfiguren illustriert das Leben im Mittelalter.

268 [II A2] **Historisches Museum und Dommuseum,** Krafts torg 1, Tel. 046 227944, www.historiskamuseet.lu.se, Di.–So. 12–17, Do. 12–20 Uhr, Eintritt: 50 Skr, bis 18 Jahre frei. Sammlung prähistorischer Funde und kirchlicher Altertümer, darüber hinaus eine Ausstellung zur Baugeschichte des Doms.

269 [II A2] **Kunsthalle,** Mårtenstorget 3, www.lundskonsthall.se, Di.–So. 12–17, Do. 12–20 Uhr. Klassische Moderne und zeitgenössische Kunst.

270 [II A2] **Tegnérmuseum,** St. Gråbrödersgatan 11, www.kulturen.com, Juni–Aug. Sa. 13–15 Uhr, Eintritt frei. Von 1813–1826 Wohnhaus des Schriftstellers und Bischofs von Lund: Esaias Tegnér (1782–1846) gehörte zu den führenden Vertretern der schwedischen Romantik und zeichnete in seinen Werken das Bild des nordischen Idealmenschen. Mit seiner nationalistischen Einstellung hatte er großen Anteil an der Entstehung des sogenannten Skandinavismus – eine politische Bewegung des 19. Jahrhunderts, die für eine Vereinigung aller skandinavischen Länder eintrat.

Essen und Übernachten in Lund

271 [II A2] **Grand Hotel** €€€-€€€€, Bantorget 1, Tel. 046 2806100, www.grandilund.se. **Unterkunft mit Geschichte:** Als im Jahr 1856 die Eisenbahn nach Lund kam, brauchte man ein Hotel für die „reisende Allgemeinheit“ und so wurde das Grand Hotel gebaut. In dem First-Class-Hotel kann man nicht nur übernachten, sondern im angeschlossenen Bistro Gambrinus auch gut essen (Mo.–Fr. 11.30–24, Sa. 12.30–24, So. 12.30–22 Uhr).

272 [II A2] **Hotel Oskar** €€€, Bytaregatan 3, Tel. 046 188085, www.hotelloskar.se. **Kleines, gemütliches Hotel in altem, renoviertem Gebäude in zentraler Lage:** Die Rezeption ist in der Regel nicht besetzt, es gibt aber rund um die Uhr „Telefonsupport“. Bei Ankunft checkt man sich mithilfe eines Buchungscodes ein, den man zuvor per Email erhalten hat.

273 [II B2] **Rauhrackel** €-€€, Stora Algatan 5, Tel. 046 143727, www.rauhrackel.se. Gulaschsuppe, Schweinshaxe oder Wiener Schnitzel – im Rauhrackel wird deutsch-österreichische Küche geboten. Und das zu – für schwedische Verhältnisse – günstigen Preisen. Die Bierauswahl kann sich sehen lassen und beinhaltet auch Erzeugnisse kleiner deutscher Traditionsbrauereien. In die gemütliche Gaststube geht es ein paar Treppenstufen ins Souterrain hinab. Der Rauhrackel ist übrigens ein Fabelwesen, eine Mischung aus Hase und Hirsch, und die Entsprechung zum bayerischen Wolpertinger.

274 [II A2] **Stäket** €€-€€€, Stora Södergatan 6, Tel. 046 2119367, www.staketlund.info. Das Restaurant befindet sich in einem alten gotischen Backsteinhaus. Gekocht wird italienisch, Nudelgerichte gibt es ab etwa 190 Skr, Hauptspeisen mit Fleisch ab 275 Skr.

110 Landskrona ★

Besuchenswert in Landskrona (35.000 Einwohner) ist die 1549 von König Christian III. (1534–1559) erbaute **Zitadelle.** Außerdem beachtenswert sind die **Sofia-Albertina-Kirche** aus dem 18. Jahrhundert und das **Haijska Huset** (Kungsgatan 13), in dem die Schriftstellerin und Nobelpreisträgerin Selma Lagerlöf (1858–1940) von 1885 bis 1891 wohnte. In der **Kunsthalle** in der Slottsgatan finden wechselnde Kunstausstellungen statt. Fans der Sportart Golf können am nördlichen Ortsausgang beim Golfplatz das **Schwedische Golfmuseum** besuchen.

275 Landskrona Konsthall, Slottsgatan, Tel. 0418 473115, bei Ausstellungen Di.–So. 12–17 Uhr

276 Svenska Golfmuseet, Erikstorp, Tel. 0720 411444, http://svenskagolfmuseet.se, April–Sept. Mo.–Fr. 8–18, Sa., So. 8–16 Uhr

111 Insel Ven ★★★

Ein Ausflug auf die praktisch autofreie Insel Ven zählt zum Schönsten, was Südschweden zu bieten hat.

Per halbstündiger Schiffsüberfahrt gelangt man zur Insel. Am Hafen kann man Fahrräder leihen und los geht es. Gut ausgebaute Wege und eine abwechslungsreiche, aber flache Landschaft machen Ven zum **Fahrradparadies.** Wer trotzdem nicht den Drahtesel besteigen und sich auch nicht zu Fuß auf den Weg machen will, kann sich alternativ mit dem Pferdewagen über die Insel kutschieren lassen. Oder aber man nimmt den Bus, denn den gibt es auf Ven auch.

Die größte Sehenswürdigkeit Vens ist das **Tycho Brahe Museum** in der Mit-

Der Tycho-Brahe-Tag

*In Schweden gibt es den Ausdruck, man habe einen Tycho-Brahe-Tag. Das bedeutet, dass der Tag wirklich schlecht läuft. Von Brahe nimmt man nämlich an, er sei ein **besonders unglücklicher Mann** gewesen. Schon im Alter von 20 Jahren verlor er bei einem Duell einen Teil seiner Nase. Seitdem musste er eine Nasenprothese tragen, die er mit einer Salbe anklebte. Ziemliches Pech.*

*Der Ausdruck „Tycho-Brahe-Tag“ rührt aber von den **Umständen seines Todes** her. Der Astronom war einmal beim König in Prag eingeladen und der Regent hielt eine lange Rede. Brahe litt an einer Blasenkrankheit und als er sich allzu lange zurückhalten musste – die damalige Etikette verbot, dass man den Raum während der Rede des Königs verließ – platzte seine Blase, der Urin gelangte in seinen Körper und Brahe starb unter schrecklichen Qualen.*

*Das ist schon ausnehmend großes Pech, aber die Geschichte stimmt ohnehin nicht. Blasenprobleme hatte Brahe wirklich, aber vermutlich starb er nicht wegen der zu langen Rede des Königs, sondern an einer stark **quecksilberhaltigen Medizin,** die er gegen das Blasenleiden einnahm. Tragisches Detail am Rande: Brahe bereitete die Medikamente selbst zu, wusste aber ebenso wie seine Zeitgenossen nichts über die Giftigkeit von Quecksilber.*

Ven: Blick von der St.-Ibb-Kirche

te der Insel. Von 1578 bis 1598 lebte hier der dänische Astronom Tycho Brahe (1546–1601), um in der klaren Inselluft Sternbeobachtungen durchzuführen. Er erhielt die Insel von seinem Gönner König Fredrik II. (1559–1588) als Lehen und ließ dort ein Herrschaftshaus erbauen, eine Kombination aus Wohnhaus und Labor. König Fredrik scheute bei seinem „Sponsoring" keine Kosten und investierte mehr als 5 % des Staatshaushaltes in Brahes Arbeit! Man darf dabei allerdings nicht vergessen, dass Astronomie und Astrologie damals Hand in Hand gingen und sich der König von Brahe auch Fingerzeige bezüglich günstiger Zeiten zum Kriegführen und für andere wichtige politische Entscheidungen erhoffte.

Brahe ließ auf Kosten des Königs **Schloss Uranienborg** im Renaissancestil nach italienischem Vorbild erbauen. Es zählte damals zu den bekanntesten Gebäuden Europas – nicht zuletzt auf Grund seines sagenumwobenen Besitzers, der hier die größten Wissenschaftler und auch zahlreiche gekrönte Häupter zu Gast hatte. Betrachtet man alte Bilder des Schlosses (es wurde im 17. Jahrhundert abgerissen), fallen die vielen Türme auf, die ihm den Anschein eines verspielten Traumschlosses gaben. Doch jeder Turm hatte seinen Zweck, dienten sie doch als Plattformen für wissenschaftliche Instrumente. Unter Fredriks Nachfolger Christian IV. fiel Brahe in Ungnade. Der berühmte Wissenschaftler musste nach Prag emigrieren (dort

069kh-rk

arbeitete Johannes Kepler als sein Assistent), wo er schließlich verstarb.

Im Tycho Brahe Museum, das in der ehemaligen Allerheiligenkirche untergebracht ist, wird in einer **exzellent gemachten Ausstellung** das Leben und Wirken des bedeutenden Astronomen gewürdigt. Man kann Nachbauten einiger seiner Instrumente begutachten und die Überreste des ehemaligen Observatoriums besuchen.

M 277 Tycho Brahe-museet, Landsvägen 182, Tel. 0418 473109, www.landskrona.se/uppleva-och-gora/kultur/tycho-brahe-museet, Mai–Aug. tgl. 9.30–16, Mitte–Ende Apr. und Sept., Okt. Mo.–Fr. 9.30–14 Uhr, Eintritt: 80 Skr, Studierende 60 Skr, 16–19 Jahre 40 Skr, freier Eintritt für Kinder unter 15 Jahren, Zutritt zum Observatorium 20 Skr

Auf der Fahrradtour über die Insel sollte man unbedingt die direkt an der Steilküste gelegene **St.-Ibb-Kirche** besuchen (Mai, Juni, Aug. tgl. 13–16, Juli 11–16 Uhr), denn von hier aus hat man einen weiten Blick hinaus aufs Meer. Wenn man an einem Sommernachmittag auf einer der Bänke vor dem angeschlossenen Friedhof eine Pause einlegt und sich von der Sonne streicheln lässt, spürt man, dass Ven zwar inmitten einer der belebtesten Wasserstraßen Europas und nur wenige Kilometer vor der schwedischen Küste liegt – trotzdem aber in einer ganz anderen Welt.

› **Fährüberfahrt** je nach Jahreszeit bis zu achtmal täglich von Landskrona nach Bäckviken auf Ven, Erwachsene (einfache Fahrt) 90 Skr, Kinder (6–16 Jahre) 45 Skr, Familienticket 450 Skr, www.ventrafiken.se
› **Fahrradverleih:** www.venscykeluthyrning.se, Erwachsenenfahrrad: ab 120 Skr/Tag, jeder weitere Tag 60 Skr, Kinderfahrrad ab 90 Skr/Tag (+40 Skr)

112 Helsingborg ★

Das 115.000 Einwohner zählende Helsingborg hat in den letzten Jahren ein umfassendes Facelifting durchgemacht. Aus einer etwas drögen und langweiligen Industriestadt ist ein pulsierendes Kulturzentrum am Öresund geworden.

Schon seit dem 10. Jahrhundert ist die Gegend besiedelt. Es waren die Wikinger, die zum Schutz der Meeresenge eine Befestigungsanlage gründeten. Als „offizieller Geburtstag" der Stadt gilt aber der 21. 05. 1085, als König Knut der Heilige Helsingborg die Stadtgründungsurkunde verlieh.

Die **Lage am schmalen Öresund** bestimmte von Beginn an das Schicksal der Stadt. Zu Friedenszeiten interessierten sich Kaufleute für die Stadt, zu Kriegszeiten das Militär. Entweder wurde der Sund vor Helsingborg zum begehrten Handelsweg oder zur zäh umkämpften Grenze. Entsprechend wechselvoll war die Geschichte der Stadt.

Während der Schonischen Kriege (1675–1679) wurde die Stadt fast vollständig zerstört. Der daraufhin einsetzende **Niedergang** hielt bis in die Mitte des 19. Jahrhunderts an. Dänemark und Schweden standen sich verfeindet gegenüber und die Nähe zum Nachbarn wurde plötzlich zum Nachteil.

1857 jedoch wurde der Öresundzoll, der bis dahin den Handel praktisch lahmlegte, abgeschafft. Fast gleichzeitig wurde der Hafen ausgebaut. Innerhalb kürzester Zeit vervielfachte sich die Bevölkerungszahl, Helsingborg wuchs zu einem **bedeutenden Handels- und Industriezentrum** heran. 2020 wurde Helsingborg mit dem **European Capital of Innovation Award** in Silber ausgezeichnet. Der Preis

Karte III: Helsingborg

1cm = 115 m
0 200 m

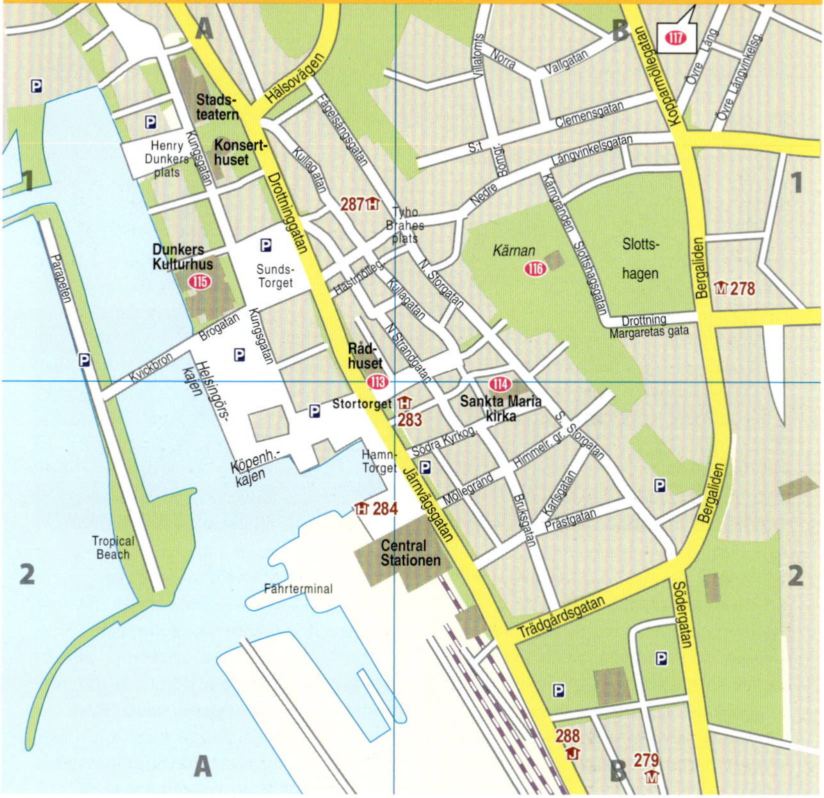

113	[III A2] Stortorget und Rathaus	S. 211
114	[III B2] Sankta Maria kyrka	S. 211
115	[III A1] Dunkers Kulturhus	S. 211
116	[III B1] Kärnan	S. 211
117	[III B1] Freilichtmuseum Fredriksdal	S. 212
278	[III B1] Medizinhistorisches Museum	S. 212
279	[III B2] Sportmuseum	S. 212
283	[III B2] Elite Hotel Mollberg	S. 213
284	[III A2] Marina Plaza	S. 213
287	[III A1] V Hotel Helsingborg	S. 213
288	[III B2] Dream Luxury Hostel	S. 213

EXTRATIPP

Essen auf dem Schiff

Sehr beliebt ist es, auf den Fähren, die zwischen Helsingborg und Helsingør verkehren, essen zu gehen. Hier wird wirklich gute Küche geboten und das zu einem **äußerst fairen Preis.** Keine Angst: Auch wenn die Überfahrt nur 15–20 Minuten dauert, das Essen muss man nicht hinunterschlingen. Als Fußpassagier bleibt man einfach so lange an Bord, bis man satt ist, und steigt dann am Hafen seiner Wahl aus. Denn es ist egal, wie oft sie den Sund überqueren, ein Fährticket genügt. Am Wochenende sollte man unbedingt einen Tisch reservieren.

› **ForSea Helsingborg,** www.forseaferries.com/on-board

wird jedes Jahr an Städte vergeben, die das Leben ihrer Einwohner mit fortschrittlichen Initiativen verbessern.

Nach dem Zweiten Weltkrieg spielte der **Fährverkehr** über den Öresund eine zunehmend wichtigere Rolle. Und obwohl inzwischen einige Kilometer weiter südlich die Öresundbrücke Malmö und Kopenhagen miteinander verbindet, legen auch heute noch mehrmals stündlich die Fähren Richtung Helsingør ab – inzwischen sogar elektrisch und emissionsfrei.

Dunkers Kulturhus steht am Jachthafen von Helsingborg

070kn-rk

› **Touristeninformation Helsingborg,** Tel. 042 105000 (erreichbar Mo.–Fr. 8–17, Do. 8–18 Uhr), https://visithelsingborg.com. In der Stadt gibt es mehrere Infopoints, an denen Broschüren, Karten und andere Infos erhältlich sind, so etwa im Kärnan 116 und in Dunkers Kulturhus 115.

113 Stortorget und Rathaus ★ [III A2]

Das Zentrum Helsingborgs bildet der Stortorget mit dem neugotischen Rathaus, einem Klinkerbau aus dem Jahr 1897. Es entstand zu einer Zeit, als die Stadt nach langen Zeiten des Niedergangs wieder voller Optimismus war – entsprechend prunkvoll ist der repräsentative Bau ausgefallen. Der **Rathausturm** ragt stolze 65 m in die Höhe und auch bei der Innenausstattung wurde nicht gespart. Besonders die **Fenstermalereien,** die – einer Chronik gleich – bedeutsame Ereignisse aus der Stadtgeschichte darstellen, sind mehr als nur einen Blick wert. „Offiziell“ kann das Rathaus nur im Rahmen von Führungen besichtigt werden (Anmeldungen: Tel. 042 105000).

114 Sankta Maria kyrka ★ [III B2]

Nur wenige Schritte vom Stortorget entfernt erhebt sich die **gotische Marienkirche** aus dem frühen 14. Jahrhundert. Im dreischiffigen Inneren zieht eine wuchtige Renaissancekanzel die Aufmerksamkeit der Besucher auf sich. Ferner sehenswert sind ein geschnitzter Flügelaltar aus dem 15. Jahrhundert und die modernen Glasfenster mit Darstellungen biblischer Themen.

115 Dunkers Kulturhus ★★ [III A1]

Dunkers Kulturhus, ein Konzert- und Kulturzentrum, wurde **nach dem Mäzen der Stadt benannt.** Henry Dunker (1870–1962) war Besitzer einer Gummifabrik, die er mit strenger Hand zu einem wirtschaftlichen Erfolgsunternehmen machte. Als er 1962 ohne Erben starb, vermachte er der Stadt 56 Millionen Kronen zur Verwendung für kulturelle Zwecke.

Dunkers Kulturhus wurde 2002 nach Plänen des dänischen Architekten Kim Utzon errichtet, dem Sohn von Jørn Utzon, der wiederum die Oper in Sydney erbaut hat. In ausnehmend schöner Lage direkt am Jachthafen wurde eine neue Heimat für Konzerte, Theater und Ausstellungen geschaffen. Auch wer keine Veranstaltung besuchen will, sollte am Kulturhus vorbeischauen. Das Gebäude ist eine Sehenswürdigkeit für sich – und wer überhaupt nichts mit Kultur am Hut hat, kann hier einfach auch gut essen gehen.

› Kungsgatan 11, www.dunkerskulturhus.se, Mo.–Fr. 8–20, Sa., So. 10–17 Uhr, Ausstellungen siehe Website, Eintritt zur Besichtigung des Hauses frei, Ausstellungen 100 Skr, bis 18 Jahre frei

116 Kärnan ★ [III B1]

Oberhalb der Stadt befindet sich Kärnan, ein **34 m hoher viereckiger Backsteinturm,** der seit über 600 Jahren die Stadt überblickt. Einst bildete er den Mittelpunkt einer von König Waldemar Atterdag (1340–1375) errichteten Festung, die allerdings 1680, nachdem Helsingborg schwedisch geworden war, abgerissen wurde. Einzig der Turm wurde verschont, doch er zerfiel im Laufe der folgenden Jahrhunderte auch ohne menschliches Zutun zusehends. Ende des 19. Jahrhunderts wurde Kärnan schließlich renoviert.

Im Inneren des Turms ist ein kleines **Museum** (u. a. ein Modell der einstigen

Festung) untergebracht, von der Dachplattform bietet sich ein weiter Blick auf die Stadt und den Sund.

› https://karnan.se, Juni tgl. 10–19, Juli, Aug. 10–18, Mitte Apr.–Mai und Sept. 11–15, Okt.–Mitte April Sa., So. 11–15 Uhr, Eintritt: 60 Skr, bis 18 Jahre frei

117 Freilichtmuseum Fredriksdal ★ [III B1, außerhalb]

Knapp 3 km außerhalb des Stadtzentrums in der Nähe des Fußballstadions „Olympia" liegt das Freilichtmuseum Fredriksdal, dessen Mittelpunkt das klassizistische **Herrschaftshaus Fredriksdals Herregård** (1787) bildet. Ein ganzer Straßenzug mit alten Gebäuden, ein alter Bauernhof und eine Druckerei sind weitere Höhepunkte. Außerdem lädt die Parkanlage zu langen Spaziergängen ein.

› **Fredriksdal Museer och Trädgårdar,** Hävertgatan, www.fredriksdal.se, Mitte Apr.–Sept. tgl. 10–18 Uhr, Okt.–Mitte April tgl. 10–16 Uhr, Eintritt: 100 Skr, im Winter frei

Weitere Museen in Helsingborg

278 [III B1] **Medizinhistorisches Museum,** Bergaliden 20, www.helsingborgsmedicinhistoriskaforening.se, Di. 10–14 Uhr, Do. 13–17 Uhr, Eintritt frei. Was für ein Glück, dass sich die Medizin weiterentwickelt hat! Wenn man die im Museum ausgestellten Gerätschaften betrachtet, kann einem angst und bange werden. Untergebracht ist das Museum ganz stilecht im alten Kinderkrankenhaus von 1888.

279 [III B2] **Sportmuseum,** Carl Krooksgatan 10, www.hbgidrottsmuseum.se, Mo.–Fr. 9–15 Uhr, Eintritt frei. Helsingborg ist in Schweden als Stadt mit vielen und erfolgreichen Sportlern bekannt: Wer auf deren Spuren wandeln will, ist in diesem Museum genau an der richtigen Adresse.

Einkaufen

Die Kullagatan ist die älteste Fußgängerzone Schwedens. Gut einkaufen kann man auch in den Straßen rund um die Sankta Maria kyrka 114. Weitere Einkaufsstraßen: Norra und Södra Storgatan, Drottninggatan, Järnvägsgatan, Södergatan und Bruksgatan.

Essen in und um Helsingborg

280 Flickorna Lundgren, Skäretvägen 19, 26041 Nyhamnsläge, Tel. 042 346044, www.fl-lundgren.se. Etwas außerhalb auf der schönen Kullahalbinsel 120 gelegen sind die „Lundgren Mädchen" eines der schönsten Cafés in Schonen und würden schon für sich genommen einen Ausflug lohnen. In dem einsam stehenden Holzhaus von 1732 betreibt die Familie Lundgren seit 1938 inmitten eines herrlichen Gartens ein Kaffeehaus. Anfahrtsbeschreibung: Von Helsingborg auf der Straße 111 Richtung Mölle. In Nyhamnsläge rechts abbiegen nach Brunnby. An der Kirche vorbeifahren, bis nach gut einem Kilometer das Hinweisschild „Flickorna Lundgren" auftaucht.

281 Sillen & Makrillen €€€, Gröningen Norra 1, Tel. 042 281553, www.sillenmakrillen.se. Die Lage in erster Reihe am Strand ist schlichtweg umwerfend, die Architektur – modern und mit viel Glas – grandios und richtig gut essen kann man hier auch. Fischgerichte gibt es ab etwa 350 Skr.

282 Sofiero Slottsrestaurang €€€, Sofierovägen, www.sofieroslottsrestaurang.se, Tel. 042 140440. Herrliche Lage am Öresund! Erst im Schlosspark von Sofiero Slott 118 spazieren gehen und dann im Schlossrestaurant edel essen – das bietet das hervorragende Schlossrestaurant. Stecken Sie genügend Kleingeld ein, ganz billig ist es hier nicht. Das Hummermenü zur Hummersaison im Herbst kostet 750 Skr.

Übernachten in Helsingborg

- 283 [III B2] **Elite Hotel Mollberg** €€€, Stortorget 18, Tel 042 373700, www.elite.se. **Erstklassiges Hotel mit langer Tradition:** Hier kann man übernachten wie ein König, denn schon der schwedische König Gustav IV. Adolf stieg hier ab.
- 284 [III A2] **Marina Plaza** €€€ Kungstorget 6, Tel. 042 192100, www.elite.se. **Spitzenhotel mit großen, geräumigen Zimmern:** Über das Marina Plaza lässt sich nur Gutes sagen – das Beste aber ist der Blick aufs Meer. Deswegen sollte man unbedingt einen „Room with a view" buchen. Hervorragende Küche und freundlicher Service.
- 285 **Miatorp Hotell** €, Planteringsvägen 71, Tel. 0725 452255, www.miatorp hotell.se. Etwas außerhalb im Vorort Miatorp gelegenes, preiswertes Haus mit Gemeinschaftsräumen.
- 286 **Scandic Helsingborg Nord** €€-€€€, Florettgatan 41, Tel. 042 4952000, www.scandic-hotels.se/helsingborgnor. **Gute Wahl für preisbewusste Urlauber:** Spektakuläres darf man von diesem Kettenhotel natürlich nicht erwarten. Außerhalb gelegen, dafür mit kostenlosem Shuttle ins Zentrum. Gutes Frühstücksbuffet.
- 287 [III A1] **V Hotel Helsingborg** €€€, Fågelsångsgatan 1, Tel. 042 144420, www.vhotel.se. **Kleines 4-Sterne-Boutiquehotel im Zentrum:** mit persönlichem Service und familiärer Atmosphäre.

Hostels rund um Helsingborg

- 288 [III B2] **Dream Luxury Hostel** €, Järnvägsgatan 39, Tel. 042 145850, www.dreamhbg.com. Das Hostel befindet sich in zentraler Lage in Bahnhofsnähe.
- 289 **Kfum-Nyckelbo** €, Scoutstigen 4, www.nyckelbo.se, Tel. 042 92005. Sieben Kilometer nördlich des Zentrums in der Nähe von Sofiero Slott.

Umgebung von Helsingborg

118 Sofiero Slott ★

König Oscar II. ließ sein Sommerschloss im Jahr 1865 erbauen. 1905 schenkte der König seinem ältesten Enkel Prinz Gustav Adolf das Schloss zur Hochzeit. Bekannt ist Sofiero vor allem wegen seines großen **Parks, in dem 10.000 Rhododendronsträucher** wachsen. Während deren Blüte im Mai und Juni sollte man das Schloss daher unbedingt besuchen. Im Schlossgebäude befindet sich ein hochklassiges Restaurant mit exquisiter Küche (vergleiche dazu das Kapitel „Essen in und um Helsingborg" auf S. 212).

› Am Ortsausgang Helsingborg in Richtung Norden/Kullenhalbinsel, Tel. 042 137400, https://sofiero.se, Park: Mitte Mai–Mitte Sept. tgl. 10–18, Mitte Sept.–Mitte Mai tgl. 10–16 Uhr, Eintritt: 120 Skr, in der Nebensaison 100 Skr, Jugendliche bis 18 Jahre frei

119 Gunnarstorp Slott ★

Östlich von Helsingborg, in der Nähe der Gemeinde Åstorp, liegt Schloss Gunnarstorp, das 1865–1878 im Stil der holländischen Renaissance erbaut wurde. Heute befindet es sich im Privatbesitz und kann nicht besichtigt werden, der sehr schöne Park ist aber für die Öffentlichkeit zugänglich. Hier war übrigens auch Carl von Linné während seiner berühmten Reise durch Schonen im Jahr 1748 zu Gast.

120 Kullaberg ★★★

Nördlich von Helsingborg gelegen, ragt die Landspitze Kullaberg wie ein ausgestreckter Zeigefinger ins Meer.

Die unter Naturschutz stehende Halbinsel ist ein **beliebtes Ausflugsziel** für alle, die Spaziergänge in der Natur un-

071kh-rk

ternehmen, im Wald nach Pilzen suchen oder einfach die herrliche Aussicht genießen wollen. Die höchste Erhebung der Halbinsel ist der Högkull (188 m) und auf der äußersten Landspitze steht – 78,50 m über dem Meeresspiegel – ein Leuchtturm. Am Rand des Naturschutzgebietes liegt das kleine Dorf **Mölle,** in dem man den Ausflug in die Natur gemütlich mit einem Imbiss am Meer ausklingen lassen kann.

121 Söderåsens Nationalpark ★★

Der Nationalpark ist für südschwedische Verhältnisse richtig hügelig und wird von einem tiefen Tal durchzogen. Beschilderte Wege durchziehen den Park, den man wegen seiner geringen Größe an einem einzigen Tag leicht durchwandern kann. An mehreren Stellen sind Rastplätze und Feuerstellen eingerichtet. Zelten darf man nur an ausgewiesenen Plätzen.

› **Lage:** 30 km östlich von Helsingborg, Hauptzugang zum Park bei Skäralid (Infozentrum und Café), weiterer Parkzugang bei Röstånga
› **Informationen:** www.sverigesnationalparker.se/de/nationalpark-wahlen/soderasen-nationalpark

Essen und Übernachten in Malmös Umgebung

290 Anderslövs Gästgivaregård €€, Landsvägen 49, Anderslöv, Tel. 0410 21200. Anderslövs Gästgivaregård liegt an der alten Landstraße zwischen Ystad und Malmö etwa 10 km nordöstlich von Trelleborg. In dem Haus mit langer Tradition – hier werden Gäste schon seit dem 16. Jahrhundert bewirtet – wird traditionell südschwedische Küche präsentiert.

Mölle auf der Halbinsel Kullaberg

› **Anno 1793 Sekelgården** (s. S. 197). Das Hotel in Ystad ist in einem alten Handelshof aus Fachwerk von 1793 untergebracht – der Name legt es nahe. Von der schwedischen Zeitschrift Gourmet wurde es als eines der romantischsten Hotels des Landes ausgewählt. Zimmer und Suiten sind individuell eingerichtet. Nebenan im selben Gebäude befindet sich **Möllers Bryggerie.** Zu essen bekommt man hier südschwedische Küche und zu trinken selbstgebrautes Bier aus der eigenen Mikrobrauerei. Übrigens: Das Anno 1793 Sekelgården spielt auch in einigen Büchern Henning Mankells eine Rolle.

291 Hotell Dannegarden €€€, Strandgatan 32, Trelleborg, www.dannegarden.se, Tel. 0410 48180. **Stimmungsvolles Stadthotel in einer Patriziervilla:** Einst wohnte hier eine reiche Reederfamilie. Im Sommer, wenn wegen der ausbleibenden Geschäftsreisenden Nebensaison ist, deutlich billiger. Auch das hoteleigene Restaurant bietet Hochklassiges. Mit frischen Rohwaren pflegt man vor allem die schonische und schwedische Küche.

292 Kust Café, Storgatan 14, Falsterbo, Tel. 040 473830, www.kustcafe.se. Das urige Restaurant-Café bietet täglich wechselnde Tagesgerichte und À-la-carte-Menüs in gemütlicher Atmosphäre. Unbedingt die Toilette besichtigen!

293 Österlens Gästhärbärge €€, Trumlevägen 7, Glemmingebro, Tel. 0411 522880, www.ost-gast.com, geöffnet Ende März–Okt. Eine Art Jugendherberge für Erwachsene: 30 Betten, meist in Doppelzimmern, Kochgelegenheit und entspannte Atmosphäre werden hier geboten. Der französische Eigentümer lebt mit seiner deutschen Frau einen Teil des Jahres in Berlin. Das Frühstück nimmt es mit dem jedes Hotels locker auf. Die Lage ist für Besucher der Region ideal: genau zwischen Ystad 100 und der Steinsetzung von Ales stenar 101.

225kh ©mehdi33300, stock.adobe.com

294 Skanörs Gästgivaregård €€-€€€, Mellangatan 13, Skanör, www.skanorfalsterbo.com, Tel. 040 475690. In ganz Schonen ist der Gasthof mit eigenem Gänse-Zebrastreifen für seine zeternden Glücksbringer bekannt, die im Sommer auch mehrmals täglich ihre „Vorstellung“ geben. Die Küche bietet Einheimisches zu Preisen ab 200 Skr fürs Hauptgericht. Wem es so gut schmeckt, dass er länger bleiben möchte, der kann in einem der fünf DZ nächtigen.

295 Smygehus Havsbad €€€, Strandväg 136, Smyge, Tel. 0410 50300, www.smygehushavsbad.se. **Nur 50 m vom Meer entfernt:** Das gepflegte kleine Hotel beherbergt ein sehr gutes Restaurant. Ab 1995 Skr kann man auch ein ganzes Ferienhaus mieten.

Uriges Fachwerk: Dem Anno 1793 Sekelgården sieht man sein Baujahr an, innen ist es stilvoll eingerichtet

Praktische Reisetipps Schweden

Allemansrätten – Jedermannsrecht

Das schwedische Jedermannsrecht (allemansrätten) gestattet jedem, sich **frei in der Natur zu bewegen.** Eingefriedetes Gelände darf durchquert werden, wenn sichergestellt ist, dass die Umzäunung nicht beschädigt wird. Tore und Gatter müssen stets sorgfältig geschlossen werden, sodass kein Vieh entlaufen kann. Zäune von Hausgrundstücken dürfen aber keinesfalls überklettert werden!

Campen ist außerhalb der Sichtweite von bewohnten Häusern für eine Nacht erlaubt, Gruppen benötigen dafür jedoch in jedem Fall die Erlaubnis des Grundeigentümers! Will man in der Nähe eines Hauses zelten oder länger als eine Nacht an einem Standort bleiben, muss ebenfalls die Erlaubnis des Eigentümers eingeholt werden. Und: Für das Zelten in größeren Gruppen mit mehreren Zelten ist immer die Erlaubnis des Grundbesitzers erforderlich.

Besondere Rücksichtnahme ist beim **Campen mit Wohnwagen oder Wohnmobil** geboten, denn das ist nur am Rande von Straßen erlaubt – und dort auch nur, wenn man damit gegen keine Verkehrsvorschrift verstößt und den Verkehr nicht behindert. Das Abstellen auf Privatgelände ist strengstens verboten.

Wenn man will, darf man auch **wilde Blumen und Beeren pflücken,** Pilze sammeln und herabgefallene Zweige und Reisig auflesen. Nicht gepflückt werden dürfen natürlich alle unter Naturschutz stehenden Pflanzen. Wichtig für **Hundebesitzer:** Ihr Liebling darf Sie überall in der Natur begleiten, allerdings herrscht vom 1. März bis zum 20. August Leinenzwang.

Leider wird das Jedermannsrecht, gerade von deutschen Touristen, **oft missbraucht.** Abfälle werden zurückgelassen, die chemische Toilette vom Wohnmobil wird im Wald entsorgt, seltene Pflanzen als „Souvenir" gepflückt usw. In den 1990er-Jahren wurde deshalb im Schwedischen Reichstag bereits über die Abschaffung des Jedermannsrechts debattiert und immer wieder wendet sich der Schwedische Touristenverband mit der Bitte an die deutsche Presse, Schwedenbesucher zu mehr Disziplin bei der Ausübung des Jedermannsrechts zu ermahnen. Einige schwedische Kommunen sind inzwischen dazu übergegangen, das wilde Campen und das Abstellen von Wohnmobilen auf Rastplätzen über Nacht zu verbieten.

Über die Regelungen des Allemansrätten kann man sich auf der Internetseite des Naturvårdsverket informieren:

› www.naturvardsverket.se/allemansratten

Anreise

Ein Abstecher von Kopenhagen nach Malmö ist völlig problemlos per Auto oder Zug über die **Öresundbrücke** (s. S. 84) möglich. Man merkt kaum, dass man ein Land verlässt und das andere betritt. Aus dem südlichen Ausland ist einerseits die Anfahrt **über Dänemark** via Öresundbrücke möglich, andererseits kann man **mit der Fähre** von verschiedenen deutschen Ostseehäfen an die schwedische Südküste übersetzen. Die Anreise erfolgt im zweiten Fall mit **TT-Line** (www.ttline.com) und **Stena Line** (www.stenaline.de) von Rostock nach Trelleborg (Preis für Überfahrt mit Pkw und allen Insassen um 170 €,

wer nicht zu den Spitzenzeiten fährt und frühzeitig bucht, kann die Reise aber auch schon zu Preisen um 45 € machen). TT-Line verkehrt zwischen Travemünde und Trelleborg. Für alle Verbindungen gilt, dass 3–5 Abfahrten täglich stattfinden.

Wer über Kiel anreisen will, kann dies ebenfalls mit der Stena Line tun, die von hier einmal täglich nach Göteborg fährt. Man muss je nach Saison und Buchungsklasse zwischen 70 und 400 € zahlen.

Mit dem **Nachtzug** erreicht man von Berlin aus Malmö (im Sommer dreimal wöchentlich, Dauer ca. 12,5 Stunden, www.snalltaget.se). Obwohl die Strecke nicht von der Deutschen Bahn betrieben wird, kann man die Tickets auch über sie buchen. Die einfache Fahrt kostet um 100 €.

Von Hamburg und Berlin gibt es **Fernbusverbindungen** nach Malmö (www.busliniensuche.de)

Ein wahrlich beeindruckendes Bauwerk: die Öresundbrücke verbindet Dänemark und Schweden

EXTRATIPP

Per Zug um den Öresund

Entdeckungsreisen ohne Auto sind in der Öresundregion ganz einfach, denn mit dem **Öresund-runt-Ticket** kann man zwei Tage lang zum Preis von 299 Skr (Kinder 7–15 Jahre 149 Skr) nahezu alle Züge und Busse in der Region links und rechts des Öresunds benutzen. In welcher Richtung man sich auf die Reise macht, ist egal – sie muss, einmal gewählt, dann allerdings beibehalten werden. Eine Strecke muss über die Öresundbrücke führen, die Rückfahrt dann mit der Fähre zwischen Helsingør und Helsingborg – oder umgekehrt.

Darüber hinaus gewährt das Ticket einige Rabatte, u. a. 10 Skr im Kunstmuseum Louisiana 65. Erhältlich ist es in Dänemark an den Automaten von Skanetrafiken im Kopenhagener Hauptbahnhof und im Flughafen Kopenhagen-Kastrup sowie bei der Touristeninformation, in Schweden an allen größeren Bahnhöfen entlang der Strecke, so auch im Kundencenter im Hauptbahnhof Malmö und im Kundencenter am Triangeln.

› www.skanetrafiken.se/biljetter/vara-olika-biljetter/oresund-runt

Autofahren

Autofahren in Schweden ist die **reinste Entspannung**. Überall begegnet man rücksichtsvollen Verkehrsteilnehmern, die ohne Stress ihrem Ziel entgegensteuern.

Zwischen den deutschen und **schwedischen Verkehrsregeln** gibt es ein paar Unterschiede. **(Abblend-)Licht ist Pflicht** – und zwar jeden Tag und zu jeder Stunde. Und: Langsam heißt die Devise. Die zulässige **Höchstgeschwindigkeit** außerhalb geschlossener Ortschaften liegt zwischen 70 und 90 km/h, auf Autobahnen darf man zwischen 90 und 110 km/h fahren. Wohnwagengespanne dürfen nie schneller als 80 km/h fahren. Die Polizei führt häufig Geschwindigkeitskontrollen durch und die Strafen für Überschreitungen sind empfindlich.

Wer mit **Alkohol am Steuer** erwischt wird, für den ist der Urlaub (zumindest mit dem Auto) zu Ende. Den Führerschein ist man für einige Monate los. Schon ein einziges Glas Wein genügt, um die erlaubte 0,2-Promille-Grenze zu überschreiten!

Barrierefreies Reisen

Schweden ist ein **ideales Reiseziel für behinderte Menschen.** Hotels und Restaurants sind in den meisten Fällen auf den Besuch von Rollstuhlfahrern eingerichtet. Und auch die öffentlichen Verkehrsmittel sind behindertenfreundlicher, als man dies von zu Hause gewohnt ist. Generell ist schon jetzt die **Akzeptanz behinderter Mitbürger** in der Öffentlichkeit deutlich höher als in Deutschland.

› **Weitere Informationen:** De Handikappades Riksförbund, Storforsplan 44, Box 43, 12321 Farsta, Tel. 0046 (0) 86858000, www.dhr.se

Diplomatische Vertretungen

•**296** [I D1] **Honorarkonsulat Malmö,** Michael Leibig, Elbegatan 5, 2tr, 21120 Malmö, Tel. 0702 116058, https://stockholm.diplo.de/botschaft/honorarkonsuln

› **Botschaft der Bundesrepublik Deutschland,** Skarpögatan 9, 11527 Stockholm, Tel. +46 86701500, https://stockholm.diplo.de

› **Schweizerische Botschaft in Schweden,** Valhallavägen 64, 11427 Stockholm, Tel. +46 86767900, www.eda.admin.ch/stockholm

› **Österreichische Botschaft Stockholm,** Kommendörsgatan 35/V, 11458 Stockholm, Tel. +46 86651770, www.bmeia.gv.at/oeb-stockholm

Einreisebestimmungen

Aufgrund Schwedens Mitgliedschaft im **Schengener Abkommen** entfallen Ausweiskontrollen an den Grenzen, allerdings werden Stichproben durchgeführt. Ein gültiger Reisepass oder Personalausweis muss in jedem Fall mitgeführt werden.

Fest- und Feiertage

Folgende Tage sind in Schweden **Feiertage**, an denen auch die Geschäfte geschlossen bleiben: Neujahr, Heilige Drei Könige, Karfreitag, Ostermontag, Tag der Arbeit, Himmelfahrt, Mittsommer, Allerheiligen, Heiligabend, 1. und 2. Weihnachtsfeiertag und Silvester. Der 6. Juni ist schwedischer Nationalfeiertag, dafür ist Pfingstmontag nicht arbeitsfrei. Näheres über die Feiertagskultur der Schweden s. S. 226.

Die **Sommerferien** beginnen in Schweden Anfang/Mitte Juni und enden Ende August. Die meisten Betriebe sind den ganzen Juli über geschlossen und dann verschwinden alle aufs Land – **Schweden ist im Juli geschlossen** (das gilt selbstverständlich nicht für das touristische Gewerbe). Wenn überhaupt, so kann man dann in den Betrieben und Behörden nur eine Notbesetzung vorfinden.

Geldfragen

In Schweden zahlt man mit der **Schwedischen Krone** (Abkürzung: Skr, SEK). Im Umlauf sind Banknoten zu 1000, 500, 100, 50 und 20 Kronen und Münzen zu 10, 5 und 1 Krone. Mit Debitkarten (Maestro-, VPAY-Karte) kann man an nahezu allen **Geldautomaten** rund um die Uhr Geld abheben. **Kredit- und Debitkarten** werden außerdem von allen Geldinstituten sowie vielen Hotels, Restaurants und Geschäften akzeptiert.

Generell sind Kreditkarten weit geläufiger als in Deutschland, in einigen Restaurants und Bars wird sogar kein Bargeld mehr angenommen. Auch Fahrkarten in Bussen und Bahnen kann man häufig nur noch mit Kreditkarten bezahlen.

Bei einigen Ketten kann man auch in Euro bezahlen. Die **Banken** sind von 9.30 bis 15 Uhr, Do. bis 17 Uhr geöffnet.

Wechselkurse

(Stand: Anfang 2023)

1 €	=	11,14 Skr
10 Skr	=	0,90 €
1 SFr	=	11,21 Skr
10 Skr	=	0,88 SFr

Haustiere

Bei der Mitnahme von Hunden oder Katzen nach Schweden muss man Folgendes beachten:

- **ID-Kennzeichnung** mit Mikrochip oder durch Tätowierung
- **Tollwutimpfung**
- Das Tier muss **beim Zoll angemeldet** werden.
- **Dokumentation** der durchgeführten Maßnahmen in einem EU-Heimtierpass

Da sich die Vorschriften häufig ändern, sollte man sich vor Beginn der Reise auf der Website des Schwedischen Zentralamtes für Landwirtschaft über die aktuellen Bestimmungen informieren:

- https://jordbruksverket.se

Informationsquellen

Schweden im Internet

- **VisitSweden,** Tel. 0046 (0)40 32551310, www.visit-sweden.de
- Über die Region Schonen bzw. Skåne informiert die Website https://visitskane.com.

Zeitungen

Zeitunglesen erfreut sich in Schweden nach wie vor sehr großer Beliebtheit. Die wichtigsten seriösen Tageszeitungen sind die liberale **Dagens Nyheter** (www.dn.se) und das eher konservative

Literaturtipp

- *Knoller, Rasso:* ***Schweden. Ein Länderporträt.*** *Berlin 2016. Eine unterhaltsame Einführung in die Geschichte und Kultur Schwedens.*

Svenska Dagbladet (www.svd.se). Beide werden zwar in Stockholm herausgegeben, sind aber landesweit erhältlich. Dasselbe gilt auch für die Boulevardblätter **Aftonbladet** (www.aftonbladet.se) und **Expressen** (www.expressen.se).

Die größten lokalen Zeitungen in Südwestschweden sind Ystads Allehanda, Trelleborgs Allehanda, Helsingborgs Dagblad und die Sydsvenskan. Die schwedischen Zeitungen sympathisieren meist mit bestimmten Parteien.

Medizinische Versorgung

Im Falle einer Erkrankung während des Schwedenurlaubs hat man mit seiner Europäischen Krankenversicherungskarte (EHIC) das Recht auf die gleiche **Notfallbehandlung** wie jeder Schwede. Bei einem akuten Notfall ist die Notaufnahme *(swe. akuttmottagning)* der Krankenhäuser zuständig. Man kann sich jedoch auch in einem Gesundheitszentrum *(vårdcentral)* oder von einem Arzt behandeln lassen. Dort muss man je nach Behandlung einen **Eigenanteil** bezahlen. Medikamente erhält man auf Rezept bei jeder Apotheke *(apotek)*. Auch hier wird eine Eigenbeteiligung fällig.

Der Gang zum **Zahnarzt** *(tandläkare)* kann dagegen teuer werden. Hier gilt folgende Kostenregelung: Alle Kosten bis zu 3000 Skr trägt der Versicherte selbst. Den Betrag zwischen 3000 Skr und 15.000 Skr zahlt die Krankenkasse zur Hälfte und alles darüber hinaus zu 85 %.

Dies gilt übrigens nur für EU-Bürger, für Schweizer kann ein Arztbesuch in Schweden sehr teuer werden. Hier lohnt sich auf jeden Fall der Abschluss einer **Auslandskrankenversicherung.** Deutsche und Österreicher erhalten von einer solchen Versicherung meist den geleisteten Eigenanteil zurückerstattet.

Früh übt sich: Schweden gehören zu den eifrigsten Zeitungslesern weltweit

Mit Kindern unterwegs

Malmö ist eine sehr kinderfreundliche Stadt. **Rund 220 Spielplätze**, 20 davon Themenspielplätze, laden zum Toben und Spielen ein – ein Vorbild auch im internationalen Maßstab.

Im **Rörsjöparken** [I D2] gibt es beispielsweise eine Ecke speziell für Kinder mit unterschiedlichen Behinderungen. Vor allem im **Folkets park** [I D3], der als der älteste Volkspark der Welt gilt, gibt es ein riesiges Angebot für Kinder mit Themenspielplatz, einer Minifarm mit Ponygarten, einer Bühne für kleine Nachwuchssänger und -künstler und im Sommer mit Flohmärkten speziell für Kinder (https://malmofolketspark.se, im Sommer rund um die Uhr geöffnet).

Natürlich gibt es in der Ökometropole Malmö auch einen **Ökospielplatz** (Ekologilekplatsen/Sollekplatsen im Westhafen) mit Spielangeboten rund um die Natur, mit Sonnenturm, Regenwolkenturm und Kletterwald.

Neben der Stadtbibliothek lassen sich die ganz Kleinen auf dem **Sagolekplatsen** mit seiner weichen Oberfläche in die Welt der Elfen und Feen entführen. Und wenn es für den Aufenthalt im Freien zu ungemütlich wird, gibt es in der **Kinderabteilung der Stadtbibliothek** einen schönen Platz zum Lesen und die Möglichkeit zu spannenden Sprachexperimenten.

Für die ganze Familie geeignet ist das Erlebnisbad **Aq-va-kul** mit einem Aktionsteil für die Kleinen und einem Ruhebereich für die Erwachsenen.

- **300** [I B3] **Aq-va-kul,** Regementsgatan 24, Tel. 040 300540, www.aqvakul.se
- **301** [I B1] **Ekologilekplatsen/ Sollekplatsen**
- **302** [I B3] **Sagolekplatsen,** Kung Oscars väg

Notfall

Sowohl Polizei als auch Feuerwehr erreicht man unter der **Notfallnummer Tel. 112.** Für die Sperrnummer für Kredit- und EC-Karten s. S. 157.

Öffnungszeiten

Staatlich festgelegte Öffnungszeiten gibt es in Schweden nicht. Geschäfte sind im Allgemeinen werktags von 9 bis 18 Uhr, samstags von 9 bis 14 oder 16 Uhr geöffnet. Große **Supermärkte und Warenhäuser** haben bis 20 Uhr, manchmal bis 22 Uhr geöffnet, viele von ihnen auch am Sonntag von 12 bis 16 Uhr. **Banken** haben montags bis freitags von 9.30 bis 15 Uhr geöffnet, donnerstags bis 18 Uhr.

221kh ©Alexander, stock.adobe.com

In Trelleborg (99) kann man direkt am Meer golfen

Die **Rückerstattung der Mehrwertsteuer (Tax Free)** ist für Bürger aus Nicht-EU-Staaten wie beispielsweise der Schweiz möglich.

Post

Postämter gibt es nicht mehr, nur noch Poststationen in bestimmten Supermärkten. Das **Porto** für einen Brief oder eine Postkarte innerhalb Europas beträgt 26 Skr. Briefmarken *(frimärken)* kann man in Kiosken (z. B. 7-eleven) und meist zusammen mit den Postkarten in Souvenirgeschäften kaufen.

Sport und Erholung

Golf

In Schweden mag vieles teurer sein als in Deutschland, Golfspielen ist es definitiv nicht.

Da im Drei-Kronen-Reich die Sportart Golf ein beliebter und weit verbreiteter **Volkssport** ist, der quer durch alle Bevöl-

kerungsschichten betrieben wird, ist die Atmosphäre auf schwedischen Plätzen sehr entspannt.

› **Weitere Informationen:** Svenska Golfförbundet, http://sgf.golf.se

Radfahren

Schweden im Allgemeinen und Südschweden im Speziellen sind **ideal für Fahrradurlaube.** Vielfach gibt es ausgezeichnete Fahrradwege, aber auch die wenig befahrenen Nebenstraßen eignen sich gut für Radtouren. In allen größeren Städten kann man Räder ausleihen.

Auf der Website der Region Schonen (https://visitskane.com) kann man verschiedene Radkarten mit schönen Touren bestellen. Wer etwas Schwedisch versteht, findet auf der Website der Schwedischen Fahrradvereinigung gute Tipps für Fahrradtouren im ganzen Land:

› www.svenska-cykelsallskapet.se

Skåne ist die ideale Region für Reitferien

Reiten

Speziell in Skåne gibt es ausgezeichnete Möglichkeiten für Reiterurlaube.

Die Adressen von **Reiterhöfen** in Schweden kann man beim Reiterbund erfragen (www.ridsport.se, auch auf Englisch).

Verschiedene Angebote für **Reitferien** in Schweden enthält die Website https://naturesbestsweden.com.

Wandern

Sicherlich bieten Mittel- und Nordschweden spektakulärere Wandergebiete als die ruhige Region um den Öresund. Nichtsdestotrotz kann man auch dort einige sehr schöne Touren unternehmen. Der Wanderweg **Skåneleden** führt über mehr als 1000 km kreuz und quer durch die südschwedische Provinz.

› www.skaneleden.se (Seite auch auf Deutsch)

Sprache

Schwedisch ist eine nordgermanische Sprache und wird von etwa 9 Mio. Menschen gesprochen. Außer in Schweden selbst spricht man auch noch in Teilen Finnlands Schwedisch. Auffallend bei der **Aussprache** ist der „musikalische Akzent“ der Sprache: ein für Ausländer ungewohntes Auf und Ab in der Sprachmelodie. Die **Grammatik** der Sprache ist relativ einfach. Es gibt z. B. – mit Ausnahme des Genitiv-s – keine verschiedenen Kasusendungen und bei den Verben kommen keine Personalendungen vor.

Das schwedische **Vokabular** weist Ähnlichkeiten mit dem Deutschen und Englischen auf. Wer diese beiden Sprachen spricht, etwas Fantasie hat und gerne knobelt, kann auch ohne Vorkenntnisse schon einiges in einer schwedischen Tageszeitung entziffern. Hört man einen Schweden sprechen, wird man aber zunächst nur wenig verstehen. Die Aussprache und deren Verstehen verlangt viel Übung. Aber ein Trost bleibt: In kaum einem anderen Land Europas sprechen so viele Menschen so gut **Englisch** wie in Schweden, woran das **Fernsehen** wohl einen nicht zu unterschätzenden Anteil hat, denn alle Filme werden im Original mit Untertiteln ausgestrahlt und so wird jeder Fernsehabend zu einem kostenlosen Fremdsprachenkurs.

Einige Hinweise zur Aussprache

- å wird ähnlich dem deutschen o ausgesprochen
- u wie ü
- v wie w
- g vor e, i, y, ä, ö wie j

LITERATURTIPP

Schwedisch – Wort für Wort

Der Sprachführer aus der Reihe Kauderwelsch orientiert sich am Reisealltag und vermittelt ohne lästiges Büffeln das nötige Rüstzeug, um schnell mit dem Sprechen beginnen zu können.

Reise Know-How Verlag, Bielefeld

Telefonieren und Internet

Dank eines EU-Beschlusses fallen beim mobilen Telefonieren und Surfen im Internet im EU-Ausland keine Roaminggebühren an.

- **Telefonat nach Schweden:** Landesvorwahl 0046 plus Ortsvorwahl ohne 0 und Teilnehmernummer
- **Telefonat von Schweden:** 0049 (nach Deutschland), 0043 (nach Österreich) und 0041 (in die Schweiz) plus Ortsvorwahl ohne 0 + Teilnehmernummer

Trinkwasser

Das **Leitungswasser** in Schweden ist von bester Qualität und bedenkenlos trinkbar.

Verhaltenstipps

Die wichtigste Regel für einen Schwedenurlaub ist einfach umgesetzt: **Seien Sie freundlich.** Denn Freundlichkeit ist Trumpf in Schweden. Man bedankt sich für alles ... wirklich für alles! Selbst derjenige, der jemandem etwas gibt, bedankt sich dafür, dass es der andere annimmt. Das wichtigste schwedische Wort, das jeder Tourist beherrschen muss, heißt deswegen auch simpel „tack“ – „Danke“.

222kh ©FotoHelin, stock.adobe.com

Freundlich sind in Schweden sogar Menschen, die hierzulande scheinbar von Berufs wegen unfreundlich sein müssen. Busfahrer zum Beispiel: „Tack", wird der Busfahrer sagen, wenn man ihm das Geld für ein Ticket gibt, „tack-tack", sollte man dann antworten und wahrscheinlich beendet der Herr hinter dem Steuer schließlich das Gespräch mit einem weiteren „tack". Denn schließlich muss er sich ja dafür bedanken, dass man sich bei ihm bedankt hat.

Allerdings: Freundlichkeit wird nicht mit Förmlichkeit verwechselt. In Schweden **wird jeder geduzt** – egal ob Nachbar oder Ministerpräsident. Einzige Ausnahme sind Mitglieder des Königshauses, aber denen werden Sie wahrscheinlich kaum begegnen. Das führt dazu, dass viele Schweden, die Deutsch sprechen, ihren Gesprächspartner auch in der Fremdsprache duzen. Das hat nichts mit ungebührlicher Distanzüberschreitung zu tun, sondern beruht lediglich auf unterschiedlichen Sprachgewohnheiten. Wenn Sie bemerken, dass Sie von Ihrem Deutsch sprechenden schwedischen Gesprächspartner geduzt werden, steigen Sie einfach darauf ein, das erleichtert ihm und Ihnen die Kommunikation.

Freundlichkeit ist in Schweden erste Bürgerpflicht

Bei aller Freundlichkeit – eine **Begrüßung mit Handschlag** ist in Schweden **unüblich.** Ins Fettnäpfchen werden sie mit einem festen Händedruck zwar nicht treten, sondern eher ein Lächeln für eine liebenswerte deutsche Spleenigkeit ernten. Für viele Schweden ist das „ewige Händeschütteln" nämlich eine typisch deutsche Eigenschaft.

Besonders für Besucher aus Österreich ungewohnt: **Titel** tragen die Schweden nicht stolz vor sich her. Ein Dr. Johanson wird sich nie als solcher zu erkennen geben und seinen Titel vermutlich nicht einmal auf der Visitenkarte vermerkt haben. Dem sollte man sich anpassen: Eine neue Visitenkarte braucht man sich für den Schwedenbesuch zwar nicht anfertigen lassen, wer sich aber als Doktor Soundso oder als Herr Magister vorstellt, wird schnell als Angeber abgestempelt.

Wenn man von einer schwedischen Familie **zum Essen eingeladen** wird, sollte man **pünktlich** erscheinen. Bei Privateinladungen werden zur Not noch zehn Minuten Verspätung akzeptiert, bei Geschäftsessen sind Verspätungen absolut tabu. Nach Beendigung des Essens – das im Übrigen immer mit einer Tasse Kaffee abgeschlossen wird – bedankt man sich mit einem „tack för maten" – „Danke für das Essen". Beim Abschied ist dann ein ausgiebiges Dankeschön für die Einladung fällig. Aber das alles reicht immer noch nicht. Bei der nächsten Begegnung mit seinem Gastgeber bedankt man sich erneut mit einem: „tack för senast" – „Danke für das letzte Mal". Wenn man den Gastgeber auf absehbare

Zeit wahrscheinlich nicht wieder trifft, bedankt man sich zwei oder drei Tage nach der Einladung telefonisch.

Apropos Besuch zu Hause: Wie im Osten Deutschlands ist es auch in Schweden üblich, beim Betreten der Wohnung die **Straßenschuhe auszuziehen.** Diese Tradition wird zwar in manchen Familien durchaus locker gehandhabt, doch als Gast sollte man zunächst einmal in die Knie gehen und die Schnürsenkel lösen – wenn der Gastgeber darauf keinen Wert legt, wird er einen dann schon darauf hinweisen.

Die Formlosigkeit gilt auch für die **Kleidung**, denn man kleidet sich leger. Allerdings verwechselt man in Schweden leger nicht mit geschmacklos. In Jogginghose, farblich unpassendem T-Shirt und Badelatschen, der „Uniform" vieler Südeuropareisenden, wird man einen Schweden nicht antreffen. Bei Geschäftstreffen kleidet man sich ohnehin konservativ und auch wenn sie abends ausgehen, werfen sich die Schweden gerne mal in Schale. Demzufolge sollte man als Tourist auch darauf gefasst sein, dass manches Lokal einen Dresscode hat und entsprechende Kleidung verlangt. Es ist jedoch egal, wie edel das Restaurant ist, in das man geht: **Trinkgeld** wird dort nicht erwartet.

Aber falls man **Alkohol** konsumiert hat, wird die Rechnung ohnehin hoch genug sein. Denn Hochprozentiges ist im Drei-Kronen-Reich astronomisch teuer. Wahrscheinlich ist es deshalb völlig unüblich, eine „Runde auszugeben". Außerdem wird nicht in allen Lokalen Alkohol ausgeschenkt und auch im normalen Lebensmittelhandel bekommt man allenfalls Light-Bier. Alles, was einen Alkoholgehalt von mehr als 3,5 Vol.-% hat, wird nur in speziellen Alkoholgeschäften *(systembolaget)* verkauft. Und das auch nicht an jeden: Mindestens 20 Jahre alt muss man sein, bevor man sich alkoholischere Getränke genehmigen darf. In der Öffentlichkeit sollte man auf das Trinken von Alkohol verzichten, denn ansonsten gerät man leicht in den Ruf, Alkoholiker zu sein. Abschätzige Blicke der Vorbeigehenden sind einem dann sicher.

Man kann bei uns immer wieder lesen, wie locker und unverklemmt die Schweden doch seien. So weit, so richtig. In der deutschen Presse und von deutschen Touristen wird daraus aber oft der völlig unzulässige Schluss gezogen, dass **FKK-Baden** überall akzeptiert wird. Oben ohne ist in Ordnung, FKK aber definitiv nicht. Zwar sind die Schweden tolerant genug, auf splitternackte Touristen lediglich mit einem innerlichen Kopfschütteln zu reagieren, aber als peinlich empfunden wird es doch. FKK ist zwar möglich, aber bitte nur an offiziellen FKK-Stränden.

Zum Schluss noch ein Tipp gegen unnötiges Schlangestehen: Sie kommen beim Bäcker nicht dran, warten auf der Post ewig lang und beim Geldwechsel auf der Bank ziehen auch alle an Ihnen vorbei? Dann haben Sie wahrscheinlich noch nie etwas vom sog. **Nummerlapp** gehört. Wenn man einen Laden betritt, zieht man aus einem kleinen Kästchen einen Zettel, auf dem eine Nummer steht. Irgendwo im Raum hängt eine Anzeigetafel, auf dem jene Nummer angezeigt wird, die gerade bedient wird. Der Nummerlapp ist eine skandinavische Erfindung und verhindert, dass sich irgendein hinterhältiger Zeitgenosse an einer Schlange vorbei einfach nach vorne drängeln kann.

Der schwedische Festtagskalender

Viele Feste, die in Schweden gefeiert werden, werden auch in Mitteleuropa begangen. Einige jedoch sind typisch schwedisch oder zumindest auf den skandinavischen Raum beschränkt.

Das ***neue Jahr*** *wird in Schweden auf ruhigere Art und Weise begrüßt als in Deutschland. Ausgelassene Partys und Trinkgelage sind die Ausnahme, meist begeht man den Tag im Kreise der Familie. Die* ***Fastenzeit*** *ist im protestantischen Schweden ein unbekanntes Phänomen. Seit der Reformation wird zwar nicht mehr gefastet, die traditionellen katholischen Fresstage vor der Fastenzeit hat man aber beibehalten. Besonders beliebt ist in dieser Zeit die „semla", ein Milchbrötchen, das mit Marzipan und Schlagsahne gefüllt wird. Früher gab es diese Spezialität nur in der Woche vor Beginn der Fastenzeit. Heute sind die „semlor" bei jedem Konditor von Neujahr bis Ostern zu haben.*

Karneval oder Fasching gibt es in Schweden nicht. Zumindest die Kinder dürfen sich aber am ***Gründonnerstag*** *verkleiden. Sie laufen dann in Altweiber- und Hexenkostümen herum und erinnern damit an den Flug der Hexen nach Blåskulla, wo diese am Gründonnerstag mit dem Teufel zu einem Tänzchen zusammentreffen. Abgesehen von der Maskerade der Kinder wird das* ***Osterfest*** *in einer besinnlichen und ruhigen Atmosphäre gefeiert. Ostereier und Palmzweige spielen zu Ostern eine wichtige Rolle.*

Der ***30. April, der Valborgsmässoafton,*** *ist der Tag der Studenten. In allen Universitätsstädten, vor allem aber in Lund und Uppsala, wird an diesem Tag ausgiebig gefeiert. Gegenwärtige und ehemalige Studenten setzen ihre weißen Studentenmützen auf und ziehen durch die Straßen der Stadt. Das Wichtigste an diesem Tag sind aber wahrscheinlich die feuchtfröhlichen Feste, die sich an die offiziellen Feierlichkeiten anschließen. Überall werden große Feuer entzündet. Der* ***1. Mai*** *ist auch in Schweden der Feiertag der Arbeiterbewegung. Er wird von den meisten Familien zu einem Ausflug in die inzwischen erwachte Frühlingsnatur genutzt - vorausgesetzt der Kater vom Vortag macht einem keinen Strich durch die Rechnung.*

Christi Himmelfahrt *ist für die meisten Schweden ein wichtiger Tag - allerdings aus ganz unterschiedlichen Gründen. Für einige (wenige) steht das kirchliche Fest im Vordergrund. Für sie bestimmt der Gottesdienstbesuch den Tag. Für die meisten Familien ist Christi Himmelfahrt aber ein Ausflugstag, an dem man sich mit dem Picknickkorb bewaffnet auf den Weg ins Grüne macht. Allerdings soll es an diesem Tag in vielen Familien schon zu heftigen Streitereien gekommen sein, denn an Christi Himmelfahrt beginnt in Schweden die Angelsaison. Passionierte Petrijünger (und das sind die meisten schwedischen Männer) können sich dann nur schwer zwischen ihrer Familie und dem ersten großen Fang des Jahres entscheiden.* ***Pfingsten*** *ist ebenfalls ein Fest, das man vor allem in der Natur verbringt. Den* ***Nationalfeiertag am 6. Juni*** *übersieht man dagegen leicht. Seit Kurzem ist er zwar arbeitsfrei, aber außer der Tatsache, dass* *man vor dem Haus die Fahne hochzieht, wird er nicht weiter gefeiert.*

Bis in die frühen Morgenstunden gefeiert wird dagegen an ***Mittsommer.*** *Früher fand dieses Fest immer am 24. Juni statt. Seit 1950 wurde es auf das erste Wochenende nach dem 21. Juni verlegt. Der Feiertagsstimmung hat die Verlegung aber keinen Abbruch getan. Am Morgen des Mittsommertages werden Haus und Hof mit Blumen und Zweigen geschmückt. Auf dem Land wird die midsommarstång, ein reich geschmückter Baumstamm, aufgestellt. Die majstång hat übrigens, obwohl immer wieder fälschlich so übersetzt, nichts mit unserem Maibaum gemein. Ihren Namen hat sie nicht nach dem Monat Mai bekommen, sondern von dem schwedischen Wort majen, was soviel bedeutet wie „winden“ oder „herumbinden“. Nichts anderes tut man nämlich mit den Zweigen und Blumen, mit denen die majstång geschmückt wird.*

Am Abend wird dann endlich ***zum Tanz aufgespielt.*** *Alle fassen sich an den Händen und hopsen mehr oder weniger geschickt um den geschmückten Baum. Bald aber löst sich der Reigen auf und es wird paarweise auf dem Tanzboden weitergemacht. Wer zwischendurch Stärkung braucht, für den steht das traditionelle Mittsommergericht matjessill, eine Art marinierter Hering in süßer Soße, bereit. Dazu werden Kartoffeln mit Dill gereicht und als Nachspeise kommen Erdbeeren mit Schlagsahne auf den Tisch.*

Besonders wichtig ist die Mittsommernacht für noch ***ledige Mädchen,*** *die herausfinden wollen, wen sie später einmal heiraten werden. Sie müssen auf neun verschiedenen Wiesen neun verschiedene Blumen pflücken und das Sträußchen dann unter ihr Kopfkissen legen. Am nächsten Morgen, wenn sie sich nach dem Fest erschöpft ins Bett legen, erscheint ihnen dann ihr Traumprinz im Schlaf. Auch dafür, warum das Ganze eigentlich nie funktioniert, gibt es eine Erklärung. Die Blumen können ihre wundersame Kraft nämlich nur entfalten, wenn das wissensdurstige Mädchen nicht spricht. Aber wer kann in einer solchen Feststimmung schon die ganze Nacht hindurch sein Schweigen wahren?*

Der Umstand, dass sich trotzdem viele Liebespaare gerade an Mittsommer finden, dürfte einen anderen Grund haben. An diesem Tag wird nicht nur gut gegessen, sondern ebenso gut getrunken und dann kann schon einiges passieren …

Aber gehen wir weiter zum nächsten Fest. Während man Mittsommer in den Nachbarländern Finnland und Norwegen ebenso heftig feiert, ist die ***kräftpremiären*** *etwas, das es nur in Schweden gibt. Die „Krebspremiere“, die in der zweiten Augustwoche stattfindet, ist ein sehr junges Fest.*

Früher durften das ganze Jahr über Krebse gefangen werden und deshalb war die kleine Delikatesse das ganze Jahr über auf dem Speisezettel zu finden. Als zu Beginn des 20. Jahrhunderts der Krebsfang bis Mitte August verboten wurde, begann man, die ersten Fangtage ausgiebig zu feiern. Diese Tradition setzte sich bis in unsere Tage hinein fort. Man setzt sich ein dreieckiges Papierhütchen auf den Kopf,

Der schwedische Festtagskalender (Fortsetzung)

bindet sich eine besonders große Serviette um den Hals und macht sich dann im Freundeskreis über die kleinen Krustentierchen her. Wer es besonders stimmungsvoll mag, hängt noch ein paar Lampions auf – die Krebssaison ist eröffnet! Allerdings kommen heute die Krebse meist nicht aus schwedischen Gewässern, sondern werden aus der Türkei und den USA importiert.

Was den Süd- und Mittelschweden ihre Krebspremiere, ist den Nordschweden ihre ***surströmmingpremiären.*** *Was das ist? Surströmming ist in Dosen zum Gären gebrachter, gewürzter Ostseehering, der halbverfault vor sich hinstinkt und streng genommen völlig ungenießbar ist. Trotzdem greifen am dritten Donnerstag im August immer wieder mutige Männer und Frauen zum Dosenöffner und machen sich über die von den Gärungsgasen verformte Dose her. Danach greifen sie todesmutig den Fisch, wickeln ihn in Fladenbrot ein und schlingen dies herunter. Aus guten Gründen wird zu surströmming bervorzugt Schnaps getrunken.*

Am ***11. November, am Martinstag,*** *dem Gedenktag für Martin Luther, steht ein anderes Tier im Mittelpunkt des Feiertagslebens. Auf den meisten schwedischen Esstischen landet an diesem Tag die sogenannte Martinsgans. Traditionsbewusste Haushalte servieren als Vorspeise* ***svartsoppa,*** *eine Suppe aus Gänseblut. Wer dann zum Essen eingeladen ist, kann eine Autopanne vortäuschen, verspätet zum Festessen erscheinen und auf diese Weise die Vorspeise umgehen.*

Am 13. Dezember feiert man das ***Luciafest.*** *An diesem Tag begegnen einem überall in Schweden Mädchen in langen weißen Gewändern mit einem Kerzenkranz auf dem Kopf. Jeder Verein, jede Schule und jeder Betrieb – alle haben sie ihre eigene Lucia, die an diesem Tag Kaffee und Pfefferkuchen serviert.*

Interessanterweise ist bisher völlig ungeklärt, ob das Luciafest ursprünglich tatsächlich mit der heiligen Lucia in Zusammenhang stand. Bis Mitte des 18. Jahrhunderts – bevor die Gregorianische Kalenderreform durchgeführt wurde – war der 13. Dezember in Schweden der kürzeste Tag des Jahres. Deswegen wird vielfach vermutet, dass ***das Luciafest letztlich ein Sonnenwendfest*** *war und der Kerzenkranz auf dem Kopf lediglich das wieder länger scheinende Tageslicht symbolisiert. Zu einem landesweiten Brauch wurde das Luciafest ohnehin erst, nachdem eine Stockholmer Zeitung 1927 zum ersten Mal eine Lucia wählen ließ.*

Weihnachten *ist wie überall in Europa ein Fest der Besinnung – und des Essens. Nur wenige Familien tun sich an diesem Tag noch den* ***lutfisk,*** *eine Art gekochter Stockfisch, an. Beliebter ist da schon der Weihnachtsschinken, oft wird auch ein großes Weihnachtsmörgåsbord, ein traditionelles schwedisches Buffet, aufgebaut. Die Geschenke bringt hier der* ***tomte,*** *die schwedische Form unseres Weihnachtsmannes. Der erste Weihnachtsfeiertag gehört ganz der Familie und der Verdauung. Dann jedoch ist man wieder bereit zu neuen Taten und besucht am 2. Weihnachtstag Freunde und Bekannte.*

ANHANG

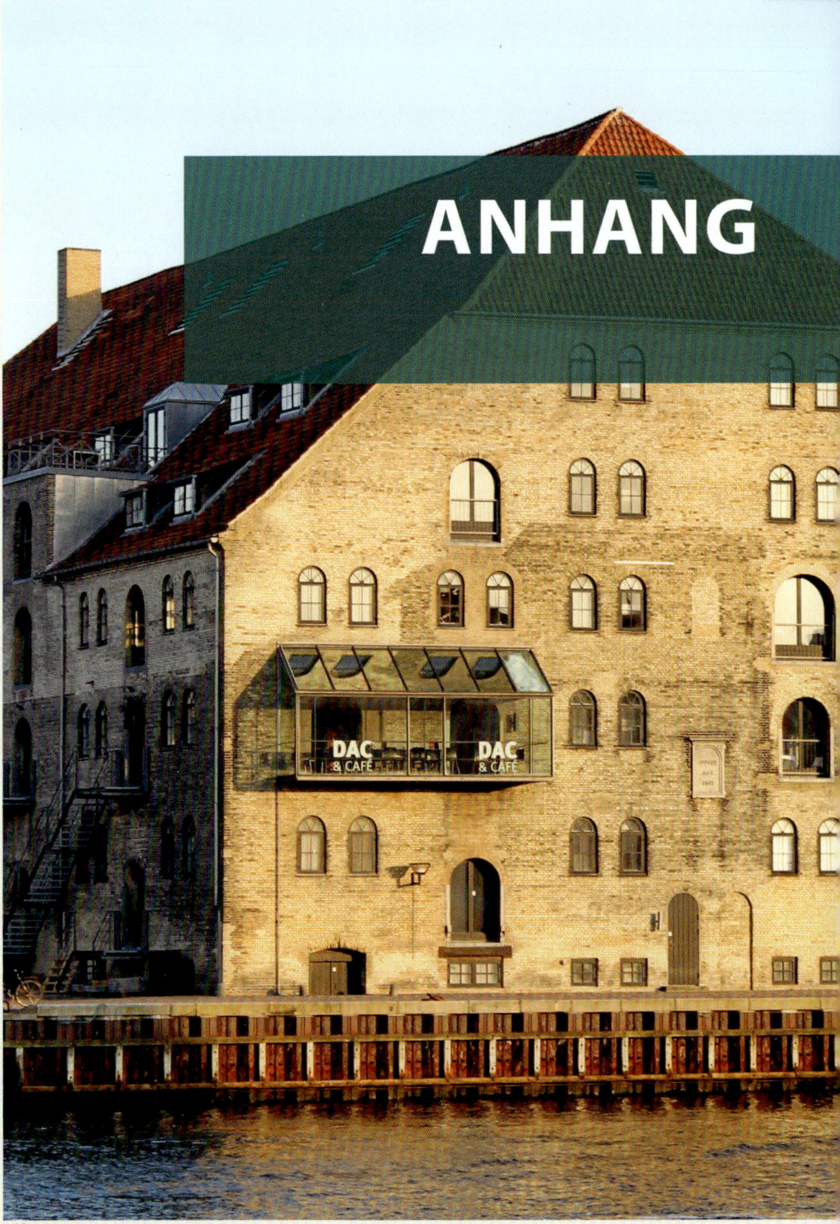

140kh-jg

Kopenhagen, Umgebung

0
20 km
© Reise Know-How 2023
Orkelljunga
Bjärnum
Broby
Olofström
Jamshög
Tyringe
Perstorp
Hässleholm
Vinslöv
Ljungbyhed
121
Skäralid
Söderåsen
Nevlingeåsen
Kristianstad
Höör
Tollarp
Åhus
E22
Bosjökloster
Linderödsåsen
Eslöv
Hörby
Degeberga
E22
Lund
106 - 109
Vollsjö
Kivik
Dalby
Staffanstorp
Sjöbo
Vik
Torup
97
Simrishamn
Svedala
96
Tomelilla
103
Brantevik
Svaneholm
E65
Glimmingehus
Skurup
104
Skivarp
100
Löderup
Borrby
Klagstorp
Ystad
105
102
Gislövs läge
Kåseberga
101
94
Smygehuk

Kleine Sprachhilfe Dänisch

Die Sprachhilfe entstammt dem Kauderwelsch-Sprachführer „Dänisch – Wort für Wort“ aus dem Reise Know-How Verlag.

Aussprache

Hier sind diejenigen Buchstaben(kombinationen) aufgeführt, deren Aussprache abweichend vom Deutschen ist bzw. sein kann.

a	kurzes/langes „a“ oder „ä“
å	kurzes/langes „o“ wie in „**d**o**ch**“ / „**H**o**se**“
æ	kurzes/langes „ä“ wie in „**Ä**s**te**“ / „**z**ä**hlen**“
ø	kurzes/langes „ö“ wie in „**H**ö**lle**“ / „**h**ö**ren**“
y	kurzes/langes „ü“ wie in „**M**ü**ll**“ / „**f**ü**hlen**“
eg, ej, ig	wie „ai“ in „**H**ai“
øj, øg	wie „oi“
øv	wie „öu“ (zusammengezogen gesprochen)
eu, ev, äv	wie „äu“, aber getrennt wie „**Näh-U**tensilien“
iv	wie „**iu**“ (zusammengezogen gesprochen)
yv	wie „**üu**“ (zusammengezogen gesprochen)
ov, og	„ou“, wie „o“ in englisch „**go**“; in einer unbetonten Silbe wie „o“
ag	vor Mitlaut wie „au“ in „**Maul**“; vor Selbstlaut oder am Wortende „ä“
av	wie „au“ in „**Maul**“
af	als Vorsilbe wie „au“ in „**Maul**“
c	vor **e, i, y, æ, ø** stimmloses „s“ in „Wasser“ vor **o, u, å** wie „k“ in „**K**artoffel“
d	Nach **g, l, n** ist das **d** stumm. Zwischen zwei Selbstlauten oder nach einem Selbstlaut am Wortende hört es sich wie das weiche engl. „th“ in „**th**ese“ an.
g	zwischen Selbstlauten wie „w“ nach **o, u, å** wie „j“ nach **a, e, i, y, æ, ø**; vor **l** stumm
h	am Wortanfang vor **j** und **v** stumm
k, p, t	in der Silbenmitte wie **g, b, d**
r	nach Selbstlaut kaum hörbar wie in „sehr“
s	stimmlos wie „ss“ in „Wasser“
v	wie „w“ in „**W**asser“
z	stimmloses „s“ wie in „Wasser“

+++ Die wichtigsten Wörter mit dem Bonus-Audiotrack des Kauderwelsch-

Die wichtigsten Richtungsangaben

til højre/venstre	till hoier/wänster	nach rechts/links
lige ud	lije uul	geradeaus
på den modsatte side	po den molsädde side	gegenüber

Die wichtigsten Fragewörter

hvem?	wämm	wer?, wem?, wen?
hvad?/hvordan?	wäll/wordän	was?/wie?
hvor?	wor	wo?/wie?
hvorfra? – hvorhen?	worfra – worhän	woher? – wohin?
hvor meget/længe?	wormall/worlänge	wie viel?/wie lange?
hvorfor?	worfo	warum?
hvornår?	worno	wann?

Wochentage

mandag	männdäj	Montag
tirsdag	tiirsdäj	Dienstag
onsdag	onsdäj	Mittwoch
torsdag	torsdäj	Donnerstag
fredag	fredäj	Freitag
lørdag	löördäj	Samstag
søndag	sönndäj	Sonntag

Zahlen

1	**en**	een	16	**seksten**	saisdn
2	**to**	to	17	**sytten**	süddn
3	**tre**	tree	18	**atten**	äddn
4	**fire**	fier	19	**nitten**	niddn
5	**fem**	fem	20	**tyve**	tüwe
6	**seks**	sex	21	**enogtyve**	eenotüwe
7	**syv**	süu	30	**tredive**	tralwe
8	**otte**	ode	40	**fyrre**	för
9	**ni**	ni	50	**halvtreds**	hälträs
10	**ti**	ti	60	**tres**	träs
11	**elleve**	elwe	70	**halvfjerds**	hälfjärs
12	**tolv**	toll	80	**firs**	fiers
13	**tretten**	treddn	90	**halvfems**	hälfäms
14	**fjorten**	fiordn	100	**hundrede**	hundrede
15	**femten**	femdn	1000	**tusind**	tusn

Die wichtigsten Fragen

Findes der ...? finnes där	Gibt es ...?
Har du ...? haar du	Haben Sie ...?
Jeg leder efter ... jai leder efter	Ich suche ...
Jeg vil gerne have ... jai will gerne häw	Ich hätte gerne ...
Hvor kan man købe ...? wor kä man köbe	Wo kann man ... kaufen?
Hvad koster ...? wä koster	Wie viel kostet ...?
Hvor ligger / er ...? wor ligger / är	Wo liegt / ist ...?
Jeg vil til ... jai will till	Ich möchte nach ...
Hvor langt er der til ...? wor langt är där till	Wie weit ist es bis nach ...?
I hvilken retning ligger ...? i wilken rätning ligger	In welcher Richtung liegt ...?
Hvornår afgår færgen til ...? wornor augor färwen till	Wann geht die Fähre nach ...?
Findes der en toget til ...? finnes där en towet till	Gibt es einen Zug nach ...?

Die wichtigsten Floskeln

ja – nej jä – nai	ja – nein
tak – værsgod tak – wärsgo	danke – bitte
Det var så lidt! de war so litt	Keine Ursache.
God morgen! gomoorn	Guten Morgen!
Goddag! goddä	Guten Tag!
God aften! goafden	Guten Abend!
Farvel! farwell	Auf Wiedersehen!
Hvordan går det? wordän gor de	Wie geht's?
Det går. de gor	Es geht.

Tak, fint. tak fint	Danke, gut.
Udmærket. udmärked	Ausgezeichnet.
Hej! haj	Hallo!
Vi ses! wi sees	Bis bald!, Ciao!
Velbekomme! wälbekomme	Guten Appetit!
Skål! skool	Prost!
Jeg vil gerne betale. jai will gerne betäle	Ich möchte gern zahlen.
Til lykke med ... till lügge mel	Herzlichen Glückwunsch zu ...
Held og lykke! held og lügge	Viel Glück!
Undskyld! unsküld	Entschuldigung!
Det er jeg ked af! de är jai kelä	Das tut mir leid!
Det er synd. de är sünd	Das ist schade.
Kan du hjælpe mig? kä du jälpe mai	Können Sie mir helfen?

Nichts verstanden? – Weiterlernen!

Det har jeg ikke forstået.
de har jai igge forsdoed
Das habe ich nicht verstanden.

Jeg taler kun lidt dansk.
jai täler kun litt dänsk
Ich spreche nur ein bisschen Dänisch.

Er der nogen, som taler tysk?
är der noen som täler tüsk
Spricht hier jemand Deutsch?

Vil du være så venlig at gentage?
will du wär so wännli ä gentäe
Würden Sie bitte wiederholen?

Det forstår jeg ikke.
de forstoor jai igge
Das verstehe ich nicht.

Hvad behager?
wäbehaar
Wie bitte?

Hvad for noget?
wäforno-et
Wie bitte?

En gang til!
een gang till
Noch einmal!

Kleine Sprachhilfe Schwedisch

Die Sprachhilfe entstammt dem Kauderwelsch-Sprachführer „Schwedisch – Wort für Wort“ aus dem Reise Know-How Verlag.

Aussprache

Hier sind diejenigen Buchstaben(kombinationen) aufgeführt, deren Aussprache abweichend vom Deutschen ist bzw. sein kann.

a [aa]	lang: sehr offenes „a“, zwischen „a“ und „o“ kurz: wie „a“ in „Affe“
h [h]	wird immer gesprochen, kein Dehnungslaut
o [uu, u, oo, o]	lang und kurz wie „u“ in „Ufer“, wird aber manchmal auch wie å gesprochen (s. u.)
u [üü, u]	lang wie „ü“ in „über“, kurz zwischen „ü“ und „ö“
y [üü, ü]	im Schwedischen ein Selbstlaut und besonders schwer auszusprechen, liegt zwischen „ü“ und „i“ – notfalls eher wie „ü“ aussprechen.
å [oo, o]	lang wie „o“ in „Ofen“, kurz wie „o“ in „offen“
c [k, ß]	wie „ß“ in „fließen“, wenn es allein vor e, i, y, ä, ö steht, sonst wie „k“ vor a, o, u, å
q [qu]	meist in der Verbindung qv (entspricht dt. „qu“)
r [r]	in Schweden und Finnland vorwiegend mit der Zungenspitze gerollt, nur in Südschweden wird es wie im Deutschen „im Hals“ gesprochen
s [ß]	ist immer stimmlos wie „ß“ in „fließen“
v [w]	entspricht dem deutschen „w“ in „Wasser“
z [ß]	wie „ß“ in „fließen“
k [k, sch]	vor a, o, u, å und Mitlauten wie „k“, vor e, i, y, ä, ö wie scharfes „sch“ in „Matsch“
g [g, j]	vor a, o, u, å und Mitlauten wie „g“, vor e, i, y, ä, ö wie „j“
sk [hh]	vor a, o, u, å wie „ßk“, vor e, i, y, ä, ö wie ein sehr weiches „sch“
skj, sj, stj [hh]	wie ein sehr weiches „sch“
tj, kj [sch]	wie „(t)sch“ in „Matsch“ (wie k vor e, i, y, ä, ö)
dj, gj, [j]	wie „j“ in „Jäger“, z. B. djur „jür“ (Tier),
hj, lj	der erste Buchstabe bleibt stumm!
rg, lg [rj, lj]	das „g“ wird wie „j“ gesprochen, also „rj“, „lj“
gn [ngn]	wird wie „ngn“ gesprochen

Zahlen

1	en, ett
2	två
3	tre
4	fyra
5	fem
6	sex
7	sju
8	åtta
9	nio
10	tio
11	elva
12	tolv
13	tretton
14	fjorton
15	femton
16	sexton
17	sjutton
18	arton
19	nitton
20	tjugo
21	tjugoen/-ett
22	tjugotvå
23	tjugotre
30	trettio
40	fyrtio
50	femtio
60	sextio
70	sjuttio
80	åttio
90	nittio
100	(ett)hundra
101	(ett)hundraen
200	tvåhundra
1000	(ett)tusen
2000	tvåtusen

Wichtige Fragewörter

var?	wo?
varifrån?	woher?
vart?	wohin?
varför?	warum?
hur?	wie?
vem?	wer?/wem?/wen?
vilken/-et/-a?	welcher/e/s?
hur mycket?	wieviel?
när?	wann?
hur länge?	wie lange?
vad?	was?
vems?	wessen?

Wichtige Zeitangaben

igår	gestern
idag	heute
i morgon	morgen
i övermorgon	übermorgen
på morgonen	morgens
mitt på dagen	mittags
på eftermiddagen	nachmittags
på kvällen	abends
på natten	nachts
dagligen	täglich
tidigare	früher
senare	später
nu	jetzt
snart	bald

Wichtige Richtungsangaben

höger	rechts
till höger	nach rechts
vänster	links
till vänster	nach links
rakt fram	geradeaus
tillbaka	zurück
mittemot	gegenüber
fortsätt	immer weiter
långt	weit
nära	nah
här	hier
precis om hörnet	gleich hier
där	dort
runt hörnet	um die Ecke

Zugspitze, Foto: Aneta Niemitz

Register

D

E

F

G

Der Autor

Rasso Knoller, Jahrgang 1959, ist Journalist und Sachbuchautor. Nach dem Studium der Politikwissenschaften, Anglistik und Skandinavistik, das er teilweise in Stockholm absolvierte, lebte und arbeitete er mehrere Jahre in Nordeuropa. Als Rundfunkjournalist beim Finnischen Rundfunk, als Skandinavienkorrespondent für deutsche Tageszeitungen und Radiostationen und als freier Mitarbeiter bei Radio Schweden lernte er den gesamten Norden kennen.

Mitte der 1990er-Jahre kehrte er nach Deutschland zurück. Seit 1999 lebt er in Berlin, bereist den Norden aber regelmäßig und veröffentlicht zu skandinavischen Themen. Bisher sind ca. 100 Sachbücher aus seiner Feder erschienen, darunter auch Reiseführer über die Länder Nordeuropas. Im Reise Know-How Verlag wurde neben diesem Titel sein Reiseführer Gotland veröffentlicht.

Schreiben Sie uns

Dieses Buch ist gespickt mit Adressen, Preisen, Tipps und Daten. Unsere Autoren recherchieren unentwegt und erstellen alle zwei Jahre eine komplette Aktualisierung, aber auf die Mithilfe von Reisenden können sie nicht verzichten. Darum: Teilen Sie uns bitte mit, was sich geändert hat oder was Sie neu entdeckt haben. Gut verwertbare Informationen belohnt der Verlag mit einem Sprachführer Ihrer Wahl aus der Reihe „Kauderwelsch“.

Kommentare übermitteln Sie am einfachsten, indem Sie die Web-App zum Buch aufrufen (siehe Umschlag hinten) und die Kommentarfunktion bei den einzelnen auf der Karte angezeigten Örtlichkeiten oder den Link zu generellen Kommentaren nutzen. Wenn sich Ihre Informationen auf eine konkrete Stelle im Buch beziehen, würde die Seitenangabe uns die Arbeit sehr erleichtern. Unsere generellen Kontaktdaten siehe Impressum.

Impressum

Rasso Knoller

CityTrip^PLUS Kopenhagen mit Malmö

© Reise Know-How Verlag
Peter Rump GmbH
7., neu bearbeitete und aktualisierte Auflage 2023

ISBN 978-3-8317-3715-4

Druck und Bindung:
mediaprint solutions GmbH, Paderborn

Herausgeber: Klaus Werner
Layout: amundo media GmbH (Umschlag, Inhalt), Wayan Rump (Umschlag)
Lektorat: amundo media GmbH
Karten: Ingenieurbüro K. Wendler, amundo media GmbH
Anzeigenvertrieb: KV Kommunalverlag GmbH & Co. KG, Alte Landstraße 23, 85521 Ottobrunn, Tel. 089 928096-0, info@kommunal-verlag.de
Kontakt: Osnabrücker Str. 79, 33649 Bielefeld, info@reise-know-how.de

Bildnachweis
Umschlagvorderseite: ©Curioso.Photography, stock.adobe.com | Umschlagklappe rechts: ©Picasa, stock.adobe.com
Soweit ihre Namen nicht vollständig am Bild vermerkt sind, stehen die Kürzel an den Abbildungen für die folgenden Fotografen, Firmen und Einrichtungen. Rasso Knoller: rk | Meike Wanning: mw | Jan Gerbach: jg | Bitter & Bredt: bb | Christian Nowak: cn | Frank Mertens: fm | Wonderful Copenhagen (www.visitcopenhagen.dk): WoCo

Liste der Karteneinträge

Hier nicht aufgeführte Nummern liegen außerhalb der abgebildeten Karten. Ihre Lage kann aber wie die von allen Ortsmarken im Buch mithilfe der kostenlosen Web-App angezeigt werden (s. S. 252).

Zeichenerklärung

- Sehenswürdigkeit
- Arzt, Apotheke, Krankenhaus
- Bar, Bistro, Club, Treffpunkt
- Bibliothek
- Café
- Denkmal
- Fähre, Schifffahrt
- Friedhof
- Galerie
- Geschäft, Kaufhaus, Markt
- Hotel, Unterkunft
- Imbiss, Bistro
- Informationsstelle
- Jugendherberge, Hostel
- Kirche
- Kneipe, Biergarten, Pub
- Museum
- Musikszene, Disco
- Parken
- Restaurant
- Sehenswertes
- Sonstiges
- Sporteinrichtung
- Synagoge
- Theater
- Weinbar

- S-tog (S-Bahn)
- Metro

- Stadtspaziergänge (s. S. 20, S. 45, S. 60 und S. 173)

- Shoppingareale
- Gastro- und Nightlife-Areale

Kopenhagen mit PC, Smartphone & Co.

QR-Code auf dem Umschlag scannen oder **www.reise-know-how.de/citytrip-plus/kopenhagen23** eingeben und die **kostenlose Web-App** aufrufen (Internetverbindung zur Nutzung nötig)!

★ **Anzeige der Lage und Satellitenansichten aller** Sehenswürdigkeiten und wichtigen Orte
★ **Routenführung** vom aktuellen Standort zum gewünschten Ziel
★ **Exakter Verlauf** der Stadtspaziergänge
★ **Audiotrainer** der wichtigsten Wörter und Redewendungen
★ **Aktuelle Infos** nach Redaktionsschluss

GPS-Daten zum Download

Die GPS-Daten aller Ortsmarken stehen auf der Produktseite des Titels auf www.reise-know-how.de zum Download zur Verfügung.

Stadtplan für mobile Geräte

Um den Stadtplan auf mobilen Geräten nutzen zu können, empfehlen wir die App „Avenza Maps" von Avenza™. Über die Funktion „Store" kann die „CityMap Copenhagen PLUS 2023" kostenlos geladen werden.

Die Information über und die Bereitstellung von digitalen Zusatzinhalten (z. B. Web-App, Links, GPS-Tracks o. Ä.) ist eine freiwillige Zusatzleistung des Verlages, auf die kein Anspruch besteht und für deren Richtigkeit aufgrund der Veränderlichkeit solcher Informationen auch nicht gehaftet werden kann. Insbesondere behält sich der Verlag deshalb vor, die Bereitstellung und die Zugriffsmöglichkeit zeitlich zu befristen und den Zugriff hierauf auch vorfristig abzuschalten.